本书为司法部2017—2019年度国家法治与法学理论重点研究项目（项目编号：2017SFB1006）的结项成果。本书同时也是湖北省司法厅“湖北省公共法律服务条例”立法委托起草研究项目，广东省全面依法治省委员会办公室“广东省现代公共法律服务体系建设和地方（行政）立法研究”重大课题，广州市司法局“广州市公共法律服务促进办法”立法委托起草研究项目，武汉市江汉区司法局“公共法律服务评价标准研究”重大委托攻关项目的结项成果。

司法部部级科研项目

公共法律服务学导论

杨凯 等◎著

中国社会科学出版社

图书在版编目(CIP)数据

公共法律服务学导论 / 杨凯等著．—北京：中国社会科学出版社，2020.8

（公共法律服务体系建设论丛）

ISBN 978-7-5203-7154-4

Ⅰ.①公… Ⅱ.①杨… Ⅲ.①法律保护—公共服务—研究—中国 Ⅳ.①D920.0

中国版本图书馆 CIP 数据核字（2020）第 170501 号

出 版 人 赵剑英
责任编辑 梁剑琴
责任校对 夏慧萍
责任印制 郝美娜

出　　版 中国社会科学出版社
社　　址 北京鼓楼西大街甲 158 号
邮　　编 100720
网　　址 http：//www.csspw.cn
发 行 部 010-84083685
门 市 部 010-84029450
经　　销 新华书店及其他书店

印　　刷 北京君升印刷有限公司
装　　订 廊坊市广阳区广增装订厂
版　　次 2020 年 8 月第 1 版
印　　次 2020 年 8 月第 1 次印刷

开　　本 710×1000　1/16
印　　张 17.25
插　　页 2
字　　数 283 千字
定　　价 98.00 元

凡购买中国社会科学出版社图书，如有质量问题请与本社营销中心联系调换
电话：010-84083683

总　序

“千里之行，始于足下”。迈出第一步总是最难也最令人欣喜的。走进新领域、开辟新疆域，不仅需要勇气与锐气，也需要面对无人理解的孤独，在没有参照系的境况下独自开拓和创造。韩愈云：“师者，所以传道、授业、解惑也。”为学者，自是以学术、学科、学业为终生之追求。历经数年的披荆斩棘、深耕细作，在现代公共法律服务体系建构与基层社会矛盾纠纷化解难题破解这块看似贫瘠荒芜甚至是无人问津的学术荒坡上，我们以甘做“司法民工和学术矿工”的勇气和毅力发掘出了一片富矿，经过数年的积淀，逐步形成了现代公共法律服务体系建构的系列研究成果。

公共法律服务领域的学术研究为国家治理体系和治理能力现代化提供了一个上佳场域，其直接关系到基层社会的矛盾纠纷化解、国家的长治久安和社会的安定有序。在我们的研究问世之前，公共法律服务作为司法部司法行政体系下的一个部门职能，其领域较为狭窄，理论体系也不够健全。聚焦这片空白的领域，我带领我的研究团队进行了深度钻研和体系化的探索，从中发现了破解基层社会治理矛盾纠纷化解难题的可能性，寻找到新时代公共法律服务全新领域的学术体系、话语体系和学科体系构建路径。在学术之路上跋山涉水，坚持实践经验和理论探究相结合的寻根溯源，集聚数十年的学术积累倾注在一个源于社会治理实践的新兴学科领域终于开始喷涌出青春芳华般的清泉，这套丛书是我们团队研究成果的集中展示与荟萃集成，因此而成的公共法律服务体系及学科将会成为应用法学研究共同体现在和未来深耕的沃土。

我们研究发现，公共法律服务是为满足社会经济发展中社会各阶层多元主体日益增长的法律需求，弥补法律服务市场供给不足和资源配置不均衡，推进法律服务市场的“供给侧”改革，促进社会治理法治化，实现社会公平正义与和谐稳定，由政府主导、社会力量参与，以保障公民、法人和其他组织法律需求为主要目的而组织提供的必要服务平台及设施、各种服务产品、各项服务活动以及其他相关服务事项。中国特色现代公共法律服务体系建设进一步拓展了政府公共服务和政法公共服务的范畴与内涵，加快推进现代公共法律服务体系建设的目的在于为社会公众提供公益性和公共性的法律服务，特别是为基层社会的广大老百姓提供“普惠均等、优质高效、智能精准”的法律服务，让基层社会矛盾纠纷妥善化解在萌芽阶段，让越来越多的人民群众知晓、认同和信任、信仰法律，让法治文明、法律精神和司法文明根植于每个老百姓的心中。

公共法律服务深植于中国基层社会的基因使其天然具备亲民的特点，而这正是当前基层社会治理法治化亟须的工具与方法。多年来，困扰国家治理和社会治理的现实难题，就是现代法治规则与法律规范的“钢筋水泥”难以灌注到基层社会的“最后一公里”，很多学者在法教义学、社会法学、司法改革、社会契约、法律文化、绿色发展等领域徘徊和找寻，却如同遇上了“阿喀琉斯”之踵，对待层出不穷的基层社会矛盾纠纷和疲软无力的法律工具，始终束手无策。现代公共法律服务体系建构却是根治这一顽疾的良药。与传统法律的高冷和刚硬相较，公共法律服务通过柔性的力量实现基层社会治理难题的破解，真正实现了对基层社会雨露般的法治灌溉。基层百姓的力量和民间智慧与公共法律服务的体系建构相得益彰，相互促进，相伴相生。公共法律服务越是发达，基层社会的民智与民志越是能够融会贯通，对基层社会问题的解决也就越是彻底。从这个角度来讲，现代公共法律服务体系建构具有以和合文化实现基层社会法治化目标的独特魅力。

不仅任其自由生长，更要加以斧正与培育。我们的研究围绕如何建构更优质的现代公共法律服务体系，发挥其最大社会治理效用，使其最好地适应中国的水土。聚焦在这个领域的学术研究包括：专题阐述公共法律服务理论基础与学科体系建构的教材，重点研究公共法律服务标准和体系建构的研究报告和论著，近 20 余篇硕士学位论文及本科毕业论文，以及拓展公共法律服务体系研究新视野的应用性较强的文集，等等。经过几年实践与理论相结合的积累探索研究，当前这套公共法律服务体系研究学术成果已经初具规模，从理论到实践，从教育教学到应用实务，初步形成了一个体系化、多层次的学科理论体系研究成果集合。

对于司法体制改革、司法体制综合配套改革和政法制度改革而言，系统性和协同性至关重要。因为“政法机关具备大量公共法律服务的职能”，公共的特性、服务的特征和法律的特质，使得公共法律服务全局性地引导着政法制度改革的方向，成为司法体制改革前沿的风向标。从公安、检察、审判到司法行政，政法系统的全流程和全生命周期都蕴含着公共法律服务的体系化脉络，公共法律服务体系建设的发展趋势让政法体制运行模式迎来真正改变的历史机遇。而对于地方党政体制改革和法治建设而言，现代公共法律服务体系建设更是地方党委、政府推进基层社会治理法治化，建设法治政府和服务性政府的最佳路径和方法。

因为根植在中华大地的沃土，现代公共法律服务体系建设使得法律的精神与中国社会实际更加深度融合，使得法治国家、法治政府和法治社会一体化建设目标，在这一个基层社会治理载体平台的关键节点达成高度一致，将依法治国、依法执政、依法行政、公正司法浓缩和集聚在基层社会治理难题破解的切入点，从而击穿看似寻常却无法抵达的阈值，实现基层社会治理难题的单点破局。在公共法律服务体系建设创造性调动基层活力和各方力量实现协同共治共建共享的过程中，中华传统法律文化与现代性相结合，普惠性与智能化高度融合，形成新时代独具特色的法治化社会治理新模式。中华传统法律文化朴素思想理论的“无讼”境界追求，在这个复杂多元的现代社会中得以实现，人与人之间的关系既亲密和谐又相对独立，公共法律服务体系既发挥着法律维护秩序、自由与公平的价值，又润物无声地实现着规则意识的普及，实现国家治理体系和治理能力现代化核心竞争力的提升。

现代公共法律服务体系具有的服务导向和服务产品主体定位，使其简单、直接、经济、优质，便捷普惠，并极易传播推广。这个新兴交叉学科有望成为新法学应用体系的领航之舰，对当前的法理学、宪法和行政法学、诉讼法学与司法制度等学科领域产生巨大的吸引力、整合力与影响力。对法律实务和应用法学研究而言，其更具有建设性和开创性的学术研究意义，相信随着中国特色现代公共法律服务学科体系、学术话语体系和话语体系的一体化建立，高等院校的法学教育和法律实务部门的各个领域都将会迎来一场颠覆性的蜕变，以更接地气、更加实用的教育模式和行为方式，更好地服务社会经济发展，更好地服务新的内循环和双循环体系建构。

“欲流之远者，必浚其泉源。”体系和方法是建构一切学说的根蒂。在多年的中基层司法实践经验探索总结中，我持续坚持在司法实务中思索理论；转型到高校后又从理论反观实践，在知行合一的学术求索道路上秉持理论创新的应用之道，坚持把每一篇论文都书写在祖国的大地上，让每一寸脚步都深深扎根在中国基层社会实践的芬芳泥土之中。这场学术研究苦旅中形成的对现代法学应用的深刻理解，让我在学术与学科体系的构建中探索更加立体而务实的应用法学研究方法。这套丛书的诞生意味着现代公共法律服务学科体系和学术、话语体系的初步创立。随着研究的深入，未来将有更多新成果涌现，愿这些富含“中国法治发展矿物质”的学术研究成果为学术界和实务界带来新的视野和新的滋养。对源于社会实践和司法改革探索的学科创新与学科体系创建而言，任何增量都是难能可贵的，毕竟一切才刚刚开始。

杨　凯

写作说明

本书是司法部2017—2019年度国家法治与法学理论重点研究项目“公共法律服务体系建构及其评价标准研究——以国家级服务业体制机制创新改革示范区公共法律服务改革实践为样本”（2017SFB1006）的结项成果。本书同时也是湖北省司法厅“湖北省公共法律服务条例”立法委托起草研究项目，广东省全面依法治省委员会办公室“广东省现代公共法律服务体系建设和地方（行政）立法研究”重大课题，广州市司法局“广州市公共法律服务促进办法”立法委托起草研究项目，武汉市江汉区司法局“公共法律服务评价标准研究”重大委托攻关项目的结项成果。

全部课题组成员如下：（名单以实际参与课题研究为准）

课题主持人：杨凯，华东政法大学中国法治战略研究中心司法学研究院研究员、公共法律服务学科体系创建研究团队负责人；

特邀指导专家：张新宝，《中国法学》总编辑，中国人民大学法学院教授、博导，长江学者；

特邀指导专家：邓甲明，司法部公共法律服务管理局首任局长（已荣休）；

刘　峥，最高人民法院司法改革办公室副主任；

张圣华，湖北省司法厅党委委员、副厅长；

李小菊，湖北省高级人民法院副巡视员；

郑振玉，司法部公共法律服务管理局发展规划处处长；

谢定彪，湖北省武汉市江汉区司法局原局长（一级调研员）；

王　执，湖北省司法厅原公共法律服务办公室处长（一级调研员）；

吕方军，湖北省司法厅公共法律服务管理处处长；

徐　劲，湖北省司法厅立法一处处长；

田建春，湖北省武汉市司法局公共法律服务管理处处长；

吴海涛，广东省司法厅公共法律服务管理处副处长；

张曙光，中伦（武汉）律师事务所律师、党支部书记；

张　超，锦天城（武汉）事务所律师、主任、高级合伙人；

张胜楠，杭州市职业技术学院讲师；

杨璐嘉，法治日报浙江记者站特约通讯员；

陈　琳，福建省泉州市中级人民法院法官；

韩秋林，华中师范大学硕士，中伦（武汉）律师事务所律师；

郑赛赛，华中师范大学硕士，湖北瀛楚律师事务所律师；

王丽莎，华中师范大学硕士，中国南方航空股份有限公司西安分公司法务；

任宗泽，华中师范大学硕士，河南省安阳市北关区监察委干部；

张萍萍，华中师范大学硕士，江西钨业控股集团法务；

胡玉洁，华中师范大学硕士，上海市奉贤区人民法院法官助理；

张中彧，华中师范大学硕士，水利部长江水利委员会政法局干部；

陈　诚，华中师范大学硕士，重庆市江北区人民检察院检察官助理。

张怡净，华中师范大学法学院硕士研究生；

姜晓丽，华中师范大学法学院硕士研究生；

李泽田，华中师范大学法学院硕士研究生；

汪舒婷，华中师范大学法学院硕士研究生；

杨容容，华中师范大学法学院硕士研究生。

课题主持人杨凯负责统筹规划和组织领导课题组的整体调研，负责学术研讨和阶段性成果转化，负责设计全书的整体思路和体系构架，负责各章节的体例结构布局和写作方向指导，负责全书的统稿和修改审定。本书各章参与初稿撰写的具体分工是：

自序、导论：杨凯；

第一章：杨凯、韩秋林、胡玉洁；

第二章：杨凯、张怡净、杨璐嘉；

第三章：杨凯、张怡净、杨璐嘉；

第四章：杨凯、胡玉洁；

第五章：杨凯、姜晓丽；

第六章：杨凯、李泽田；

第七章：杨凯、张萍萍；

后记：杨凯。

新时代公共法律服务学科建设论纲（自序）

党的十八届四中全会提出："建设完备的法律服务体系，推进覆盖城乡居民的公共法律服务体系建设，扩大法律援助范围，健全司法救济体系。"这是党中央首次提出公共法律服务体系建设顶层设计理念和建设布局思路。在法治思想和相关文件、政策的指导下，全国 34 个省级司法行政单位都在积极探索建立健全公共法律服务体系。在以司法行政部门为主导的推动下，目前全国范围的公共法律服务实体、热线和网络三大平台已初步建成，同时，有关公共法律服务评价标准、体系建构的研究也在如火如荼地开展。根据各地不断拓展的实践经验和亟待明确的理论诉求，本书探索提出创建公共法律服务学科体系的学理研究基本路径，试图解决当前迫在眉睫的公共法律服务体系建设中缺失基础理论体系框架支撑的现实问题。

一　公共法律服务学科创建的新时代背景

党的十八届四中全会出台的《关于全面推进依法治国若干重大问题的决定》指出："全面推进依法治国，总目标是建设中国特色社会主义法治体系，建设社会主义法治国家。"党的十九届四中全会指出"全面依法治国，建设社会主义法治国家，切实保障社会公平正义和人民权利"是我国国家制度和国家治理体系的显著优势之一。依法治国的实质是将法律治理全方位纳入国家、社会与人民生活，公共法律服务体系的构建及其公共性、法律性的特征体现了依法治国的要求，满足广大人民群众特别是基层群众的法律需求，提供全方位多样化的公共法律服务，以法律解决社会问题。公共法律服务体系作为我国提出的独创型法律制度，意义重大，对全面依法治国具有重大意义。

2019 年 7 月，中共中央办公厅、国务院办公厅发布了《关于加快推进公共法律服务体系建设的意见》，明确指出建立公共法律服务体系，探索新时代公共法律服务体系建构的进路与方法。公共法律服务是由党委领导、政府主导、社会参与，为满足各类主体在社会公共生活中日益增长的法律服务需求而提供的公共法律服务设施、服务产品、服务活动以及其他相关法律服务，主要包括法治宣传教育、律师、公证、法律援助、基层法律服务、法律顾问、调解、仲裁、司法鉴定、法律职业资格考试等方面。

公共法律服务是提升新时代国家治理体系和治理能力现代化的重要抓手，是破解多年来困扰基层社会治理矛盾纠纷化解难题的一剂良方，也是满足人民日益增长的法律服务需求的重要方式。公共法律服务具有预防性、普惠性、便利性的特点，随着法治社会的发展及依法治国的推进，法律将是解决纠纷与矛盾的首要或重要选择，公共法律服务既可以普法宣传，提高人民的法律意识及法律素养，预防纠纷的发生，也可以在社会矛盾产生时通过法律咨询、调解等方式解决纠纷，因而公共法律服务体系建构与发展可以将社会矛盾有效遏制或解决，有利于构建和谐社会、法治社会。公共法律服务学作为一个法学研究领域，其创建正是由实践催生理论的全新时代命题。

二　公共法律服务学科体系的理论和实践基础

公共法律服务学是建立在实践发展和实证研究基础上的、关于公共法律服务的系统、科学的理论体系，是一门新兴的法学理论研究领域。公共法律服务学的建立，有助于在学术层面厘清公共法律服务的概念、内涵、特征与分类，明确公共法律服务的主体、客体、内容、范畴、意义等，同时有助于规范公共法律服务的评价标准、体系建设、技术支撑、财政和人力资源保障等方面内容，从学理角度对公共法律服务建设进行全方位、立体化的科学论证，为进一步完善立法、出台政策提供理论依据和价值导向。公共法律服务学是新时代中国特色社会主义法治体系的重要组成部分，是对公共法律服务体系建设的全面梳理和总结。

党的十八届四中全会以来，各地积极开展公共法律服务体系构建实践，随着中央顶层设计的逐步完善及各地区实践探索取得积极进展，公共法律服务体系建设已粗具规模。与公共法律服务体系建设实践加快推进形成鲜明对比，当前公共法律服务的理论基础研究仍处于初步阶段。缺失经过科学论证的理论基础，公共法律服务体系建构与发展实践犹如无根之木，乱象丛生。为实现与法治实践的衔接与统一，理论研究也应当探究与分析公共法律服务体系产生的特定来源并以其作为理论构建的逻辑起点。公共法律服务体系是新时代中国特色社会主义制度的创新内容，也是中国对世界法律制度的贡献。公共法律服务体系是推进国家治理体系和治理能力现代化的重要举措，为实现我国法治发展实践逻辑与理论逻辑的同步与衔接，以及为世界法治发展贡献中国法治理论，构建具备中国特色的公共法律服务体系的认识论和价值论理论基础十分必要。

公共法律服务学学科体系的建设，既有扎实的理论基础，也有丰富的实践经验，既是建立在法政治学、法经济学、法社会学理论体系之上的集大成者，又是有效回应公共法律服务体系发展的社会关切、聚焦市域社会治理和基层矛盾纠纷化解的应用法学学理建构。本书从公共法律服务的概念与性质、公共法律服务体系的发展历程与体系制度渊源、公共法律服务体系认识论与价值论等方面详细论证了公共法律服务学科体系建设的历史脉络与理论源流，并从法经济学、法政治学和比较法学视角分析了公共法律服务学科体系构建的学理依据和域外经验借鉴，对公共法律服务体系的应用法学研究进行了重点论述。公共法律服务学是从公共法律服务体系建设出发，总结多年来实践经验并结合多学科理论精髓的学术话语体系跃迁。

三　公共法律服务学科体系建构的中国特色

公共法律服务的建设与发展深植于中国特色社会主义发展的土壤。党的十九届四中全会指出：“中国特色社会主义制度是党和人民在长期实践探索中形成的科学制度体系。”我国政治制度的本质是支持和保证人民当家作主，能充分发挥我国社会主义制度尤其是集中力量办大事等优越性，也能避免西方国家政治制度一些弊端。我国政治制度具有“坚持全国一盘棋，调动各方面积极性，集中力量办大事的显著优势”，现代我国公共法律服务体系建构正是体现了我国社会主义制度为人民服务的宗旨和集中力量办大事的特点与优势。

公共法律服务体系概念在 2014 年前后提出，此前我国部分公共法律服务内容已经有较为成熟的制度和资源基础，如仲裁、公证、调解服务均有专门立法，财政的稳定支持和人员的固定储备，宣传服务虽然没有专门的立法但长期在政府规划和党中央文件中受到重视，是各级司法行政机关重视的工作内容，已经形成社会各界广泛参与的良好风气。经过各地不断加强对公共法律服务体系建构的顶层设计与实践探索，各地在制定相关政策文件时，既要与党中央的精神保持高度一致，也要制定符合本地实际情况的政策，以本地实际发展与实际需求为出发点，以人民为中心，在实践中不断摸索经验寻求更加成熟高效的公共法律服务成果。

我国在公共法律服务体系建构过程中充分发挥了社会主义集中力量办大事的优势，目前也取得了不错的进展，但不可否认的是，我国地域辽阔、人口众多，各地各民族间经济发展、人才供给等都存在较大差异，体现在公共法律服务方面也存在地区发展不均衡、经费保障与人力保障不均衡等问题，要想推进我国公共法律服务体系建构可持续发展，就要直面这些问题。长期以来，由于经济、地理等原因，偏远地区和农村地区的法治资源稀缺，法律服务较为落后，一定程度上阻碍了我国的法治化进程。

此次公共法律服务体系建设也是对法治资源的一次再分配，是我国法治化进程中的一次重要改革。改革中政策先行，各相关机关部门多次出台意见、通知，司法部也出台了多项办法，各级领导多次在会议和调研过程中强调公共法律服务的重要意义，形成了多个讲话纪要，客观上政策文件和领导人的讲话精神成为推动公共法律服务体系建成的主要动力。目前我国公共法律服务体系建构已有很多有利经验，但也存在着问题，由于我国省份间发展情况存在较大不同，各民族间发展现状也都不尽相同。公共法律服务学作为独立的学科话语体系，应当时刻注意社会环境与公共法律服务环境的变化，针对性地提出改革建议，因地制宜地推动公共法律服务实践。

四　公共法律服务学科体系的价值遵循

政府在转型过程中，原有的制度难以应对社会中新出现的问题，如何创造社会现阶段所急需的社会制度，这被称为“制度生产模式”。制度供给能力被认为是国家治理能力的重要体现，也是国家治理体系现代化的核心内容。公共法律服务体系充分彰显了政府作为治理主体的制度供给义务。在政治政府与市民社会分化的二元社会格局下，代表公共利益的政府和追求私人利益的民众无疑是法律发展的两种基本力量。

人民是国家的主人，任何法律与制度的发展均须立足于人民需求之上，人民所在的社会能够提供法治发展的土壤，但法律制度的科学性、系统性及复杂性，决定了人民在形式上依靠自身的力量无法推动整套法律制度的产生与发展，需要依靠政府的集体力量和政府系统整合智慧与资源。现阶段我国社会经济发展与法治现代化发展不同步，这就需要依靠现代的、理性化的、法制化的政府自觉地担负起正确引导法律发展走向的时代责任。

新时代公共法律服务体系建设是对“以人为本”的贯彻，我国是社会主义国家，我国社会主义建设的智慧来自人民，我国社会发展最终也都是为了人民有更好的生活体验与社会保障。党的十九届四中全会强调“把我国制度优势更好转化为国家治理效能”，因而坚持和发挥中国特色社会主义制度优势对公共法律服务体系的建构与发展具有十分重要的意义。其中，党的领导体系为公共法律服务体系制度提供科学引领与根本保障；法律制度为公共法律服务体系提供服务内容与程序基础；社会治理制度丰富了公共法律服务体系的内容与形式。中国特色社会主义制度适合中国国情，代表中国最广大人民群众的根本利益，调动和激发亿万人民群众创造美好生活的积极性、创造性；它科学有效地配置资源，集中力量办大事，因此，在我国公共法律服务体系建构的过程中，要坚定不移地走社会主义路线，发挥中国特色社会主义的制度优势。

公共法律服务学作为学科体系建构的目的，就是要满足人民的基本法律需求。当前，我国主要矛盾发生变化，人民对幸福生活的新追求应是政府当前的重点与基础工作。党和政府对人民群众维护权益与追求美好生活不仅应当以积极方式引导与保护，同时也应当以多种方式提供最基本保障；不仅应当通过履行政府职责对公民利益进行救助，更应将救助公民权益上升为政府高度予以整体重视。公共法律服务均等化是公正的基本要求，是减小地区间、城乡间差异的有力措施，目前资金方面、人才供给方面、平台建设方面各地都存在较大差异，在接下来的公共法律服务体系建构过程中应当着重提高公共法律服务均等化水平，在满足人民群众法律需求的基础上推进城乡全覆盖的公共法律服务，此项措施需要与财政转移支付、公共法律服务资源的均等化、法律服务人才的就业等措施共同推进，实现公共法律服务的公共性、普惠性，确保公共法律服务人人都可以享有，推进我国法治国家的建设。

五　公共法律服务学科体系的制度保障

公共法律服务学科体系的建构是一项系统工程，其可持续发展依托于政策体系建设、经费体系建设、人才体系建设、平台体系建设、评价体系建设等多个方面，如何实现各个体系之间的统筹管理是检验公共法律服务体系建构水平的重要指标，也是公共法律服务学作为公共法律服务体系理论引领的目标和宗旨。在政策保障的前提下，部门与部门之间要有有效衔接的平台与机制，确保组织领导、资源对接、经费保障各项措施落实，加大对政府购买公共法律服务的监督管理力度，确保各项工作落到实处，对公共法律服务多重资金的管理也应当有科学合理的规划。对人员的调动协调与资金补贴等也要合法展开。

公共法律服务体系的建构需要资金方面的大力保障，公共法律服务体系的可持续发展也要确保资金保障力度。针对我国现阶段的公共法律服务体系建构发展现状需要建立多重资金保障，加大政府购买力度，以政府财政为主导，同时鼓励社会力量、公益组织、律师事务所等积极参与其中。政府购买公共法律服务时要做好审查，选择优质的社会主体来提供公共法律服务并且做好质量评估，通过市场化机制择优选择为人民提供可靠公共法律服务。政府公共法律服务财政要专款专用细分清楚，根据各地经济发展状况与公共法律服务需求合理制定财政预算、支出体系和比例分担并落实到位，财政转移支付是为了均衡财政而提出的政策，但实际运行中出现了规定不明确、执行不到位的问题，因此要加强财政转移支付的科学制定与依法落实。在吸纳社会资金时要采取合法合理手段，通过社会力量的捐赠扩大公共法律服务的资金来源，保障资金对公共法律服务体系建构的支持力度。

大数据、云计算、互联网等现代科技成果让信息自由高速传递，人工智能将会让传统的法律服务行业发生翻天覆地的改变甚至重塑整个法律服务行业。我国各地区间法律服务还不均衡，资源供给方面也短缺，因此需要互联网技术等信息技术成果参与公共法律服务中来，提升公众知悉度，提高公共法律服务的效率，创新公共法律服务提供形式，并通过线上平台减少人们寻求法律服务的成本。大数据的运用可以让人民群众得知公共法律服务的动态与发展，还可以自己获取想要了解的数据等信息。加快推进公共法律服务体系建设应当抓住信息技术成果带来的机遇，在普惠性、便利性上下功夫，让技术飞跃带来的智能化、便捷化操作方式给人民群众带来切实的方便与实惠。

在公共法律服务学科体系建构过程中，要鼓励吸收多种社会力量加入到公共法律服务体系建设队伍中来。司法行政部门要积极参与，各部门之间工作联系与衔接，律师协会公证员协会等队伍也以自身力量在各自的专业领域提供公共法律服务，高校师生与高校法律援助中心积极参与法律援助、普法宣传、法律实践等活动，也积极鼓励退休政法人员、高校教师、法律服务志愿者参与公共法律服务，可以根据地域针对性地开展公共法律服务，为自己家乡或自愿为西部地区或基层地区提供人力支援。在服务主体提供服务后要确保资金与补贴的发放，在政策与资金的双重保障下，调动多种社会力量参与公共法律服务的积极性。

公共法律服务学科体系的建构，还有利于对高校法律人才综合素养与实践能力的培养。将公共法律服务学注入高校法律学科建设中，一方面加强对法学生专业能力及职业素养的培养，另一方面锻炼法科学生的实务能力，培养实用性专业型的法学人才，为法治国家的建设提供坚实的人才保障。通过诊所教育、法律实践等方面的培养，真正提高我国法科学生的实务能力，确保学生在步入社会前就有了参与实务的经历，从而帮助他们确立择业目标与就业方向。在择业时，法律专业学生也可以凭借自己的法律职业资格证书和职业技能找到合适的工作，积极投入基层法检或基层法律服务中心工作。相关就业政策也可以提供资金等条件来吸引高校法科学生就业。

公共法律服务学是一门新兴的学科，凝聚了宝贵的实践经验和丰富的理论渊源。该学科的构建和发展亟待更多有志之士的参与，本书作为公共法律服务学的导论，立足于当前公共法律服务的发展阶段和体系建设，对公共法律服务学科体系建设提出构想，抛砖引玉。期待这门新兴学科能够得到更多的关注和研究，并在未来形成星火燎原之势，在法治思想和法学实践的层面，切实推动我国治理体系与治理能力现代化的全面提升，为实现“两个一百年”伟大目标和中华民族伟大复兴中国梦理想贡献学术力量。

目　录

导论　创建公共法律服务学科体系的实践与理论基础

习近平总书记指出："时代是出卷人，我们是答卷人，人民是阅卷人。"经历了改革开放40余年，我国的社会矛盾已经从"人民日益增长的物质文化需要同落后的社会生产之间的矛盾"转化为"人民日益增长的美好生活需要和不平衡不充分的发展之间的矛盾"。进入新时代，人民对美好生活的向往更加强烈。[①] 公共法律服务，是指为满足社会经济发展中人民群众日益增长的法律需求，弥补市场供给不足和资源配置不均衡，实现社会公平正义与和谐稳定，由政府主导、社会力量参与，以保障公民、法人和其他组织法律需求为主要目的而组织提供的必要服务设施、各种服务产品、各项服务活动以及其他相关服务事项。[②] 党的十八大以来，以习近平同志为核心的党中央高度重视公共法律服务体系建设，党的十八届四中全会提出建设完备的法律服务体系，推进覆盖城乡居民的公共法律服务体系建设，扩大法律援助范围，健全司法救济体系；党的十八届五中全会以及党的十九大、十九届二中、三中全会，又就促进基本公共法律服务均等化，推动公共法律服务专业化多元化，加快建设覆盖城乡、便捷高效、均等普惠的现代公共法律服务体系作出了决策部署，赋予公共法律服务新的内涵和要求。[③] 习近平总书记在2019年中央政法工作会议上强调，要深化公共法律服务体系建设，加快整合律师、公正、司法鉴定、仲裁、司法所、人民

---

① 《习近平新时代中国特色社会主义思想学习纲要》，学习出版社、人民出版社2019年版，第41页。

② 这一概念是建立在公共法律服务学理研究与社会实践相结合基础上，参考作者所主持的《湖北省公共法律服务条例》地方立法和《广州市公共法律服务促进办法》行政立法两项立法委托起草项目研究及参与地方立法实践而做出的基本概念定义。

③ 宋方青：《公共法律服务的科学内涵及核心要义》，《中国司法》2019年第8期。

调解等法律服务资源，尽快建成全业务、全时空的公共法律服务网络。公共法律服务是提升新时代国家治理体系和治理能力现代化的重要抓手，是破解多年来困扰基层社会治理矛盾纠纷化解难题的一剂良方，也是满足人民日益增长的法律服务需求的重要方式。[①] 2019 年 7 月，中共中央办公厅、国务院办公厅发布了《关于加快推进公共法律服务体系建设的意见》（以下简称《两办意见》），明确指出建立公共法律服务体系，探索新时代公共法律服务体系建构的进路与方法。在法治思想和相关文件、政策的指导下，全国 34 个省级司法行政单位都在积极探索建立健全公共法律服务体系。在以司法行政部门为主导的推动下，目前全国范围的公共法律服务实体、热线和网络三大平台已初步建成，同时，有关公共法律服务评价标准、体系建构的研究也在如火如荼地开展。然而，在方兴未艾的公共法律服务体系建设发展浪潮中，公共法律服务的学科体系、学术体系、话语体系的理论体系研究没有及时跟进，公共法律服务的概念、内涵、特征与分类尚无明确清晰的界定，公共法律服务的主体、客体、内容、范畴、意义等亟须理论支撑，公共法律服务的评价标准、体系建设的四梁八柱和配套措施亟待拓展完善。根据实践发展和理论需求，本书探索提出创建公共法律服务学科体系的学理研究基本路径，试图解决当前迫在眉睫的公共法律服务体系建设缺失基础理论体系框架支撑的现实问题。

1. 顶层设计与地方经验进一步贯通融合

《两办意见》包括了正文全文和两个附件［《国家基本公共法律服务指导标准（2019—2022 年）》《国家公共法律服务发展标准（2019—2022 年）》］，在顶层设计方面为公共法律服务体系建设提供了规范性政策指引和规范性操作指引。《两办意见》的出台，不仅意味着党和国家最高领导层对公共法律服务的高度重视，更意味着党和国家领导集体在宏观指导层面对推进公共法律服务体系建设提出了根本遵循和蓝图规划。在此之前，公共法律服务体系建设主要由司法行政部门担纲。正如傅政华多次强调："公共法律服务是司法行政系统为人民服务最直接、最集中的体现。"[②] 自习近平总书记在中央政法工作会议上提出"政法机关承担着大

---

① 参见杨凯《公共法律服务：防范化解社会治理风险的良药》，《人民法院报》2019 年 4 月 3 日第 2 版。

② 傅政华 2019 年 2 月 21 日在全国公共法律服务工作会议上的讲话。

量公共服务职能”以来，公共法律服务的主体和职能部门又有所拓展，法院、检察院、公安和国家安全部门等机关也要重视和落实公共法律服务职责，如法院开展的“诉源治理”与“一站式诉讼服务体系”建设，目的就是为群众提供更好的法律服务，使法律如和风细雨般滋润百姓的心田。① 当前，《两办意见》更是将公共法律服务建设的主体责任上升到各级党委和政府。公共法律服务是一项系统工程，不仅包含了司法行政部门和政法机关的公共服务，更包含着各个行政机关、具有法律服务职能的群团组织、社会公众和志愿者，以及基层群众自治的范畴。只有全社会共同开展的“大公共法律服务”，才能真正让全民意识到法律的力量和感受到法律的温度，自觉学法、知法、守法，用法律维护自己的合法权益，从而加快推进法治国家、法治政府和法治社会一体化建设。

当前，地方改革实践政出多门，花样百出，模式各异。江苏总结推广“太仓模式”，通过注重载体建设、政社互动、城乡一体服务、制度保障，创造了很多好经验好做法。北京市司法局织密法律服务网，打造“实体、网络、热线、项目”四大平台和“市级、区级、街道（乡镇）级、社区（村）级”四级实体平台，并与“法治宣传育民工程建设、法律服务利民、人民调解为民、矫正帮教安民、法律援助惠民、视频会见便民”六大工程相互融合，形成了公共法律服务“四四六”北京模式。广州市司法局拟定“智慧司法”建设三年规划，涵盖司法行政九大业务领域，2017 年 2 月上线智能法律服务平台“问律师”“法宝宝”，2018 年 3 月广州市司法局与腾讯公司联手开发广州“智慧司法”，至今已上线“智慧公证”“智慧调解”“智慧矫正”等微信平台。武汉整合公共法律服务资源，居民只进一扇门，就能享受律师、公证、司法鉴定、社区矫正和安置帮教等多项服务。安徽省司法厅梳理出 60 项 106 条司法行政改革任务，制定了 30 项司法行政重点改革试点任务清单，推进安徽司法行政改革实现所有重点改革任务落实、所有单位开展改革试点、公共法律服务体系“三个全覆盖”，从而打通司法行政改革“最后一公里”。

公共法律服务学科体系建设需要跟进顶层设计和地方经验的双向发

① 参见杨凯《让公共法律服务成为核心竞争力重要标志》，《人民法院报》2019 年 3 月 31 日第 2 版。

展，进行体系化的系统理论研究，必须将顶层设计理念和地方实践经验贯通融合到公共法律服务学科理论体系架构之中进行整体架构。在多元化的地方探索实践和改革试点基础上，亟待将公共法律服务的实践经验和成功做法加以总结提炼，在全国形成可复制、可推广的规范模式，用新的学科理论体系进一步指引和推动覆盖全国的全业务、全时空公共法律服务体系建设。为了达到覆盖面的广泛性和制度体系建设的完备性，必须紧紧依靠地方党委和政府的主导力量，牵住“一把手”责任制这个牛鼻子，实现纲举目张，上行下效，增强公共法律服务学科体系建设的宏观顶层设计和有效指导。有责必担当，地方党委政府领导层面的担当和作为是推动公共法律服务体系建设的首要因素和决定因素。只有将公共法律服务体系建设的顶层设计与地方经验进一步贯通融合，全面梳理公共法律服务全国“一盘棋”理念，推进公共法律服务向更平衡和充分的方向发展，才能真正构建覆盖城乡、便捷高效、普惠均等的现代公共法律服务体系。公共法律服务学科体系也才能在此贯通融合实践基础上得到进一步的延伸发展。

2. 权力配置与内设机构进一步优化组合

公共服务区别于其他服务的最大特性在于其“公共属性”。公共服务范围，从狭义上讲，主要包括保障基本民生需求的教育、就业、社会保障、医疗卫生、住房保障、文化体育等领域的公共服务，广义上还包括与人民生活环境紧密关联的交通、通信、公用设施、环境保护等领域的公共服务，以及保障安全需要的公共安全、消费安全和国防安全等领域的公共服务。[①] 1912 年，法国学者莱昂·狄骥（Leon Duguit）提出“公共服务”的概念，从现代公法制度角度，他界定公共服务为：“任何因其与社会团结的实现与促进不可分割而必须由政府来加以规范和控制的活动就是一项公共服务，只要它具有除非通过政府干预，否则便不能得到保障的特征。”[②] 公共服务的概念也就因此成为现代公法的基本概念。

在我国，公共法律服务是政府公共职能的重要组成部分，是全面依法治国的基础性、服务性和保障性的工作，是保障和改善民生的重要举措，

---

① 董克用、魏娜主编：《迈向 2030：中国公共服务现代化》，中国人民大学出版社 2018 年版，前言。

② ［法］莱昂·狄骥：《公法的变迁：法律与国家》，郑戈等译，辽海出版社、春风文艺出版社 1999 年版，第 53 页。

公共性、法律性、服务性是其基本特征。提供公共法律服务是现代国家合法性的证明，政府之所以有存在的必要，很大程度上是因为其承担着提供公共服务包括公共法律服务的主要职责。提供公共法律服务是一项国家义务，国家是公共法律服务的责任主体，其通过行使公共权力，提供公共配给来维护和促进公共利益。因此，政府统筹和管理的法律服务必然具有公共性。公共法律服务的法律性源于公共法律服务提供的是法律服务，处理的是相关的法律问题，满足的是相关的法律需求。我国全面推进依法治国更是强化了公共法律服务的法律性特质。在我国人民是国家的主人，全心全意为人民服务是对我国政治权力的根本要求。公共法律服务提供的是专业性的法律服务，其中既有无偿或公益性的法律服务，也有面向社会公众有偿性的法律服务，公益性、公共性和服务性应当为公共法律服务的基本特性。

公共法律服务的全面布局，为社会公众解决矛盾纠纷提供了便捷高效的渠道，将矛盾化解在基层，进一步缓解了司法资源紧张的问题。这不仅是将“法律面前人人平等”理念落到实处的重要途径，也是创新社会治理的新举措。推进政府治理现代化的逻辑前提和实践起点，在于转变政府职能，全面正确履行政府职能。政府职能的切实转变和全面正确依法履行，关键在于正确处理政府与社会的关系。这就要求明确政府职能社会化的法定边界、方向和内容，在此基础上，转变政府治理和依法行政的方式，推进和实现切实可行的机制创新，培育和塑造社会自我调节与自我服务的机制，承载政府改革和职能转变而剥离的社会职能。而政府向社会购买公共法律服务，则有效塑造和建构了政府简政放权过程中被剥离的社会职能的承接和承载机制，使得政府真正转变为有限、有效、有能、有责和有为的政府。结合现代法治政府建设和服务型政府治理理念的发展研究，公共法律服务学科体系建构的基本内容和基础范畴研究领域将会得到逐渐拓展。公共法律服务学科体系创建的社会基础和研究领域的发展空间伴随着国家治理现代化和社会治理人性化的发展而逐渐夯实与伸展。

当前，司法部内设机构专门设立了公共法律服务管理局、普法与依法治理局、人民参与和促进法治局、律师工作局，还有直属机构法律援助中心，应当充分调动这些部门和机构的内在潜力，在科学论证的基础上根据实践需求进行职能归口和归集，将四个部门的机构设置进行优化整合，充分发挥司法部内设机构引领全国公共法律服务司法行政工作的职能作用。在省一级层面设有司法厅公共法律服务管理处，州市司法局下设公共法律服务处。例如，武汉市司法局公共法律服务处，区县司法局下设公共法律服务科（中心），乡镇有司法所下设的公共法律服务（窗口）工作室，以及基层的村（居）服务站。作为公共法律服务基层终端，村（居）服务站的功能不可忽视。从“领导小组办公室”到局、处、科（中心）、站所，全国的机构设置亟须构建系统的专设机构，而建制就面临着编制人员、职责定位、权力配置、主体责任、人力资源、协调机制等问题，都需要从理论体系和学科体系来进一步拓展和完善。需要厘清权力主体、内容、客体，在科学设置的基础上建立制度机制，有效回应人民群众的实践需求。

我们应当正确解读《两办意见》给司法部及全国司法行政系统带来的政策红利和事业发展机遇，包括权力进一步优化配置、人员进一步优化组合、内部条块进一步打破、职能专业进一步协同、主体责任进一步明确、主攻方向进一步明晰、既定方案进一步优化、财政预算进一步拓宽、编制人员进一步拓展、机关机构进一步改革等。同时，中央政法委领导下的政法机关，包括公安、检察、法院、司法部门和安全部门，也承担着大量公共法律服务职能，这些部门的联动协同对于“大公共法律服务”体系建设具有至关重要的意义。权利对应着义务，而权、责、利相一致要求更进一步明确各职能部门的主体责任，建立“有权必有责、有责要担当，用权受监督、失责必追究”的权力运行机制。在这样一个良好的政策红利和事业发展机遇中，公共法律服务学科体系同样也面临着良好的创建机遇。

3. 政治站位与法治功能进一步提升聚合

中国特色社会主义的最本质的特征是中国共产党的领导。[①] 人民性是马克思主义最鲜明的品格。[②] 全面依法治国是坚持和发展中国特色社会主义的本质要求和重要保障。[③] 公共法律服务体系建设的过程就是贯彻党的

① 《习近平新时代中国特色社会主义思想学习纲要》，学习出版社、人民出版社 2019 年版，第 68 页。

② 同上书，第 40 页。

③ 同上书，第 95 页。

领导、人民当家作主和依法治国的有机统一的过程，而公共法律服务体系的建立将丰富和完善中国特色社会主义法治理论，将极大拓展中国法理学的理论体系和话语体系，充分发挥法理学对于现实的观照功能。在中国发展公共法律服务就是践行中国特色社会主义法治理论，在中国广袤土地上推行公共法律服务将为讲好中国故事提供丰富的素材、语境和语料库。当前公共法律服务体系建设改革实践缺乏基础理论框架的指导和支撑，缺乏完整的基础理论体系研究，应对公共法律服务的正当性、必要性进行系统梳理和论证，这是一个政治体制改革与司法体制改革（司法体制综合配套改革）的全新改革视野，亟须学理基础研究的跟进和配套。对公共法律服务的政治性、法律性、人民性的理论性质探讨将进一步深化中国特色社会主义的道路自信、理论自信、制度自信和文化自信。

政府（公共部门）提供什么产品和服务以及这些产品和服务的范围与程度问题，最早是从政治学的角度提出的，源于人民对国家起源及其公共性的讨论。早在古希腊时期，人们就开始关注社会活动的公共性，并将城邦视为社会成员组成的共同体，建立城邦的目的，就是满足所有公民的共同需要。柏拉图在《理想国》中指出，之所以要建立城邦，是因为许多东西依靠个人是不能达到自足的，于是，“我们邀请许多人住在一起，作为伙伴和助手，这个公共住宅区，我们叫它作城邦”。可见，城邦以分工为基础，以达成共同利益为目的。亚里士多德认为，国家作为一种社会的共同体，是从家庭、村落逐步发展而形成的，这一过程的内在动力就在于“人生来就有合群的性情”，“人类在本性上，也正是一个政治动物。这就注定了人类必然要构建各种各样的以善业为目的的社会团体，国家与市民社会是复合的，其复合的基础和纽带是城邦正义和善业，一切社会共同体的建立都是为了实现某种善业”。[①] 1657 年，霍布斯在《利维坦》中阐明的国家起源的社会契约理论，实际上隐含着人们通过自愿方式签订契约建立国家，并通过国家提供公共物品的思想。卢梭则从天赋人权的角度，提出人生而平等，国家是自由的人民自由协议的产物，主权在人民，因此“要寻找出一种结合的形式，使它能以全部共同的力量来卫护和保障每个结合者的人身和财富，并且由于这一结合而使每一个与全体相联合

① ［古希腊］亚里士多德：《政治学》，商务印书馆 1983 年版，第 3—9 页。

的个人又只不过是在服从自己本人，并且仍然像以往一样地自由。这就是社会契约所要解决的根本问题”。[①] “唯有公意才能够按照国家创制的目的，即公共幸福，来指导国家的各种力量。治理社会就应当完全根据这种共同的利益。”[②] 因此，在卢梭看来，国家起源于人们相互间根据自由意志所缔结的社会契约。在国家产生之前，人们生活在独立、平等的自然状态。但这种状态存在着不安全、不方便等诸多缺陷，人们让渡自己的部分权力，交给某个人或某个群体，形成公共意志。国家和政府便由此产生，政府的职责就是保障公民的生命、财产、自由等权利。

17 世纪下半叶以来，政治学关于公共物品的讨论开始让位于古典政治经济学。威廉·配第的《赋税论》，亚当·斯密将公共支出与市场失灵联系起来，都是这种探讨的代表。对公共物品研究做出重大贡献的另一位经济学大师是约翰·穆勒（John S. Mill）。19 世纪中下叶，迪策尔（K. Dietzel）提出政府具有生产性的观念，沙夫勒（A. Schaffle）提出公共需要和私人需要应该等比例地予以满足的思想，进一步丰富了经济学关于公共物品的讨论。萨克斯、帕塔罗尼和马佐拉等人将边际效用的分析运用到公共财政和公共需要的研究，为公共物品论的建立奠定了经济学基础。1954 年，萨缪尔森给出了公共物品的经典定义并被后人广泛接受。公共服务提供体现了现代政府的智慧和勇气。19 世纪工人运动风起云涌，革命的浪潮一浪高过一浪，这个运动被马克思和恩格斯描述为社会主义运动，他们得出了“无产阶级在这个革命中失去的只是锁链，他们获得的将是整个世界”的结论。针对工人阶级运动以及马克思和恩格斯的警告，资产阶级政治家，特别是德国的铁血宰相俾斯麦推动建立了德国的《工伤保险法》和《养老保险法》等一系列旨在缓解阶级矛盾的法律法规。1914 年英国建立了福利国家。1935 年，面对 1929 年世界经济危机的严重影响和美国社会的激烈冲突，罗斯福促使美国国会颁布了《社会保障法》，这一系列的措施使资本主义初期的矛盾得以缓解，有人称其为资本主义 2.0。可以说，基本公共服务制度是人类 20 世纪所建立的最重要的制度文明之一，是人类文明的伟大发明。

---

① ［法］卢梭：《社会契约论》，商务印书馆 2003 年版，第 19 页。

② 同上书，第 31 页。

现代基本公共服务制度是工业革命基于对公共事务和社会问题处理而产生的社会法律现象，是指国家或社会依据一国宪法和法律，以政府作为责任主体，通过一定的制度安排和作用机制，为本国国民提供经济福利的国民生活保障和社会稳定系统。① 中国基本公共服务现代化面临的主要问题有公平问题（均等化）、专业化问题（质量）、多样化问题（需求）和效率问题（经济）。对这些问题的解决需要变革基本公共服务的治理理念，以基本公共服务的"新秩序"取代基本公共服务的"旧秩序"，建立新型基本公共服务体系。这些新型治理理念主要是公共服务供给、生产与治理过程中的一些设计原则，如财政平衡原则、民主决策原则、公平正义原则、可持续发展原则、合作生产原则、效率原则、竞争原则、多样性原则、共同行动原则、监管原则、责任原则和信任原则。而上述问题，在法学研究视野中，通过公共法律服务理论法学和法理学的研究，可以提供价值支撑和手段支持。法学研究可以帮助政府完善基本公共服务的制度体系，使得基本公共服务的供给、生产和治理过程都有规可循。值得注意的是，在中国，相当长的一个时期，人们对公共物品的投入是慷慨的，而对公共服务的投入是极其吝啬的。公共产品、公共服务供给的贫乏不仅造成了公共需求难以满足，也给由公共需求扩张带来的就业造成了极大限制。公共服务需求扩大会提高公共财政的支出，而公共财政支出要求经济必须保持持续的繁荣。经济的持续繁荣会带来更加充分的就业。这些，就是改革开放四十年来我们一直试图平衡和协调的问题。

"对于中国的发展，公共服务和民生问题还是个新的要素，关于它对经济增长、需求和就业的深刻影响我们还缺乏理论上的深刻解释。至少我们可以看到，人们不再简单地把生存和经济增长联系在一起——当然，尤其是在人均国民生产总值达到一定阶段后，幸福指数与社会公正的联系就越发密切。"② 习近平总书记在中央和国家机关机构改革党建工作会议上的讲话精神，为政法机关的职能定位和机构改革提出了明确要求。加快建设现代公共法律服务体系的最佳路径是将公共法律服务快速嵌入党政体系和司法政法体系，坚持依法治国、依法执政、依法行政共同推进，这也为

① 丁元竹：《交锋与磨合：公共服务提供中的社会关系》，北京大学出版社 2015 年版，第 25 页。

② 同上书，第 72 页。

创建公共法律服务学科体系提供了全方位的政治体制改革实践样本和政治体制的正当性支持。

4. 评价标准与财政预算进一步规范结合

当前，公共法律服务体系建构的核心问题是缺乏统一的评价标准体系和合理的服务定价标准，更缺乏规范化的财政预算制度安排。这也是公共法律服务学科体系创建的理论研究关键所在。

（1）创建公共法律服务评价标准理论体系

当前缺乏统一的公共法律服务评价标准，评价标准各种各样，政出多门。全国公共法律服务工作会议上，司法部提出要围绕提高公共法律服务的社会公信力和群众满意度，全面建立法律服务标准体系，努力为人民群众提供优质、高效、便捷的公共法律服务产品，健全公共法律服务质量评价机制、监督机制、失信惩戒机制，推行岗位责任制、服务承诺制、首问负责制、限时办结制、服务公开制等服务制度。司法部前部长傅政华提出，要着力提升人民群众对公共法律服务的知晓率、首选率、满意率，开展公共法律服务同步评价，在服务中做到即时评价、随单评价，服务一次、评价一次。各地司法行政机关要普遍建立“领导干部直接面对群众、直接听取批评意见”机制、“领导干部公共法律服务接待日”制度、“群众批评意见分析报告”制度，不断改进服务群众工作。实践中公共法律服务质量参差不齐，后续评价和保障机制没有跟上，亟须建立科学、完善、可控的公共法律服务评价标准体系。在公共法律服务体系建设中，各个地区都大力提倡公共法律服务平台建设，对公共法律服务项目、平台建设和人员配备进行规制，公共法律服务质量的管理却鲜少规定，忽视公共法律服务评价标准体系的建设和基本理论体系框架研究。公共法律服务同整个法律服务业一样，质量是生命。将公共法律服务的效能发挥到实处，真正实现为人们服务，使人民群众感受到公共法律服务存在的价值，除了要提供全方位、多层次的公共法律服务内容，更要重视提高公共法律服务的质量和效率。

创建公共法律服务学科体系，必须创建和夯实公共法律服务评价标准体系的基础理论研究。公共法律服务评价与考核机制的建构，不仅需要法学知识作为基础，更需要政治学、公共管理学和经济学的相关理论知识，在宪法和社会主义核心价值观指引下，充分运用社会主义法治理论、新公共管理理论以及激励理论，对完善公共法律服务体系建设进行深入扎实的研究，分析法律服务体系建设中公共法律服务评鉴体系缺失、评鉴标准缺失、评鉴标准混乱的现状和原因，从而提出科学的对策。

创建公共法律服务学科体系，应当促进多元沟通。公共法律服务评鉴，是对服务提供者所提供的服务质量的评鉴，更是政策与机制是否完善的试金石。通过群众对服务满意度的评价，对服务提供者的打分、反馈，同时借鉴管理学中360度考评机制的模式，让服务的购买者、服务主体自身以及被服务者所在社区的其他人员进行综合评价和考量，更能客观真实地反映法律服务的效果，最终达到促使服务提供者提高服务水平的目的。评鉴的程序和过程也应当有充分公开公平的机制来保障，从而确保多方意见反馈的真实和准确。

创建公共法律服务学科体系，必须进行公共法律服务评价标准体系的统一质量标准研究。由于公共法律服务提供的主体水平各有不同，服务的内容也不同，而法律服务本身也与服务提供者的知识储备、性格特点、沟通方式和热情程度有直接关系，所以在对服务进行评价和考核的时候，必须有客观的衡量标准。否则，群众对服务的满意度可能因人而异，也可能随着心情和时间空间的不同而产生不同的感受，难以做到相对公正合理。由于法律服务质量的评估本身与人的心理感受有关，建议采取多种方式进行衡量，比如除了即时评价、随单评价之外，还可以随机回访，了解法律问题解决的程度，群众矛盾纠纷化解的情况，以客观事实作为对主观印象与感受的补充，从而保证被评价者服务水平得到真实的反馈。

当前，一些地区已经开展了法律服务评价机制，有益的经验值得借鉴。例如，武汉市江汉区作为国家级现代服务业体制机制改革创新示范区，公共法律服务体系建设中也面临着公共法律服务评鉴体系缺失问题，而以江汉区现有的公共法律服务项目为评鉴对象的研究，提出多元化的公共法律服务评鉴主体、统一的公共法律服务质量标准，能够保证以一定的手段和方式对公共法律服务做出客观、公正的评价。在针对该样本的机制建设完善过程中，可以及时总结和梳理相关评价标准体系经验形成公共法律服务学科体系的重要理论支撑，可以对更多地区的公共法律服务评价标准体系建设有所助益。同时，充分运用激励机制，能够大大激发公共法律服务工作者的工作积极性和工作潜能，更有助于公共法律服务质量和水平的提高，真正发挥公共法律服务在化解社会矛盾纠纷中“治未病”的良药功效，推动基层治理现代化水平的提升，为高质量发展提供坚强有力的法治保障和安全稳定的社会环境。

（2）创建公共法律服务定价标准理论体系

随着市场经济的结构转型与改革的进一步深化，社会矛盾凸显，广大人民群众对法律的需求也与日俱增。由于法律服务的诉求呈现出多样化趋势，政府依靠自身力量无法履行其向公众提供法律服务的职责。此种背景下，政府作为公共法律服务事业的统筹者，开始探索通过向具备专业知识的法律工作者购买服务的形式为社会公众提供法律服务。虽然政府购买具有一定的特殊性，但其实质依然是“交易”，而交易的核心即是价格问题。在政府购买过程中，定价作为其中的核心环节，决定着公共法律服务的质量与可持续发展。如何为政府所购买的公共法律服务合理定价？这是实践中的难题，同时，也是决定公共法律服务质量的关键环节。目前，我国政府购买公共法律服务尚处于探索阶段，与政府购买公共法律服务相关的制度和文件均未对定价作出规定，针对此方面的理论研究也非常有限，这就导致目前定价实践中存在着政府单方面定价、缺乏科学合理的定价依据与规则、未考虑服务提供者的能力等级、不同服务项目的客观服务难度以及定价标准未能与服务质量建立联系等诸多问题，制约了公共法律服务质量的提升。

建立一个针对政府购买公共法律服务的定价标准，是当前我国公共法律服务事业进一步推进的当务之急。在定价标准和机制的研究中，不仅要从公共法律服务、政府购买公共法律服务以及定价的概念出发，运用社会公平复合理论、公共服务均等化的宪法价值、社会主义法治理论、新公共管理理论以及服务型政府理论进行分析论证，更需要通过实证研究法，在样本研究中发现存在的问题。通过对武汉市江汉区为实证样本的研究，可以看出，当前的突出问题是忽略服务提供者的人力成本、未考虑法律服务的客观难度、缺乏定价的依据以及价格未与服务质量联系等。要建立科学合理的政府购买公共法律服务定价标准，必须将有关理论与实际情况相结合，研究出切实可行的方案。从政府购买公共服务定价理论来看，政府购买公共法律服务的定价思路与框架构建，应当从公共法律服务成本核算的角度出发，对服务过程中涉及的以人力成本与物质成本为主要构成的基础性成本进行精确的核算，并引入公共法律服务的服务难度系数与服务质量系数对基础性成本进行调整。

我们以武汉市江汉区政府购买公共法律服务定价的相关实践为分析对象，从成本核算的角度出发，以服务提供者在服务过程中涉及的人力成本和物质成本作为基础性成本，并结合各类公共法律项目的服务难度与服务质量的考评结果，采用服务难度系数和服务质量系数对基础性成本进行合理化调整，构建出政府购买公共法律服务定价的基本框架。这个框架，既考虑到不同服务项目的难度，同时，也能帮助实现政府购买公共法律服务定价与服务质量的对接。初步确立的定价公式为 $P=(m\times H+P)\times D+F+Q$（P 代表政府购买价格，m 代表服务难度系数，H 代表平均人力成本，P 代表期间费用，D 代表服务时间，F 代表固定费用，Q 代表服务质量补贴），其中 $Q=n$（服务质量系数）$\times H$。上述定价框架，既考虑到公共法律服务提供者的实际支出成本与微薄的收益，保证了其参与公共法律服务事业的积极性，又将政府购买价格与服务质量建立联系，有利于促进公共法律服务质量的提升，而且通过明确政府购买公共法律服务的定价依据与框架，提高了政府制定购买公共法律服务预算的科学性。作为政策性建议，该定价框架不仅能够弥补目前政府购买公共法律服务在定价方面的研究空白，帮助建立政府购买公共法律服务定价标准的基本框架，而且能够直接解决实践中的难题，为政府制定财政预算提供依据。此外，还为今后的研究提供了基础。

通过在试点地区的试行和检验，如果该定价框架能够得到有效的运用，则有更进一步推广和复制的经验性价值。在此基础之上，充分运用制度经济学的相关知识和实践中探索的前沿经验，建立能够复制和推广的科学规范的定价体系，能够充分吸引和激励各类法律工作者积极参与如火如荼的公共法律服务事业中，从人员保障方面加强供给，推动公共法律服务事业的可持续发展。政府购买公共法律服务是政府职能转变和公共服务供给模式改革的结果，从本质上讲是一种市场化契约化的供给模式，它对于提高社会多元参与、提升供给效率、改进政府治理方式、全面深化改革和建设中国特色社会主义制度具有重要意义。而推动定价框架的建立和完善，则是深入推进政府购买公共法律服务过程中的关键环节。尽快将有效的定价机制投入运行，才能促进公共法律服务的高质量供给，从长远意义上保证这项政府基本公共服务举措不断向好、向前、向纵深拓展。

（3）建构公共法律服务财政预算制度基础理论框架

当前我们缺乏预算和给付标准的财政学基础理论框架支撑，中央和地方财政预算口径、门类缺失。要落实公共法律服务体系建设，必须将公共法律服务财政预算纳入政府的预算和给付体系，并增加财政投入，保障项目运维的实施力。当前公共法律服务体系中的财政经费保障问题和预算难题，是平台建设和长效的运维。建设平台服务体系需要大量的资金投入，目前已经建成的“三大平台”，包括实体、热线和网络平台，已经初步完成了平台体系建设的雏形，但是实际运行过程仍然遇到了应用不够和效果不明显的问题。很多群众并不知道遇到法律问题可以拨打公共法律服务热线的便捷求解渠道，热线接通后实际解决法律问题的力度也不够，法律服务后的反馈和回访机制落实不到位，上述种种问题都是平台体系建设中的不完善之处。此外，网络和实体平台在运行中也遇到了维护不及时、更新不及时、服务不及时等问题，即使可以解决部分群众的法律问题，依然不能实现法律服务三大平台面向全体人民、解决所有群众基本法律服务困难的初衷。不平衡与不充分的发展亟须财政投入的进一步加大，特别是新产品的研发和新系统的增设，这些都需要持续性的财政资金项目保障。应当将公共法律服务项目作为单独立项的开支，列入财政预算体系，并与审计、监察部门协调配合，充分发挥中央和地方财政部门的保障和支持力度，使公共法律服务体系建设有资金方面的源头活水。虽然当前中央到地方都在过“紧日子”，但是如何能在已有的平台上进一步拓展服务范围，提升服务质量，值得公共法律服务相关负责的人员认真思考。同时，也需要公共法律服务学科体系的法经济学和财政学的基础理论框架研究。我们提出的三大平台融合，不仅要扩容，更要深挖内潜，使现有的平台设备和三大平台系统均能协同发挥最大法律服务效能，增强使用者的满意度、体验感和获得感。此外，要研究如何在现有财政体系框架内合理增加乡村和基层的公共法律服务网点；在现有三大平台建设的基础上，如何加强对基层的财政投入和政策倾斜，夯实基础设施建设，改善服务条件，改善服务方式，增加法律工作人员的服务点，健全村（居）法律顾问制度，加快推进村（居）法律顾问全覆盖。

根据《两办意见》的要求，要统筹利用中央财政转移支付资金等资金渠道，加强公共法律服务经费保障，并对欠发达地区特别是革命老区、民族地区、边疆地区、贫困地区予以倾斜。集中实施一批法律服务扶贫项目，开展政府购买社会服务，增强社会力量的参与程度。通过不间断地开展法律服务系统研发和运行维护，增强法律服务的质量和效果，从而在硬件层面保障法律服务的有效性，为老百姓享受更实惠的法律服务提供良好环境。同时，对我国的政府间转移支付制度，应在加快转移支付相关立法工作的同时，着力建立与财政转移支付相配套的地方数据资料库，以便为公式法的推广应用提供数据基础；在此基础上进一步扩大因素评估法在各类转移支付资金分配中应用，并确保因素选择的客观性，避免将主观因素纳入模型。① 结合《两办意见》的基本思路和文件精神，积极开展创建公共法律服务学科体系中的专项财政制度理论体系研究，一是研究《两办文件》附件 1 的国家基本公共服务指导标准项目的预算项目、目录、类别、给付、审计、标准体系；具体包括服务项目和标准体系确立、7 项服务项目立项标准、2 项服务网络立项标准、标准实施等。二是研究财政预决算制度的嵌入机制和入场券标准。三是研究财政预决算体系的建构，包括政法、审计、监察体系，涉及政法委、审计局、监察委等职能部门。四是研究法律服务的财税法问题，重点是律所和律师参与公共法律服务的减免税政策、合理避税等问题。五是结合附件 2 开展财政立项和转移支付体系研究，具体研究包括服务项目和指标、11 项服务项目、4 项服务平台建设、服务项目及标准说明财政序列体系。

5. 统筹协调与协同配合进一步强化契合

公共法律服务体系建设由司法部和各地司法厅（局）担纲，更应当由地方党委政府整体推进，构建党委政府统筹协调、政法机关协同配合进一步强化契合的“大公共法律服务”格局。《两办意见》的基本原则是政府主导、社会参与，因此落实政府主体责任、坚持党的领导应贯穿全过程和各方面。政法机关具有天然的提供公共法律服务的属性，但这种单兵突

① 刘德吉：《基本公共服务均等化：基础、制度安排及政策选择》，上海交通大学出版社 2013 年版，第 137 页。

进应当与党委和政府的统筹协调相配合。司法小牛和司法小马如何拉动大车？如何发动、发挥、发展、发现、发明一种新融合的工作机制？这不仅需要新视野和新策略，更是一个实践催生公共法律服务学科体系和理论体系框架的全新现实问题。近十年来，我国社会发生明显变化，流动性、多元化、个性化等特征日益突出；与此同时，单位制的管控职能日益缩小，基层社会治理需求不断提升，二者交汇对当前社会治理领域提出了重大挑战。“曾经依托于单位的身份归属大大松弛，人们的日常生活不再局限于居所一隅，商业交易和社会交往过程也日渐虚实混同。从而，形成了以‘微粒人’为基点的更加智能便捷、匿名流动、虚实同构、自由高效的全新方式和渠道，呈现分布式、破碎化、扁平化的走向。”① 立足于中国社会实践而产生的公共法律服务体系建设，不仅是中国特色法治现代化道路选择的全新时代命题，也是中国特色法治现代化道路选择，是国家治理、政府治理、社会治理现代化的全新体系构架，是一个法治理论创新的全新实践样本，从而形成基于中国特色的法学法治理论体系的全新公共法律服务学科理论构架。

“在公共治理中，多中心主要是指多个权力中心和组织体制治理公共事务、提供公共服务。”② 将法治治理融入国家治理体系与治理能力现代化，势必要求在国家的行政制度、决策制度、司法制度、预算制度、监督制度等重要领域进行突破性的改革。“作为一种工具理性，治理代表了人类社会发展的基本方向，是世界各国通向现代化之路的普遍追求和必然选择。”③ “善治所涉及的主体价值必定包括民主、人权、法治、平等、透明、负责人等基本内容。”④ 建立完备的中国特色社会主义公共法律服务体系，能够产生制度竞争优势，并在发展中进一步改进，有力推动治理水平的提升。党的十九大把坚持全面依法治国上升为新时代中国特色社会主义基本方略的重要内容。在波澜壮阔的改革进程中，法治为改革提供了根

① 马长山：《智慧社会的基层网格治理法治化》，《清华法学》2019 年第 3 期。

② 叶响裙：《公共服务多元主体供给：理论与实践》，社会科学文献出版社 2014 年版，第 28 页。

③ 张小劲、于晓虹：《推进国家治理体系和治理能力现代化六讲》，人民出版社 2014 年版，第 37 页。

④ 俞可平：《国家治理的中国特色和普遍趋势》，《公共管理评论》2019 年第 1 期。

本保障，成为中国破浪前行的重要引擎。法治核心竞争力内涵丰富，既体现在对价值观的引领、对社会的有效治理、对人们行为的规范、对老百姓生活方式的导向，也体现在对精神和文化生活的影响、对矛盾纠纷的妥善化解、对基本生活的社会保障和对产权的有效规制。而建立完善的公共法律服务体系，实现法律规范的广泛普及、法律服务的深度渗透，提升老百姓的法治意识和法治能力，既为法治社会奠定基础，也必将成为我国未来法治核心竞争力的重要标志。

根据西方经济学中有关制度的理论，不同的制度设计和安排产生了不同的制度成本，影响资源配置的效率，人们通常会选择那些在竞争中占优势的制度。而制度优势能够转化为资源优势，从而促使制度的改进，以低成本在制度选择中赢取竞争。良法善治作为促进和保障社会发展的核心竞争力的重要标志，属于上层建筑，能够有效促进生产力的发展和生产方式的变革，因此，法能够成为“生产本身的最有力的杠杆”。建立完备的中国特色社会主义公共法律服务体系，能够产生制度竞争优势，并在发展中进一步改进，有力推动治理水平的提升。为了更好地发挥公共法律服务的制度竞争优势，应当深入贯彻落实习近平总书记关于全面依法治国的重要论述，发挥公共法律服务“固根本、稳预期、利长远”的保障作用。在深入推进治理体系和治理能力现代化的过程中，社会矛盾纠纷纷繁复杂，应当充分运用法律思维和法律方法积极应对层出不穷的社会矛盾和社会问题，健全和完善法治体系，有效制约公权力，保障私权利。用法律保障党的政策有效实施，把健全的法律法规作为根本的制度供给，维护好政治安全、社会安定、人民安宁。要强化底线思维、风险意识，打造公开、透明、稳定、可预期的法治环境。要提高制度化、规范化、程序化水平，持续提升治理现代化水平。推进政府治理现代化的逻辑前提和实践起点，在于转变政府职能，全面正确履行政府职能。政府职能的切实转变和全面正确依法履行，关键在于正确处理政府与社会的关系。这就要求明确政府职能社会化的法定边界、方向和内容，在此基础上，转变政府治理和依法行政的方式，推进和实现切实可行的机制创新，培育和塑造社会自我调节与自我服务的机制，承载政府改革和职能转变而剥离的社会职能。而政府向社会购买公共法律服务，则有效塑造和建构了政府简政放权过程中被剥离的社会职能的承接和承载机制，使得政府真正转变为有限、有效、有能、有责和有为的政府。这都是我们创建公共法律服务学科体系的基本理论研究范畴和重点研究对象。

良好的公共法律服务体系能够让矛盾消解在群众自治中。通过坚持和发展“枫桥经验”，能健全平安社会协同建设机制，从源头上提升维护社会稳定能力和水平。只有老百姓自主、自发地进行治理，法治精神才能渗透、滴灌到百姓心中，成为他们生活中不可或缺的一部分，从而及时预防和化解社会矛盾，从根源上解决问题。应当完善制度，运用先进的科学技术，建立全方位立体化的风险防控体系，从而应对变化的治理难题。例如，在防控风险方面，应当保持对刑事犯罪的高压震慑态势，增强人民群众安全感，继续常抓不懈地推进扫黑除恶专项斗争，紧盯涉黑涉恶重大案件、黑恶势力经济基础、背后“关系网”“保护伞”不放，在打防并举、标本兼治上下功夫。同时，司法行政部门应当加强法治宣传，完善社区服刑人员动态管控机制，做好刑满释放人员安置帮教工作，积极发动引导社区服刑人员和刑满释放人员检举揭发黑恶势力违法犯罪；监督律师严格遵守职业道德，职业纪律，实行律师代理涉黑涉恶涉霸案件报告制度等，都能有效地减少矛盾的发生。这些同样也是我们创建公共法律服务学科体系的基本理论体系构架研究范畴，当然也是公共法律服务学科体系创建的重点研究内容。

6. 平台建设与内容同步进一步互助相合

公共法律服务实体、网络、热线三大平台是在信息化背景下，以门户网站、移动客户端、微信公众号、微信群、自助服务设备等多平台为基础构建的，以服务功能和监管功能为主的，全方位提供一系列公共法律服务裁判内容的线上线下一体化互动平台。当前，全国除台湾地区、香港特别行政区、澳门特别行政区外，都已根据《全国公共法律服务平台建设技术规范》的要求，建立起本省省级独立的公共法律服务网络平台，并且已经实现了与部级公共法律服务网络平台之间的互联互通、数据共享。同时，经过统计分析发现，除台湾地区、香港特别行政区、澳门特别行政区、4 个直辖市外，全国 22 个省和 5 个自治区内共有 16 个省级行政单位建有市级公共法律服务门户网站，占有率达到了 59%，即大多数省级行政单位内都有地级市在进行公共法律服务门户网站的建设。从已建有的

16个省级行政单位中进行统计发现，建成市级公共法律服务门户网站的省级行政单位，呈现出占有量差距较明显的特征，其中以黑龙江、河北、江苏、浙江、福建、安徽最为明显。

广东省和浙江省公共法律服务体系网络平台发展情况目前在全国范围内均处于较高水平。广东的各个地级市并不构建独立的公共法律服务体系中的网络平台门户网站，而由省级网络平台门户网站统筹全省公共法律服务工作，负责处理全省所有的公共法律服务线上需求，是一种全省公共法律服务平台加服务的整体构建模式。优势是极大程度地整合了所有的资源用于省级平台的构建与完善，功能的开阔性也呈现出特色化。缺陷是这种模式的构建也同样对省级司法厅本身有着极高的要求，否则会使全省的公共法律服务皆达不到应有的水平，使全省人民群众都无法享受切实的公共法律服务。浙江省截至2020年4月，已经发布了三批《浙江省公共法律服务产品指导目录》，其产品在包括了普遍的公共法律服务体系中的网络平台建设服务功能的基础上，设有九大类别，66项产品。浙江省门户网站自2015年年底正式上线，并在2017年司法部下达文件指示后，其网络平台建设水平得到显著提升。同时，浙江省的大多基础服务功能也实现了线上预约或办理，真正实现了人民群众足不出户得到各项法律服务的建设理念。在整体的直观感受和用户体验方面，浙江省公共法律服务体系中的网络平台构建情况是在全国领先的。在这种模式下，能够很好地把握各个地级市的地方特色，并很好地与省级平台数据共通，使得人民群众能够得到更好的公共法律服务，满足其服务需求。然而对于构建该种模式的省级司法厅和各个地级市司法局要求更高，需要一定程度的经济支撑、人才支撑与制度保障。

福建省和湖北省的公共法律服务体系网络平台发展情况均处于中等偏上水平。根据福建省司法厅2018年的年度报告可知，“12348福建法网”自2018年6月25日投入运行以来，浏览量仅120187次，访问量14839人次，注册人数230人，咨询次数918次。从数据上来看，其效果并不理想，没有亮点产品的开发，但是网站整体构建情况良好，查询信息资料齐全，大多业务实现了在线预约或申请。在福建主要是由省级公共法律服务体系中的网络平台互联网门户网站进行统筹和主办，其各个地级市的门户网站都是在省级网络平台的主导下进行构建的，并不具有主导性的构建模式。在该种模式下，即使存在部分地级市目前还不具备构建地级市门户网站的运营实力，也能在省级网络平台的帮助构建下得以完善，符合我国目前提出的“建成全业务、全时空的法律服务网络”理念，同时，数据上的共通压力也能得到很好的保障。但是，由于该模式对于省级网络平台的压力过大，因而省司法厅将承担更多的构建任务，致使下属的地级市平台应当具有的本地特色化平台运营也可能无法体现，使得地级市网络平台的可使用度极低，最终成为“有名无实”的门户网站。湖北省公共法律服务体系网络平台发展情况目前也处于中等偏上水平。主要是指在省级公共法律服务体系中的网络平台已经建成的基础上，部分地级市也在自行独立构建本市的门户网站，但其构建情况和数据情况并未与省级平台进行互联共通。优势是各个地级市拥有了更多的构建自主权；缺陷是使得公共法律服务体系中的网络平台构建不平衡，并不能完全符合我国当前提出的“构建全业务、全时空的法律服务网络”理念，人民群众的公共法律服务需求一定程度上受到抑制。

当前公共法律服务平台存在的问题有：省级平台间发展不平衡；各级、各省间平台差异化构建不明显；各级平台使用度普遍偏低；网络平台中专业度程度较低；网络平台更新及维护不及时等。究其原因，有领导体制问题、资金问题、服务质量问题以及工作团队问题等。门户网站的基本建设情况良好，但缺乏网站亮点，并且仅有法律援助开通了线上预约的功能，因而服务性也显然不足。

根据中央的统一部署要求，在 2018 年年底前要实现网络平台普及化，部省两级网络平台全面联通，部分地区建成双语公共法律服务网，司法系统行政审批事项全部实现网上办理；在 2019 年年底前要实现一体化，公共法律服务实体、热线、网络平台基本融合，全部公共法律服务事项可通过网络平台办理，汇聚形成公共法律服务大数据；在 2020 年年底前，实现精准化，公共法律服务实体、热线、网络平台全面融合，并与国家政务服务平台对接互联，形成覆盖城乡、功能完备、便捷高效的公共法律服务网络体系，通过公共法律服务大数据的深度应用为群众提供精准、普惠、便捷的公共法律服务。在平台建设方面，应由司法部建立统一平台，从而有效指导地方各级省市区县（平台）的建设。形成平台上的法律服务超市，注重用户体验，实现服务内容覆盖全业务全时空。在发展和维护网络平台、热线平台、实体平台时要注重深化公共法律服务大数据平台的功用，从而保证服务平台的可持续发展和更加智能的应用。当前，公共法律服务大数据平台、数据库、语料库逐步成为国家研发重点和学科体系研究重点，国家社科基金重大项目和其他省部级项目课题都应当以此为重点推进公共法律服务学科体系创建，理论体系研究和学科体系研究均应进一步加大关注和研发力度。司法部门的大数据平台应当与公安、法院、检察大数据平台进行融合；政法系统的平台应加强与政府、学校、企业团体大数据平台的融合，从而实现数据互联互通、内容及时共享、服务便捷有效。根据公共服务平台建设的总体目标，包括普及化目标、一体化目标、精准化目标和改革实践新要求，建议从以下几方面着手解决当前的瓶颈和困难：一是在党委、政府层面建立合理有效的工作机制；二是将公共法律服务体系建设工作纳入绩效考核当中，并建立相当的监督体系；三是完善好工作保障机制，成立专门机构并出台相关文件和标准；四是重视媒介宣传，加强宣传力度；五是强化政府与社会的合作，做到政府内外部的合作和政府与社会组织、公众的通力合作；六是强化公共法律服务学科体系创建和平台建设的对接与融合。不同区域应当遵循地方特色和规律，明确各级平台功能差异，寻求各省级平台特色发展。同时，要完善平台各项功能，加强平台宣传力度，增强平台专业化建设，不断加强平台的更新与维护。

7. 经验总结与制度形成进一步汇集统合

“一个法律体系的基本结构不是建立在道德证成或者逻辑预设的基础之上，而是建立在‘由法院、政府官员、个人……复杂的实践’创造的习惯性社会规则的基础之上。”① 公共法律服务经过近十年的发展，各地的改革实践、探索实践，已经形成一定的规模和积淀，当前的重点是制度规范的建设。各地的地方性法规和地方行政立法目前正在推陈出新，《湖北省公共法律服务条例》《广州市公共法律服务促进办法》《山东省公共法律服务条例》《江苏省公共法律服务促进办法》等地方立法都在紧锣密鼓推进之中。随着地方实践和地方立法的日臻成熟，我们亟须一部统揽全国公共法律服务工作全局的公共法律服务专门立法。

① ［英］哈特：《法律的概念》，法律出版社 2018 年版，第 11 页。

公共法律服务的立法价值包括人权、秩序、自由、正义和效率，如对当事人的隐私保密，即隐私权的保护。而公共法律服务相关立法中涉及的支付费用标准，蕴含着对当事人以及相关组织财产权保护的精神。在功能方面，改革与立法不仅是推进国家治理现代化的有力举措，保障公共法律服务体系规范性发展，也是创新社会治理、加强公共服务体系建设的有力保障，更是全面提升法律服务能力和水平的法治基础。从内容与框架上，立法可以包含以下方面：一是总则，明确立法目的与意义、揭示公共法律服务的内涵、提供服务时应遵循和遵守的原则以及对总体工作的要求。二是政策支持，明确司法部门在公共法律服务中的整体领导和协调的地位、其他社会主体的参与以及政府购买机制、财政经费支持以及经费补偿机制。三是公共法律服务的内容与流程，明确建设公共法律服务实体平台的内容以及工作流程。四是公共法律服务参与者的权利与义务，明确公共法律服务提供者与参与者的内涵以及双方的权利义务。五是公共法律服务的监管与评价标准，规定公共法律服务体系领导小组与有关公共法律服务工作的管理、监督机制。六是明确法律责任，这里主要是指服务提供者在提供服务过程中对接受者权益造成损害的责任。

8. 理论框架与实践创新进一步拓展融合

在公共法律服务体系建设过程中，理论基础、理论创新、理论框架和改革创新实践进一步相互结合。由于法学界长期存在“两张皮现象”，在当前司法改革的时代背景下，从法学研究方法的风格和研究主体来看，可以将现有的法学研究划分为法学理论研究和法学实务研究。而法学理论研究传统阵营又大致可以分为实体法研究和诉讼程序法研究，虽然现在的法学理论研究方法日趋多元化，但仍以规范研究方法为主流，遵循着现有的法律规范及其解释从法学理论和制度结构方面分析研究。张卫平教授曾经提出民事诉讼法理论研究最根本的两大困境是“程序法研究和实体研究的分离”以及“法学理论和法律实践的分离”,[①] 基于规范研究方法的特性，法学理论界的主流研究始终存在实体法与程序法发展不同步的现象。

丰富的现代公共法律服务体系建设改革实践经验和社会实践样本，亟须与中国特色社会主义公共法律服务学科体系创建的理论体系研究紧密结

① 张卫平：《对民事诉讼法学贫困化的思索》，《清华法学》2014 年第 2 期。

合和深度融合。对于公共法律服务体系这种说法，世界上目前尚未有其他法域提出，在英美仅存在法律援助制度等内容，且其范围比公共法律服务狭窄很多。因此，“公共法律服务”本身就是一个具有中国特色的社会治理文化品牌和新兴学科体系创建品牌。

当前公共法律服务建设仅依托平台体系建设是不够的，配套制度不健全成为公共法律服务无法延伸至“最后一公里”的重要原因，制约着公共法律服务体系建设向纵深推进的步伐。公共法律服务体系建设存在跛腿走路的现象，是由于制度设计上对整体框架把握不明确，导致公共法律服务仅有少量骨骼而没有丰富的血肉之躯。基于基层公共法律服务体系现状，建议完善公共法律服务体系框架，建成以产品体系为核心，平台体系为窗口，政策体系、人才机构体系、供给体系、评鉴体系为支撑的公共法律服务体系框架。通过对上述六大体系的详细化设计，统筹规划公共法律服务的各项制度，实现体系建设各环节齐头并进。公共法律服务平台体系是需求侧获得公共法律服务的途径。然而作为窗口和渠道，平台建设的完善只是公共法律服务能够为人民所用的契机。真正发挥支撑作用的，是平台背后的公共法律服务政策体系、供给体系、人才机构体系、产品体系、评鉴体系，这些才是真正支撑公共法律服务体系的四梁八柱。当然，这六大体系也是学科体系创建的四梁八柱。公共法律服务产品体系是公共法律服务体系表达的内容。公共法律服务产品，存在有形产品和无形产品之区分，有形产品包括看得见摸得着的各种文书范本、法律服务工具等，而无形产品则是丰富的与法律相关的业务咨询服务。公共法律服务的产品体系应当是多层次、多维度的立体式供给体系，从而满足不同人群的需求，为不同年龄段、不同经济收入水平、不同文化水平和不同诉求的人们提供多元的法律服务。

公共法律服务人才机构体系为公共法律服务供给体系提供人才机构供给。人才和机构都属于服务提供的主体。按照登哈特的理解，公共官员日益重要的角色就是公共服务，亦即要帮助公民表达并满足他们共同的利益需要，而不是试图通过控制或者“掌舵”使社会朝着新的方向发展，并为公共利益承担起应有的责任。传统意义上的公共服务人才和机构就是政府和相关公务部门。而如今，随着政府购买服务的发展，公共服务的提供者逐渐拓展到社会和市场，对于公共法律服务来说，就是包括了律师和社会工作者，以及部分志愿者。这些人才和社会组织、企业等主体，在政府主导下参与公共法律服务，其人员素质、知识结构、服务水平等都需要更进一步的规范，从而在源头上保障服务质量。人员和机构体系的建设，也应当成为公共法律服务体系建设的重中之重。许多学者从萨缪尔森的公共物品理论出发，认为公共服务就是提供公共物品。由于公共物品具有非竞争性和非排他性，因此公共服务产品的供给有别于普通产品的供给。一方面，国家应在公共法律服务安排中“负总责”，国家的此项责任主要由政府来承担，落实在日常，主要由司法行政部门承担；另一方面，为避免政府在某些方面供给公共法律服务存在效率低下等问题，应当理性确定政府承担公共服务具体供给责任的界限，以最大限度发挥政府优势。政府作为公共法律服务的安排者，主要通过以下方式进行供给：政府服务、政府间协议、合同承包、特许经营、补助等。其间的政府与社会、政府与市场供给职能的划分，有待在供给体系建设中予以明确。公共法律服务评鉴体系为公共法律服务供给体系提供反馈以保障公共法律服务质量。公共法律服务政策体系为公共法律服务的顺利开展提供制度保障。公共法律服务在现实中的成效除了受静态的基本理论、核心原则及不同组织之间职责分工、不同组织形式的影响外，还受动态的具体运行方式、手段、途径的影响。为了防止公共法律服务偏离维护公共利益、保障公民基本权利的方向，建立一套规范公共法律服务运行的法律制度和政策体系显得尤为重要。其中最重要的是确定公共法律服务竞争机制、建立公共法律服务绩效评估制度和规范柔性公共服务行为的相关制度。

公共法律服务六大体系之间相互关联、相互补充，形成有机统一、不可分割的整体。六大体系协同构建，将推动公共法律服务体系工作可持续化发展。学科体系创建需要地方研究样本作为示范，充分落实公共法律服务体系建设任务，在完成公共法律服务全覆盖的基础上，探索先进模式的公共法律服务体系建设路径与方法，以公共法律服务产品为核心，依托公共法律服务平台体系，打造公共法律服务政策体系、供给体系、人才机构体系和评鉴体系，最终形成司法行政部门统筹管理，社会组织积极参与，便捷公民使用的“淘宝式”公共法律服务体系。如何将各地对于公共法律服务体系建设贡献的宝贵经验拓展到全国其他地区，仍有待公共法律服务学科体系创建理论研究的进一步总结和探索。公共法律服务体系作为一个司法资源、公共资源、人力资源合理配置的全新运行机制，将政法资源、司法资源、政法公共服务资源整合在一起，其中涉及大量政府职能问题。法制办的功能发挥与部门规章、地方立法的关系是怎样的？改革实践经验如何集成和升华，进而转化成制度体系？如何将各具特色的星星之火形成席卷全国的燎原之势？我们不仅要立足于中国，更要树立大局观和全局观，在百年未有之大变局中拓展公共法律服务学科体系创建的国际视野。实践经验总结与制度规范形成亟待进一步汇集统合，这要求行政立法和行政程序，包括行政复议、行政诉讼和行政赔偿等制度的跟进与完善。对行政机关规范性文件的附带审查等制度机制也应当跟上。

9. 技术理性与服务产品进一步起承转合

随着第四次工业革命席卷全球，人工智能、大数据、云计算、区块链时代到来，量子计算机、5G、互联网、物联网等技术高速发展。在新科技革命的背景下加快建设公共法律服务体系和学科体系，将兴起一个技术发展推进社会正义的全新应用场景和理论创新研究领域。而技术发展、技术理性、技术伦理与服务产品内容亟待进一步起承转合。技术理性和技术伦理如何植入公共法律服务体系？随着技术的发展，目前的法律服务行业壁垒都将被技术发展全部解决，法律服务业将面临一场颠覆性的变革和革命，技术必然会改变整个法律服务业的行业生态。“人工智能的进步正在大量专业学科领域内得到应用，以提高工作效率和生产力，减少人力劳动。”① 智能高效、普惠精准的全业务、全时空体系是必然趋势。

要落实公共法律服务体系建设，必须强化技术成果应用，重视技术带来的普惠性。随着区块链存证的发展，传统的公证手段得到了极大的改良，当事人大量繁多、复杂的证据都能通过电子方式进行存证，且避免了随意被篡改的弊端。大数据、云计算、互联网让信息自由传递，法律服务质量得到质的提升，而人工智能也让传统的法律服务行业得到颠覆性的改变。技术伦理、技术理性、技术发展带来的新挑战和新变化，正在重塑整个法律行业，当然也在改变法律服务的业态。公共法律服务应当及时抓住这一轮新技术革命的机遇，在普惠性方面下功夫，让技术飞跃带来的智能化、便捷化操作方式给老百姓带来看得见、摸得着的实惠。例如，浙江省

① ［美］杰里米·里夫金：《零边际成本社会》，中信出版社 2017 年版，第 150 页。

司法厅与杭州识度科技联合研制的公共法律服务人工智能自助机，借助人工智能、大数据、互联网等技术，创造性地以“智能法律咨询平台”功能为基础，并整合“12348”浙江法网所有面向公众的法律服务，构建新一代的公共智能法律平台，以线上、线下相结合的形式，有效提升公共法律服务供给能力，从而实现了公共法律服务全覆盖和均等化。老百姓使用自助机能方便获得法律服务，实现从“最多跑一次”到“就近跑”再到“一次都不用跑”的转变。这种自助机不仅为律师资源不足地区的群众提供机器人智能法律咨询和在线实时咨询、留言咨询等服务，而且将智能自助一体机与“12348”浙江法网对接，实行网络平台和实体平台的融合服务，使人民群众在家门口就可以享受到24小时不间断、专业的法律服务。群众可以通过视频连线，面对面与法律服务中心值班律师咨询法律问题，而且设备提供的智能赔付计算，可方便、准确地实现工伤赔偿、交通赔偿的费用智能预估。此外，自助机还有智能咨询、法援申请法律文书、公正预约、普法学法、鉴定预约、调解预约等多种功能。这些新技术和新探索都值得大力推广，提升公共法律服务体系建设的智能化水平，增强服务质效。

司法部要求在2020年基本建成覆盖全业务、全时空的公共法律服务网络，建设人民满意的现代公共法律服务体系，这是当前中国特色公共法律服务体系建设的首要目标，也是全面提升中国未来法治创新发展核心竞争力的路径与方法。全面了解社会需求，找准公共法律服务方向；全面覆盖社会需求，明确公共法律服务对象；全面规范标准要求，厘清公共法律服务职责；全面回应社会需求，创新公共法律服务方式；全面创新法律服务标准，优化公共法律服务质量；全面推进信息化建设，强化公共法律服务信息技术应用。“全业务”就是要求公共法律服务网络体系实现法律服务项目和法律服务产品的全覆盖；“全时空”就是在任何时间和地域都可以为老百姓提供其所需要的法律服务。只有覆盖检察、审判、公安、司法政法机关和政府相关职能部门的全部法律服务业务，才能保障公共法律服务的全面性和充分性，而只有遍及全时空，才能保证公共法律服务的全流程、无缝隙和多维度，充分发挥普惠便捷功效，及时给老百姓和各类企业排忧解难。全业务、全时空的公共法律服务网络体系建构，既为法治社会建设奠定基础，也必将成为中国未来法治创新发展核心竞争力的重要标志。要打造中国特色全业务、全时空兼具的公共法律服务体系，就要以用户体验和用户需求为导向，找准着力点，将公共法律服务深入渗透社会生活的各个领域，为广大人民群众提供普惠快捷高效优质的法律服务，努力实现公共法律服务全业务、全时空的双赢共振。

10. 人力资源与智力资源进一步协同整合

人力资源、智力资源、人才培养与公共法律服务体系建设加快进一步优化组合，公共法律服务体系建设亟须建立丰富的人才库、智库（国家智库、民间智库），实现人力资源、智力资源、人才培养与体系建设优化整合。法治国家的发展最重要的是智力资源，发展和进步需要人才，而走近国际舞台更需要人才。因此，公共法律服务人才培养和人才培训是当务之急。要落实公共法律服务体系建设，必须充分调动优质资源，加大人才智库的贡献力度。当前的律师、社会工作者作为公共法律服务的主力军，有其当然的优势，如专业知识扎实、法律服务技能精湛、经验丰富等，但是不可忽视的是潜在的法律服务工作者的队伍，即高校的教师、学生，甚至是退休的法学工作者。在公共法律服务中若能充分调动他们的能量，将会大大充实法律服务人才队伍，从本质上提升法律服务的水平和质量。在美国，精英律师提供的服务收费普遍都很高，高昂的费用让很多穷人无法享受到优质的法律服务。而在美国的高校就有大量的法律诊所和法律服务中心、援助点，学生在老师的指导下通过开展免费的法律服务，让贫穷的老百姓受到法律的关怀和帮扶。美国大学为了培养学生的公益精神，提升其法律工作的实际水平，开设法律诊所这样的项目，而美国的社区居民也可以通过法学院提供的这些免费服务享受优质的法律咨询和援助。这些都值得我们借鉴和推广。同时，我国有大量的课程、研究课题和研究成果没有得到充分的应用和转化。公共法律服务体系建设的大势和浪潮为优秀法学研究成果的转化提供了绝佳的契机。利用这个时代的机遇，将许多智力成果转化为让老百姓感受得到的实实在在的法律产品，这既有利于研究成果的推广和试验，也有利于满足老百姓的日常法律服务需求。

在司法改革背景下，律师制度，包括公职律师、公司律师、社区律师和公益律师制度将得到进一步发展，形成具有中国特色的律师制度及中国特色的律所管理办法。律师、法律工作者将实现更为精准的大数据画像，专业人才将更多接受在职培训，而培训也将普及到司法协理员、司法助理员。更进一步，高等院校的法学教育包括本科、硕士、博士、博士后工作站都面临深刻的变革。由于教育制度和体系的变革，公共法律服务体系建设的加快推进必将兴起一个法学二级学科公共法律服务学科体系创立的全新发展机遇。由于公共法律服务具有交叉学科属性，其学科建构融汇了公共服务和法学，法学学科归属主要集中于法理学、诉讼法学和司法制度，新兴学科体系公共法律服务学和公共服务法学的兴起，必将凝聚起新的学术研究高地和人才教育培训平台。当前，公共法律服务学的理论论证、理论框架、理论体系尚未成形，交叉学科带来的学科归属问题亟待解决。我们认为，公共法律服务学应当成为部门法中的一个重要学科领域，其既有法律实务的实践性，又有法治治理的理论性，是建立在诉讼法学（司法制度）基础上的、横跨公共管理学与法学的新兴学科。公共服务法学，就是以法学视角和法学研究方法来研究公共服务和社会治理的社会科学。由于与政府行为和社会行为有关，建议公共法律服务学的学科归属于公法领域，如果公共法律服务学科归属于法理学或行政法与行政诉讼法学有难度，可以从属于诉讼法与司法制度。学科建构的具体操作路径有待于结合国家治理和社会治理的改革实践进一步研究探讨。

第一章 公共法律服务及其体系制度建构概述

关于公共法律服务及公共法律服务体系制度的概念目前还没有形成统一的认识，也没有形成概念通说，仍然处在动态发展过程中，正在被社会实践不断增加内涵和扩大外延。公共法律服务普遍被认为是公共服务概念体系下的一个具体服务类型，公共法律服务的参与主体、产品内容、职责功能、社会价值、公益特性、服务群体、法律依据、管理体制、资源流向、财政保障等都是在公共服务体系这一大框架下设计和建构的。如刘炳君教授认为："公共法律服务，是现代政府公共服务职能在公共法律服务领域的具体化和法治化。"[①] 同时，公共法律服务及其体系制度的发展依然处于起步阶段，因此，对其发展史和现有样貌的描述或许才能真正反映它在当下社会治理环境中的内涵和定位。了解公共法律服务的概念、现状是分析其社会意义，找到现有问题并提出改革方案的前提。

一 公共法律服务的概念与性质

（一）公共服务概述

公共服务是一个外来词语，根据其英文表达"public service"直译过来，与"private service"（私人服务）对称。最早提出公共服务概念的是德国政策学派瓦格纳，他将公共服务定义为"将国家支付的薪金与工资进行筹划，用于支出经济或者财政的其他消费，或者直接用于公共事务，这部

① 刘炳君：《当代中国公共法律服务体系建设论纲》，《法学论坛》2016 年第 1 期。

分称为财政需求”。[①] 在社会学中，公共服务通常被定义为由政府机构组织的公共服务事业，如邮政服务、公共事业，以及针对个人的直接社会服务工作。又如，救济、娱乐以及与健康和安全有关的服务。[②] 学界关于公共服务概念的理解有以下几种学说：第一种是公共物品说，代表人物有瑞典经济学家林达尔、萨缪尔、布坎南等经济学家，[③] 认为公共物品是公共服务的对象，直接将公共服务成为公共物品，该界定符合早期政府提供公共服务的做法。但是随着社会的发展，公共服务的内容进一步丰富，公共服务单纯被叫称作公共物品的说法远远不适应现代社会发展的需要。第二种是政府职能论，以国内学者陈振明的《公共服务导论》为代表，该理论是随着构建服务型政府而产生的，将公共服务定义为政府服务公众、服务社会的行为，认为主要是政府提供的服务可以直接界定为公共服务。[④] 但是随着后来服务社会公众的机构、组织增多，政府已经不是公共服务的唯一主体，公共服务政府职能论的说法也无法适应当下社会发展的需求。第三种是公共利益论，该说法是从公共服务的目的出发，认为公共服务是政府从社会公共利益出发，为了回馈社会需要而提供的社会服务及物品。该理论将社会公共利益作为公共服务的唯一标准。第四种是市场调节说，强调通过竞争机制完善公共服务。以上对公共服务的理解都有不同的优势，但是也存在不同的缺陷。公共服务的概念是随着社会的发展而变化的，因此，把握当下公共服务的概念需要结合当下社会的发展，把握公众的需求、公共服务主体、公共服务内容及公共服务目的等多种因素，正确理解公共服务的概念。

公共服务范围，从狭义上讲，主要包括保障基本民生需求的教育、就业、社会保障、医疗卫生、住房保障、文化体育等领域的公共服务，广义上还包括与人民生活环境紧密关联的交通、通信、公用设施、环境保护等领域的公共服务，以及保障安全需要的公共安全、消费安全和国防安全等

---

① 楚明锟：《公共管理学》，河南大学出版社 2013 年版，第 180 页。

② 周林生：《社会治理创新概论》，广东人民出版社 2015 年版，第 135 页。

③ 王莹：《乡村旅游公共服务市场化供给研究》，浙江工商大学出版社 2016 年版，第22 页。

④ 黄恒学、张勇：《政府基本公共服务标准化研究》，人民出版社 2011 年版，第 23 页。

领域的公共服务。[①] 据李军鹏的考证，最早的“公共服务”概念，是由法国公法学派代表莱昂·狄骥于1912年提出来的。狄骥指出：现代公法制度背后所隐含的原则，可以用这样一个命题来加以概括，即那些事实上掌握着权力的人……具有使用其手中的权力来组织公共服务，并保障和支配公共服务进行的义务。公共服务的概念也就因此成为现代公法的基本概念。狄骥对“公共服务”的定义是：“任何因其与社会团结的实现与促进不可分割而必须由政府来加以规范和控制的活动就是一项公共服务，只要它具有除非通过政府干预，否则便不能得到保障的特征，”[②] 在内涵界定上，狄骥借用了“社会团结”或“社会连带”的观念，将其分为求同的连带关系和分工的连带关系。前者指人们的共同需要，只有通过共同的社会生活才能实现自己的目标；后者则指人们有不同的旨趣和能力，必须通过分工并交换彼此的服务才能满足各自的利益。为了维护这两种连带关系，人们需要各种各样的规范，即经济的、道德的和法律的规范。

如今看来，狄骥的原始定义显然已经落后，但狄骥的探索性研究工作让我们发现了“公共服务”的基本发源脉络。此后，“公共服务”是伴随着“公共物品”概念的演变而“成长”的。这一方面是因为国家改革和政府管理理论研究的经济学导向，包括古典自由主义、国家干预主义和新自由主义的理论演变；另一方面，是随着世界各国民主政体的建立和福利国家时代的到来，在20世纪30年代以后相当长的一段时期，政府直接从事大众需求（公共物品）生产或者通过政府干预的形式刺激经济快速增长、促进就业，成了一种主导性选择。理论界最典型的就是萨缪尔森的“公共物品”理论，以及后来布坎南、奥斯特罗姆对于公共物品的分类研究，直到现在仍然是相关学科研究的基础，由此导致目前研究公共服务的主流路径是通过公共物品的规定性界定公共服务的规定性。目前对“公共服务”概念及其内涵的解释方法，主要有“物品解释法”“主体解释法”“价值解释法”“内容解释法”和“职能解释法”。[③] 要清晰地界定公共服务，需要与公共物品、公共利益、私人服务、公共物品与私人物品、公共经济、“服务型政

① 董克用、魏娜主编：《迈向2030：中国公共服务现代化》，中国人民大学出版社2018年版，前言。

② 参见李军鹏《公共服务学》，国家行政学院出版社2007年版，第33页。

③ 陈振明等：《公共服务导论》，北京大学出版社2011年版，第11—14页。

府”“新公共服务”等概念进行结合分析。[①] 美国的登哈特提出“新公共服务”理论，可以发现很多关于“公共服务”理论的基本构成元素，如公民权、公民需要、公共利益、责任、价值观以及政治规范等。从“公共服务”到“新公共服务”理念，还可以看到这样一个演变趋势：迫于国内外环境压力，政府的服务功能将越来越得到强化，而管制功能将逐渐减弱；政府的公共服务属性不再受到怀疑，理论家们探讨的只是如何让政府服务更为有效和更能体现社会公平，以谋求公平与效率的平衡。

在经济学关于公共物品提供机制与方式探讨逐步深入并取得长足进展的同时，20 世纪 50 年代初，政策科学开始作为政治学、公共行政学研究途径的替代物而出现，其标志性事件是勒纳和拉斯韦尔主编的《政策科学》一书的出版。在《政策科学》中，勒纳和拉斯韦尔阐明了政策科学的研究对象、性质和发展方向。1968—1971 年，德洛尔（Yehezkel Dror）在《公共政策制定检验论》《政策科学构想》《政策科学进展》等著作中对政策科学的对象、性质、理论和方法等问题做了进一步具体的论证，使政策科学的“范式”趋于完善。[②]

在政策科学的形成和发展过程中，公共服务成为政策分析的核心概念之一。由于公共问题引发公共需求，而对公共问题的管理是以政府为核心的公共部门通过提供公共服务来满足公共需求的过程。因此，提供公共服务满足公共需求，进而解决公共问题是政府的职能所在。20 世纪 70 年代末，在世界各国政府治理变革的趋势中，公共服务成为政府职能的重心。社会变革和民众需求迫使政府转变治理观念，创新治理工具，探索公共服务供给的新模式。在此背景下，发达国家掀起了一场声势浩大的公共行政改革运动，即“新公共管理”运动。[③]

基本公共服务制度是人类 20 世纪所建立的最重要的制度文明之一，是人类文明的伟大发明。现代基本公共服务制度是工业革命基于对公共事务和社会问题处理而产生的社会法律现象，是指国家或社会依据一国宪法和法律，以政府作为责任主体，通过一定的制度安排和作用机制，为本国国

① 陈振明等：《公共服务导论》，北京大学出版社 2011 年版，第 14—26 页。

② 陈振明：《公共政策分析》，中国人民大学出版社 2003 年版，第 7 页。

③ 陈振明等：《公共服务导论》，北京大学出版社 2011 年版，第 36—37 页。

民提供经济福利的国民生活保障和社会稳定系统。[1] 公共服务是现代政府承担的主要职责，也是维系公民生存和发展的基础，其内涵丰富、辐射广泛，本章对公共服务含义及发展的研究仅限于为公共法律服务的研究提供依据和参考，重在突出我国公共服务的基本特点和当下发展的不足之处。关于公共服务的概念定义，根据现有文献资料可以概括为以下三个层次：第一，公务服务的来源界定。公共服务产生于公共需要，后者是指社会成员在社会生产、生活中的共同需要，它是政府以外的其他社会团体和市场不能满足、不能提供的。[2] 公共服务还产生于解决公共问题的需要，本质是一种资源的配置，以解决每一个独立市场主体不能单独解决的公共问题。[3] 第二，公共服务的供给界定。公共服务提供的主体是政府，提供成本是税、费或志愿性服务。[4] 第三，公共服务的内部细分。从产出形式来看分为产品和服务，前者是有形的、时空分离的如道路、车站、公共设施等，后者是无形的、时空一体的如教育、医疗、卫生等；从产品特性来看包含公共产品和私人产品，前者不具有消费的竞争性和收益的排他性，具有公共消费性质，后者具有消费的竞争性和收益的排他性，但不具有公共消费性质。[5] 在我国公共产品和公共服务两个概念一般被同等使用，政府公共部门提供的公共产品涵盖了公共服务。基本公共服务是指为满足社会成员的基本生存和发展需要而提供的公共产品和公共服务，其目标是满足社会成员的基本生存和发展需要，保障社会成员基本的生存和发展权利，范围包括社会保障、基本医疗卫生、基础教育、公共安全、环境保护、公共交通、就业等。[6] 基本公共服务与其他公共服务相比，更加强调基础性、保障性，提供的原则是最低保障、最低成本、满足最基本需要，保障的是社会成员的生存权、发展权，占据政府财政支出的重要比例。有学者认为在经济发展较落后时人们的公共服务需要集中在衣食住行等，而当经济社会发展到一定水平，人均 GDP 超过 1000 美元时，需求将上升为生活内容、生活品质和生活环境

① 丁元竹：《交锋与磨合：公共服务提供中的社会关系》，第 25 页。

② 王琳、漆国生：《提升地方政府公共服务能力思考》，《理论探索》2008 年第 4 期。

③ 霍晓英：《地方政府公共服务能力研究》，博士学位论文，中央民族大学，2007 年。

④ 刘志昌：《国家治理与公共服务现代化》，浙江人民出版社 2015 年版，第 17—18 页。

⑤ 同上。

⑥ 同上。

的改善。[①] 因此，不同经济社会发展水平下基本公共服务的界定也会有所不同，但可以肯定的是，基本公共服务的范围一定是与经济增长同步扩大的。

我国的公共服务领域普遍呈现发展不足的态势。有数据显示，自税制改革以来，我国的财政收入涨幅开始高过 GDP 的涨幅，有时候甚至前者能达到后者的两倍，如 1999 年是 1.95 倍，2010 年是 2.16 倍，[②] 财政支出以“经济建设型支出”为主，政府大力发展经济建设，而对能够调节再分配的公共服务领域则支出不足，导致公共利益和弱势群体的利益被忽视。从公共服务制度的角度看，我国目前的公共服务体系在供求关系上存在如类别少、供需不能充分对等问题，但其中最为显著的是发展不均衡问题。城市居民享受了远远优于农村的公共服务，广大的农村地区公共产品匮乏、质量低劣，公共服务发展的不均衡背离了其旨在平等保障国民生存和发展权的初衷。从公共服务能力的角度看，公共服务专业化程度不够、服务纵深性不足、服务效果欠佳。造成这一问题很重要的原因在于公共服务垄断性的供给模式，公共服务领域几乎完全掌握在政府行政权控制之下，兼有事业单位作为部分公共服务的提供主体。不但容易滋生腐败、造成资源浪费和流失，并且在一定程度上加重了社会负担，公共财政支出上涨，但民众的公共服务需求却依然得不到满足。

（二）公共法律服务的基本概念和性质分析

公共法律服务是一种以提供专业技能为基础的公共服务，同时，又是一项当下正在进行着的司法改革实践。因此，理解其内涵和意义要从梳理定义和性质入手，回顾公共法律服务体系从无到有，服务种类从零散到集合的建构历程，并总结已经取得的建设成果和平台样貌，才能综合理解我国的现代公共法律服务及体系制度的概念和内涵。关于公共法律服务完整的界定最早是在 2014 年提出的，随着公共法律服务体系不断完善与探索，其概念也在不断发生变化，随后在发展过程中将公共法律服务体系定义为：为满足社会经济发展中人民群众日益增长的法律需求，弥补市场供给不足和资源配置不均衡，实现社会公平正义与和谐稳

① 王琳、漆国生：《提升地方政府公共服务能力思考》，《理论探索》2008 年第 4 期。

② 闫帅：《回应性政治发展——中国从发展型政府到服务型政府的转型观察》，中国社会科学出版社 2015 年版，第 98 页。

定，由政府主导、社会力量参与，以保障公民、法人和其他组织法律需求为主要目的而组织提供的必要服务设施、各种服务产品、各项服务活动以及其他相关服务事项。

关于公共法律服务概念的学理解读，学界有不同的理解，至今未能形成一致看法。对公共法律服务概念的争论主要集中在以下几个方面：一是关于公共法律服务供给主体的争议。我国关于公共法律服务的主体发展呈现出变化的过程，初始的公共法律服务主体主要指的是司法行政机关，但是在实践中公共法律服务的提供主体远远不止司法行政机关，还包括政府行政机关、政法机关、社会组织、企事业单位甚至是个人，于是在此主体内涵支撑下公共法律服务的概念又发生了变化。我国实务界有观点认为，公共法律服务的提供主体包括政府等司法行政机关，也包括其他组织与个人。目前也存在与公共服务相同的供给方式，将公共法律服务资源通过市场竞争的方式进行调节，提高公共法律服务提供主体的积极性，丰富公共法律服务资源。二是关于公共法律服务性质的理解。大多数学者认为，公共法律服务属于公益性的活动，故将公共法律服务等同于公益性法律服务。但是实践中并不是所有公共法律服务都是无偿的，随着人们对公共法律服务需求的内容、标准及形式的提高，公共法律服务也存在非营利类型和有一定营利性质的公共服务类型，甚至有些地区实行政府购买公共法律服务，公共法律服务逐渐呈现市场化的趋势。三是关于公共法律服务内容的扩展。随着社会的发展不断丰富与深化，早期的公共法律服务的品种包括普法宣传、法律援助、人民调解、法律咨询等功能，发展到现在除了通常的法律服务项目以外，还拓展到个性化服务和定制服务，如云上调解、诉讼小助手、信用查询、智能审合同等服务。四是关于公共法律服务提供对象的变化。随着服务需求的发展变化，公共法律服务概念刚提出时，一般人将公共法律服务的对象理解为个人、企事业单位等。但是在实践中，公共法律服务提供的对象远远不止个人、企事业单位等，甚至还有政府机关、司法行政机关等。公共法律服务发展到现在，其服务的对象范围已经拓展到社会生产和生活的方方面面。

蒋银华教授认为公共法律服务是政府的一种角色蜕变，是政府从

“统治行政”向“服务行政”的过渡。[①] 将公共法律服务定义为由政府统筹体制内外的相关专业机构与法律人士，按照既定的工作标准与程序，通过被统筹人士或者机构的法律技能、法律知识为需要公共法律服务的群众防范法律风险、排除不法侵害、维护并实现其自身合法权益的专门性公共法律服务。[②] 公共法律服务是由政府主导提供的，全社会公众共同参与的，通过满足全体人民生存或者发展的需要，获取便利化、均等化和普惠性的法律服务。[③] 还有学者认为公共法律服务体系是指由政府主导，社会力量广泛参与的，通过多层次、多主体、多渠道为公民提供法律服务，从而为实现社会公平正义的社会主义现代化法律服务体系。[④]

陈昌盛等人认为尽管公共法律服务涉及法律层面，但从本质上来说还应归属于公共服务。[⑤] 曹吉峰以马斯洛的需求层次理论为基础，认为公共服务是为了满足人基本生存所必需的方面，而公共法律服务是满足基本生存之外的更高层次需求。[⑥] 这两种观点基于公共法律服务是否属于公共服务对立。在全面依法治国的大背景下，法律服务不再是少部分人享受的特殊服务，不具有区别于其他服务的优越性，发展为公民生活中的基本服务。不论是从词源结构，还是从公共服务的功能定位与设置目的角度看，公共法律服务既有公共服务的属性，也有法律服务属性，因此，“公共法律服务既是公共服务，也是具有公共性的法律服务”。[⑦] 司法部《关于推进公共法律服务体系建设的意见》中，就对公共法律服务概念的基本内涵进行了界定：“公共法律服务，是指司法行政机关统筹提供，旨在保障公民基本权利，维护人民群众合法权益，实现社会公平正义和保障人民安居乐业所必需的法律服务，是公共服务的重要组成部分。”司法部最早提出公共法

① 蒋银华：《政府角色型塑与公共法律服务体系构建》，《法学评论》2016 年第 3 期。

② 刘炳君：《当代公共法律服务体系建设论纲》，《法学论坛》2016 年第 1 期。

③ 曹吉锋：《公共法律服务内涵研究》，《黑龙江省政法管理干部学院学报》2016 年第 3 期。

④ 王岚：《把握好公共法律服务的“三个维度”》，《吉林日报》2018 年 12 月 28 日第 20 版。

⑤ 陈昌盛、蔡跃洲：《中国政府公共服务：体制变迁与地区综合评估》，中国社会科学出版社 2007 年版，第 113 页。

⑥ 曹吉锋：《公共法律服务内涵研究》，《黑龙江省政法管理干部学院学报》2016 年第3 期。

⑦ 傅政华：《加快建设人民满意的公共法律服务体系》，《学习时报》2019 年 4 月 15 日第 1 版。

律服务的具体内容包括：为人民群众普及法律知识和开展法治文化活动；为经济困难人群和特殊人群提供法律援助服务；开展公益性辩护、代理、法律咨询、法律顾问、司法鉴定、公证等法律服务；预防和化解社会纠纷的人民调解工作等。

2019年7月11日，中共中央办公厅、国务院办公厅《关于加快推进公共法律服务体系建设的意见》附件2中明确界定："公共法律服务是由党委领导、政府主导、社会参与，为满足各类主体在社会生活中日益增长的法律服务需求而提供的公共法律服务设施、服务产品、服务活动以及其他相关法律服务。主要包括法治宣传教育、律师、公证、法律援助、基层法律服务、法律顾问、调解、仲裁、司法鉴定、法律职业资格考试等方面。公共法律服务既包括无偿或公益性的法律服务，也包括面向公众的有偿性的法律服务。"这一界定进一步拓宽了公共法律服务概念的内涵和外延，延展到司法救助、公益诉讼、法律人才培养、党政机关法律顾问、涉法涉诉信访、案例库建设、仲裁、涉外法律服务、律师专业水平评价、智能法律服务技术等。

在各地政府、司法厅和学者对公共法律服务的研究中也提出了大小不一的内容范围，如广东省将外延扩展到立法咨询、行政调解、社区矫正、安置帮教，浙江省提出的外延则不包含上述几个领域。我国公共法律服务的内容目前各方尚未形成足够统一的标准。但从司法部2014年出台的文件到国务院2019年出台的文件对于公共法律服务及其体系的阐述中可以发现其对公共法律服务内容的主体和性质表述较为稳定，服务的外延和范围有一定程度的扩展，服务内容的划分更加细致，服务标准更贴合时代需求，广度和深度均有加强。学术和实务领域对于服务主体内容争议较少，只有对少数几种服务是否应纳入公共法律服务体系以及公共法律服务体系的功能定位还存在观点的讨论与争议。在司法部的多个规范性文件中，对公共法律服务概念的定义均突出其"公共性"和政府公共职能的绝对引导。随着公共法律服务体系建设的实践探索和三大平台的全面落地，公共法律服务的统筹供给主体不再局限于司法行政机关，而是扩大到整个政府层面和政法机关。

根据新时代公共法律服务体系建设新的发展动态，原司法部部长傅政华于2019年年初在广州召开的第一次全国公共法律服务工作会议上，将公共法律服务定义为："党委领导、政府主导、社会参与，为满足各类主体在社会公共生活中日益增长的法律服务需求而提供的公共法律服务设施、服务产品、服务活动以及其他相关法律服务。"① 2019 年 1 月 16 日，习近平总书记在中央政法工作会议上的讲话提出："政法机关承担着大量公共服务职能，要努力提供普惠均等、便捷高效、智能精准的公共服务。"② 这一领导讲话的新定义把公共法律服务的内涵和主体范围又进一步作了扩充解释。总结习近平总书记在近两年中央政法工作会议上重点强调的政法机关公共服务职能重要论述，我们可以发现，党和国家的社会治理路线方针政策已经明确：完善的公共法律服务体系是夯实依法治国群众基础的重要途径。现代公共法律服务体系建构，必须紧紧重点抓住政法机关这一公共服务主体，充分发挥政法机关提供现代公共法律服务产品的功能和作用，转变工作观念，从思想上树立以人民为中心的发展理念，规范制度机制，有效地将法律公共服务理念融入日常政法工作，加强公共法律服务智能体系建设，提高公共法律服务的质量和水平，提升政法队伍的法律服务能力和素质，并保证监督问责机制的畅通，从而充分发挥政法机关在公共法律服务体系中的主体作用，细化分工，密切配合，共同推进新时代公共法律服务的发展繁荣。③ 关于公共法律服务概念的内涵是否可以包括有偿性法律服务问题，本书认为"有偿性"与"公共性"并不绝对冲突，支付基本成本或基本费用的付费法律服务同样也可能具有非营利的性质，很多时候人们在衡量法律服务收费时会忽略人工成本也即智力成本，更可能会忽略经验成本。因此，存在以微利表现形式出现，而事实上其成本远小于收益的情况。公共法律服务是为满足人们对法律服务产品内容等的现实需求而做出的不以营利为目的的法律服务，用"不以营利为目的"定语表述更为精

① 傅政华：《坚持以人民为中心，建设人民满意的公共法律服务体系——在全国公共法律服务工作会议上的讲话》，《中国司法》2019 年第 3 期。

② 习近平：《全面深入做好新时代政法各项工作促进社会公平正义保障人民安居乐业——在中央政法工作会议上的讲话》。

③ 杨凯：《建构政法机关一体化协同创新的现代公共法律服务体系》，《民主与法制时报》2020 年 3 月 14 日第 2 版。

确。[1] 社会参与多元主体并非仅能以公益免费方式进入公共市场，承认并鼓励社会参与多元主体以公益或是非营利的形式进入公共法律服务市场具有重要意义，不仅促进供给主体多元化发展，为未来律师事务所、司法鉴定机构、公证机构、仲裁机构、科技企业、科研教育机构等法律服务市场机构提供足够参与空间，也能吸引行业内外优质、新兴服务力量参与体系建设，为社会公众提供更加全面便捷的公共法律服务。

综上所述，本章总结提出公共法律服务的基本概念和基本内涵。所谓公共法律服务是指为了确立中国特色社会主义公共法治信仰和实现法律服务的公益性、公共性、公正性等法律精神价值，满足各类多元主体在社会公共生产和生活中日益增长的法律服务现实需求，由政府及司法行政机关主导、管理、统筹和协调，由政府及各行政机关、政法机关、社会多元主体共同参与提供的不以营利为目的的各类公益性、公共性的法律服务活动及法律服务产品内容，包括服务产品、服务内容、服务便利、服务设施、服务活动、服务质量标准、服务评价标准、服务事业、服务保障等方面；公共法律服务既包括政府负责采购的无偿的公益性的基本公共法律服务，也包括有偿的收取服务成本或基本服务费用的公共性的法律服务。

（三）公共法律服务的基本内容界定

由于各地政府在大纲的基础上对公共法律服务的内涵存在不同的理解以及因地制宜的创新，因此，有必要对其中差异和共性进行分析整理。通过对全国各省（直辖市）的“12348”法网或法律服务网主要服务模块进行统计，得到了全国网络公共法律服务产品供给见图 1-1。

各省级公共法律服务网是公共法律服务体系三大平台中的网络平台，随着网络技术的发展，网络平台已经具有满足远程服务，集成多个服务板块和及时更新的能力。实体平台相对而言较难广泛调研获取多个省级中心数据，因此无法实现数据对比和对趋势的总结。热线平台主要从事咨询服务，服务功能单一，无法反映其他内容的实际应用。因此网络平台的集成性、及时性、访问便捷性使得其比实体平台和热线平台更能反映出各地对服务内容的理解和服务范围的界定，又加上易于调查、统计、对比，故是

① 杨凯：《乡村振兴下的公共法律服务》，《民主与法制时报》2020 年 2 月 20 日第 7 版。

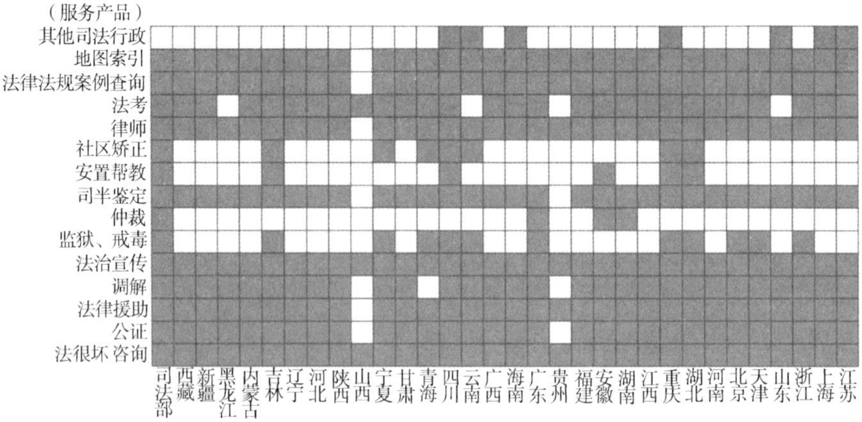

图 1-1　全国网络公共法律服务产品供给

说明：

1. 阴影区域表示“提供此项服务”，空白区域表示“未提供此项服务”；

2. 其他司法行政服务主要包含：行政审批、人民监督、人民陪审员等；

3. 判断标准为网站上该项服务是否确实可用，如山西“地图索引服务”一项，网站无法提供各类法律服务机构地址，故此项服务实际不可用，“法律法规案例查询服务”一项显示“抱歉，暂无消息”故此项服务实际不可用，“律师服务”没有律师及律所信息，故无法通过此项服务查找律师或律所，“公证服务”“调解服务”“法律援助服务”“司法鉴定服务”均无法查找具体机构。宁夏、广西、北京可以从网站上查询到简略的仲裁信息。贵州有公证、调解平台和机构名称查询服务，但缺少联系方式，青海省调解服务缺少联系方式。

4. 数据来源为“12348”中国法网及 32 个省份法律服务网，其中新疆为及建设兵团的法网集合数据，最后访问时间为 2019 年 3 月 1 日。

较好的调查研究对象。网络平台的建设是由司法部统筹、各省级司法部门主导建立的，覆盖省域的公共法律服务网，省级网络平台是中央要求下的基础配置，相对健全完善，反映了地方对公共法律服务内容的理解。在武汉等地走访调研的过程中发现一些地市甚至是县级司法部门也基本建成了自己的公共法律服务网，往往依托于政府网站或新媒体平台，但就其内容和服务种类来说与本省网络平台是比较重合的，少见有突出特色者，且在运营管理上存在更新不及时、服务内容空洞、宣传效果大于实用效果等问题。

从政策文件和平台观察来看，公共法律服务体系内容的界定呈现逐步扩展的趋势，体系内部则是逐渐细分的趋势，体系在经历了热火朝天的动员建设和集中投入使用之后正在往精细化、实用化方向发展。因此，进行平台内容的调研不仅有助于反映发展趋势，也能够从平台用户角度切身体验公共法律服务的效用。

通过图 1-1，可以看出法律咨询服务、法治宣传服务、矛盾纠纷调解、法律援助、律师、公证、司法鉴定等服务内容已经得到承认或普及，这些公共法律服务领域传统的服务内容依然是体系的重点和主体，承载着公共服务的使命，以及服务弱势群体的初衷。各个平台能够落实这几项服务的原因可能有以下几点：其一，法律援助、法治宣传、人民调解等在公共法律服务体系建设之前就经历过几轮司法系统的重点推广和建设，在我国法律服务领域有着深厚的基础和广泛的认可，如法制宣传工作在 1949 年司法部设立时就已经被列为工作项目之一，调解工作在 1982 年的机构改革中被列为司法部八大工作之一，加之 2003 年通过的《法律援助条例》，2010 年通过的《人民调解法》等，都可以表明这几项主要的服务内容发展已趋成熟。其二，地方网络平台的建设依靠中央政策文件的推动，也依赖于中央提出的标准，如 2017 年的《司法部关于印发〈“12348”中国法网（中国公共法律服务网）建设指南〉的通知》明确了省级司法部门的任务，因此咨询、援助、调解等内容在早期文件中已有明确要求，网络平台的落实也就更加到位。法律咨询服务是公共法律服务体系建设以来重点发展的服务内容，也是过去的服务项目中缺乏的内容，在体系建设以来作为独立的服务板块出现，因为操作的便捷性和需求的广泛性在各个平台都得到很好的落实。安置帮教、涉外法律服务、行政调解等在平台调查中发现未普遍推广，这也与中央文件的发布时间和地方资源储备、实际需要有关，因此，是否能够被稳定纳入公共法律服务体系还有待观察和研究。

首先，公共法律服务的公共性。公共法律服务强调服务的公共性，这也是公共法律服务与私人法律服务得以区分的关键。公共服务，广义上可以理解为不宜由市场提供的所有公共产品，如国防、教育、法律等，狭义上一般指由政府直接出资兴建或直接提供的基础设施和公用事业，如城市公用基础设施、道路、电信、邮政等。① 因此政府提供与非市场化是公共性区别于私人性的重要表现。公共法律服务体系中既有政府提供的纯公共

① 刘旭涛：《行政改革新理念：公共服务市场化》，《中国改革》1999 年第 3 期。

服务，也有由社会组织和其他团体提供的既有公共性也有私人性的法律服务，这些服务依据其体现出的公共性大小，划分为准公共服务和准私人服务，前者体现出更多的公共性，后者则更偏向私人性（见图 1-2）。我国的公共法律服务现阶段更接近于是一种准公共法律服务。因为在公共法律服务体系中一部分业务内容如公证、仲裁、鉴定等依然是市场化的，而法律援助、调解、咨询、宣传则是完全由政府提供，未来政府或许会在公共性上做出更大的偏向。

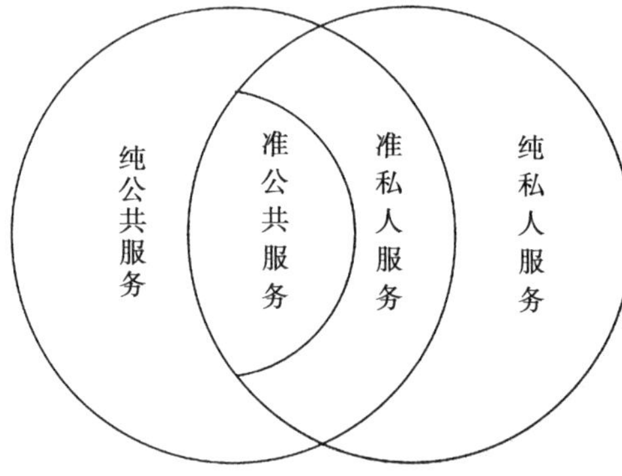

图 1-2 公共服务的公共性分类

其次，公共法律服务的基本性。地方实践中常常能听到“基本公共法律服务”的提法，因为我国公共法律服务体系尚未建设完全，因此并非所有法律服务都能纳入政府保障范围，那么就需要在其内部做出发展先后顺序的区分。根据政府的职能定位以及现有制度保障，可以将公共法律服务体系中不同的服务类别进行分类。基本公共法律服务应当包括人民调解、法治宣传、法律援助，此三项依托“人民调解法”“法律援助条例”和全国性普法规划，政府职能定位和政府财政保障也比较健全。[①] 其他方面如政府组织开展的“律师进村社”、政府聘用律师参加涉法涉诉信访案件处理等则属于政府采取的政策性、临时性举措，属于非基本的公共法律服务。[②] 当下学界关于基本性的界定相对比较保守，根据对政策和地方落实情况的调研来看，驻村法律顾问在未来也会成为稳定的基本性配置，公共法律服务体

① 蒋科：《地方政府公共法律服务体系建设问题研究》，硕士学位论文，南昌大学，2016 年。

② 同上。

系的法律法规会逐步出台完善，基本性含义或得到更大延伸。

最后，公共法律服务的普惠性。习近平总书记多次提出普惠性要求，“加快建设覆盖城乡、便捷高效、均等普惠的现代公共法律服务体系”① “政法机关承担着大量公共服务职能，要努力提供普惠均等、便捷高效、智能精准的公共服务”② 公共法律服务的普惠性表现在其面向的人群、地域，既包括城市也涵盖乡村，未来甚至希望延展到涉外领域，以向弱势群体服务为主，也为全体居民提供服务。面向的人群在不同的服务领域有不同的规定，如法律咨询免费向全体居民提供，但法律援助只能由符合条件的人申请。各省份搭建的法律咨询渠道和平台，包括热线、网络和驻村社法律顾问，也是公共法律服务普惠性的体现。2017 年年底到 2019 年年初网络平台的法律咨询总量就已达到 118.6 万次，热线 347.9 万通。③ 我国 65 万村（居）已配备法律顾问，基本实现了全覆盖。④ 快速增长的流量和数据意味着用户数量、使用范围的增长和扩大，体现了我国公共法律服务体系普惠性的发展方向。

二　公共法律服务体系的基本概念与构架

体系是若干有关事物或思想意识互相联系而构成的一个整体，一般是指一定范围内的事物或同一种事物按照一定顺序和内部关系组合而成的整体。制度是指在一定历史条件下形成的法令、礼俗等规范。学界对公共法律服务体系建构的内容未有统一观点，但对实践中公共法律服务体系的概括大多包含组织、平台、人才、产品及保障等内容，这些观点对公共法律服务体系建构有较强的启示性，但却忽略了评价这一重要内容，原司法部

① 《我国公共法律服务三大平台全面建成》，http：//www.gov.cn/xinwen/2019－01/16/content_ 5358228.htm，2020 年 4 月 19 日。

② 新华社：《人民日报评论员：在更高起点推进政法领域改革——三论学习贯彻习近平总书记中央政法工作会议重要讲话》，http：//www. gov. cn/xinwen/2019-01/18/content_ 5359143.htm。

③ 中国政府网：《我国公共法律服务三大平台全面建成》，http：//www.gov.cn/xinwen/2019-01/16/content_ 5358228.htm。

④ 新华网：《数说 2018 年司法部法律服务成绩单》，http：//www.xinhuanet.com/politics/2019-01/18/c_ 1124006113.htm。

部长傅政华指出要着力提升人民群众对公共法律服务的满意率，开展公共法律服务同步评价，因而评价制度是检验公共法律服务质量、推动公共法律服务体系建构发展必不可少的重要内容。

（一）公共法律服务体系制度的基本概念

公共法律服务属于公共服务中的一部分，公共法律服务不仅是法律服务，同时也是公共服务，是两者的交集。[①] 国内学者大都从教育学、文化、就业、社会制度建设方面对公共服务进行研究，如顾金孚谈到构建公共文化市场化途径、[②] 王富军谈到构建文化公共服务体系[③]均从文化的角度对公共服务进行研究。吴泽霞、王婉慈、伍晓爱、黄泳翰、梁绍鸿等从公共文化角度进行研究。[④] 昆明市从公共就业的角度并且从地方就业状况实际出发对当地就业体系进行相应的指导对策研究。[⑤] 蒋银华教授认为立法和执法、救济和评价是公共法律服务体系必不可少的部分。[⑥] 刘炳君教授认为，公共法律服务体系是由服务提供方式、内容及对象为主体而形成的系统。[⑦] 许同禄、刘旺洪研究认为公共法律服务体系是为社会提供公共法律服务的工作系统，包括组织网络、服务平台、人才队伍、服务产品等。[⑧] 俞世裕认为公共法律服务体系包括五个方面：平台、产品、供给配置、质量评价和政策保障。[⑨] 陆娟梅认为体系框架应包括政策法规、服务

---

① 傅政华：《加快建设人民满意的公共法律服务体系》，《学习时报》2019 年 4 月 15 日第 1 版。

② 顾金孚：《农村公共文化服务市场化的途径与模式研究》，《学术论坛》2009 年第 5 期。

③ 王富军：《农村公共文化服务体系建设研究》，博士学位论文，福建师范大学，2012 年。

④ 吴泽霞、王婉慈、伍晓爱、黄泳翰、梁绍鸿：《公共就业服务机构的服务质量评价——以广州市为例》，《劳动保障世界》2019 年第 33 期。

⑤ 《昆明市“1+2+3”构建全方位公共就业服务体系》，《中国就业》2019 年第 11 期。

⑥ 蒋银华：《政府角色型塑与公共法律服务体系构建——从“统治行政”到“服务行政”》，《法学评论》2016 年第 3 期。

⑦ 刘炳君：《当代中国公共法律服务体系建设论纲》，《法学论坛》2016 年第 1 期。

⑧ 许同禄、刘旺洪：《公共法律服务体系建设的理论与实践》，江苏人民出版社 2014 年版，第 58 页。

⑨ 俞世裕：《全面推进覆盖城乡居民基本公共法律服务体系建设的实践探索》，《中国司法》2015 年第 4 期。

平台、服务产品、供应保障系统等。①

随着体系建设不断向前推进，特别是网络、热线、实体三大平台的全面铺设，“平台”体系不再单指实体平台，“产品”体系也不再单指小型产品的集合，“平台”与“产品”的范围发生重合。譬如，司法部的中国法律服务网，既可以被看作“平台”又可以被看作“产品”，实体产品或虚拟产品基本已经将“平台”囊括在内。实践中从法律理论层面对公共服务研究体系制度的理论还不够深入，公共法律服务体系包括公共法律服务政策、服务人才、服务供给、服务平台、服务产品、服务质量等体系内容。保障公民基本权利、维护人民群众合法权益并非公共法律服务体系建构的目的，更多体现为客观结果。区分结果与目的的意义在于从何种角度看待公共法律服务体系建设，角度的不同会影响公共法律服务体系建构的理念与方式。将公共法律服务体系的主要目的定位为“满足各类主体日益增长的法律服务需求”更能体现出我国当前社会主要矛盾的变化，以及国家维护人民群众根本利益的本质属性。

在域外的公共法律服务体系研究中，法律援助是其公共法律服务体系的核心所在，因此，域外对这一体系的实践经验主要体现在法律援助制度方面。最早产生建立公共法律服务体系意识的国家是英国，它也是法律援助制度的创始者，其议会通过立法方式，明确律师要为穷苦者提供服务。到 20 世纪 60 年代，美国也逐步加入公共法律服务体系建立中，政府为减少贫穷的发生率，把法律援助作为一种国家责任、作为贫穷者的生存权利来落实。1887 年，法国制定了全球首部法律援助法。自那时以来，法律援助开始覆盖几乎所有发达的资本主义国家。西方公共法律服务体系基于法律援助体系不断壮大和完善，虽域外国家大多没有一部统一的公共法律服务法典，但相关实践探索十分丰富。以下介绍法国司法之家和荷兰法律服务台的建设经验：法国全国共设有 137 个司法之家，向公民提供有关法律援助、专业法律咨询和其他非诉讼法律服务等日常生活各方面的知识和信息。司法之家是一个由初审法院、律师协会及其他团体组成的合作组织。按照规定，司法之家建立在人口超过三万的政治和经济敏感区域，司法部总秘书处设专门办公室负责帮助其创建运营。公民可以不受区域限制

① 陆娟梅：《公共法律服务体系建设探析》，《中国司法》2015 年第 3 期。

地到任意司法之家中获得免费咨询和帮助。司法之家因其便捷和专业的服务而受到其公民的认可。荷兰设有 30 个法律服务台，在法律援助委员会的全额拨款下运营。法律服务台为公民提供有关法律法规和法律程序的免费信息、解决简单法律问题，并将复杂耗时事项移交给私人律师或调解员。根据荷兰的法律援助规定，如果公民在申请律师法律援助代理前先去服务台咨询，可以减少自付费用。

公共法律服务体系制度具有如下特征：一是公共性特征。根据马克思主义政治学，国家的职能与义务在于通过行使公共权力，维护社会公共利益，同时社会主义国家的本质在于维护国家中占人口绝大多数的人民之根本利益。因此国家以人民为中心、以人民需求为导向提供的公共法律服务具有公共性，符合社会主义国家的本质特征，是国家公共服务体系的重要组成部分。国家提供、社会参与、全民共享的均等普惠型法律服务，且我国提出在公共法律服务体系加快推进中要特别针对特殊及弱势群体、农村地区及欠发达地区进行重点维护，彰显了中国特色社会主义制度的优越性。二是法律性特征。法律是调整主体行为、确定权利与义务关系、由国家强制力保障实施的规范，对国家建设、经济运行及社会生产生活均具有重要意义。公共法律服务体系建构的目的在于处理法律事务、满足经济生活与社会生活中人民群众日益增长的法律需求。公共法律服务体系以法律服务作为公共服务内容，这决定了法律性是其必然属性。同时随着建设法治国家、法治政府及法治社会的大力推进，整合国家法律资源、吸收社会法律服务力量的公共法律服务体系也是对司法行政机关及政法机关行使职能的重要补充。因而法律性是公共法律服务体系的基础特征，这是由以法律服务为内容、同时作为法治的制度所共同决定的。三是服务性特征。在经济转型与社会转型时期，社会主体行为种类与范围的增加及扩展导致生产生活关系及纠纷日益复杂，市场经济主体及社会群众对具有定纷止争功能的法律有了更多的需求。全心全意为人民服务是我们党的根本宗旨，建设公共法律服务体系是我们党与国家遵循社会发展规律，以人民为中心、积极回应人民需求作出的重大制度创新。公共法律服务的提供不以营利为目的，身兼维护人民合法权益、维护法律正确实施、促进社会公平正义的社会职责与服务属性。[①] 同时随着国家治理体系与治理能力现代化的大力推进，政府处理公共事务的理念与方式从管理转变为服务，以人民需求为导向的公共法律服务体现了我国建设“服务型政府”的理念。

结合公共法律服务定义和体系制度建设的实际发展情况，我们认为，所谓公共法律服务体系，是指由政府及司法行政机关主导管理、统筹协调和以公共法律服务产品内容为核心，由公共法律服务政策和立法、服务平台、服务人才机构、服务供给、服务质量评价、服务保障等各项内容体系所共同构成的相互联系的系统性的统一的公共法律服务系列制度设计安排的体制机制集成，是公共法律服务总体性相关制度与树立中国特色社会主义公共法治信仰，以及法律服务公益性、公共性、公正性等法律精神价值紧密联系的一体化构成的整体制度总和。公共法律服务体系基本概念的实质内涵可以界定为现代公共法律服务“供给侧”改革性质的总体性、体系化制度设计，如同“法律体系应该被看作法律之间错综复杂的网络”一样，公共法律服务体系制度内部各项内容相互联系、相互影响。

（二）公共法律服务体系制度的基本构架

任何体系的构建一定是从同一事物的不同维度出发，共同构建科学、有序及相互联系的整体。基本公共服务作为国家大力推进的基本社会制度，拥有科学、系统的体系内容划分，因而从属于公共服务体系的公共法律服务可以在突出法律性的基础上引用基本公共服务的体系构成，进行符合公共法律服务体系本质属性的体系建构。根据国务院印发的“十二五”规划中对“基本公共服务体系”的定义，公共法律服务体系是以公共法律服务产品为核心，由政策体系、产品体系、平台体系、机构体系、供给体系、评价体系构成的高度系统化的基本公共服务制度。具体内容如图1-3 所示。

1. 公共法律服务政策体系

自党的十八届四中全会首次提出“公共法律服务体系”以来，我国当前党和政府出台的关于公共法律服务体系构建的政策体系主要包含以下几项：《关于全面推进依法治国若干重大问题的决定》《关于深化司法体

---

① 参见熊选国《大力推进公共法律服务体系建设》，《时事报告（党委中心组学习）》2018 年第 5 期。

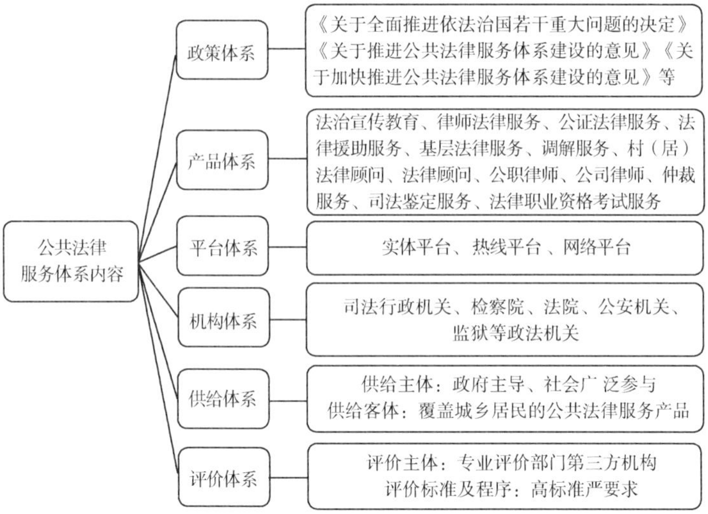

图 1-3　公共法律服务体系内容构架

制改革的意见及贯彻实施分工方案》《关于司法体制改革若干问题的框架意见》《关于推进公共法律服务体系建设的意见》《关于加快推进公共法律服务体系建设的意见》等。随着公共法律服务体系建构与发展的不断深入，党中央与政府应当不断加强顶层制度设计，完善相关制度与法律法规，在政策与法律引领下解决实践问题、回应实践需求，指导与保障公共法律服务体系加快推进。

2. 公共法律服务产品体系

公共法律服务体系中的产品体系是公共法律服务体系建构的核心内容。法律服务产品体系的构建是公共法律服务体系构建的基础，在消极层面上包含的公共法律服务应当满足城乡居民对法律服务的基本需求，实现国家保障人民基本权利的目的；在积极层面上，经过科学设计、内容丰富且与时俱进的产品体系应当引导与促进人民群众积极主动地选择法律服务，使法治观念普及，法治国家、法治社会建设向纵深化发展。公共法律服务体系中产品体系的构建应当在司法部提出的公共法律服务清单的基础上，确立包含服务内容、服务流程、服务质量标准和服务评价标准等内容的统一体系，并且根据人民需求及实践发展不断更新完善，最终建构出多层次、多维度的立体式供给体系，从而满足不同人群的需求，为不同年龄段、不同经济收入、不同文化水平和不同诉求的人们提供多元的法律服务。[①]

3. 公共法律服务平台体系

平台是展现内容的载体，公共法律服务平台体系也是法律服务供给者与接受者沟通交流的桥梁。公共法律服务平台体系包括实体平台、热线平台、网络平台三大平台，目前全国公共法律服务实体平台建设已经完成，全国和各省级热线平台、网络平台建设已基本完成。2018 年 9 月，司法部出台指导意见，要求 2019 年年底前实现三大平台一体化，2020 年年底前实现三大平台全面融合。[②] 公共法律服务平台体系建设应当以实现公共法律服务体系构建目的为导向，不仅关注平台形式上的建设即融合实体平台、热线平台、网络平台及全国、省、市、区四级平台，也应当注重在实现平台功能的指引下整合法律服务资源、衔接政法机关等公共法律服务供给主体，更应注重加强平台依托的公共法律服务内容建设，确保公共法律服务平台体系实现多部门联动、协同高效地提供公共法律服务。

4. 公共法律服务机构体系

公共法律服务机构体系建构是政府主导、社会参与、全民共建共享的过程，因此公共法律服务的机构体系分为国家机构和社会法律服务机构两部分。国家机构包括司法行政机关、法院、检察院、公安、监狱等政法机关及承担公共法律服务职能的调解机构等，其中司法行政部门及政法机关是公共法律服务体系建构的主要力量。社会法律服务资源也是推动公共法律服务体系建构与发展的重要力量。通过政府购买法律服务等方式引进的社会力量能够弥补司法行政机关及政法机关的局限性，及时反映人民群众的法律需求，扩大公共法律服务体系在基层社会的影响范围。例如，基层法律服务机构既可以将公共法律服务理念、政策、服务内容等重要事项传递给基层人民群众，也可将人民群众最需要的法律服务需求提交给政府机构。以基层法律服务机构、社会工作机构为代表的社会法律服务机构与人民群众紧密相关，在基层公共法律服务体系建构与完善中有至关重要的桥梁作用。

5. 公共法律服务供给体系

供给体系主要包含公共法律服务体系供给主体与供给内容。

---

① 杨凯：《六大体系：建构公共法律服务完整框架》，《中国司法》2019 年第 8 期。

② 《关于深入推进公共法律服务平台建设的指导意见》（司发通〔2017〕103 号）。

（1）公共法律服务体系供给主体

公共法律服务体系是被定位为政府主导、社会参与、全面共建共享的公共服务体系，也是我国转变治理方式，吸收社会主体进行多元治理的重要体现。市场经济的发展导致个人、社会组织的独立性与力量不断提升，公共管理的原理与社会运转机制也表明国家与政府的力量无法兼顾社会运转的全部环节，治理主体从唯一到多元。因此体现国家现代化治理方式的公共法律服务体系供给主体范围广泛，除司法行政部门、政法机关等国家力量外，公民与社会力量的参与对于公共法律服务体系的建构与发展至关重要。社会中的组织与个人也通过政府购买服务、法律援助等方式参与其中，进而在政府主导下，统筹社会法律资源及力量共同推进公共法律服务体系建构与完善。例如，金融企业通过与律师事务所合作的方式定期开展法律知识讲座，宣传金融法律知识，引导员工形成学习法律、运用法律的良好习惯，帮助客户了解金融法律的基础知识，从而与具有普法职能的司法行政机关共同建立规避金融风险机制，促进市场金融秩序的稳定。

（2）公共法律服务体系供给内容

十八届四中全会提出，要推进“覆盖城乡居民的公共法律服务体系建设”，这高度概括并指明了公共法律服务体系的供给内容，即以城乡二元经济结构为基点，建立覆盖城乡居民并满足城乡居民法律需求的公共法律服务体系。公共法律服务体系建构的初衷在于以人民利益为出发点，回应新时代人民群众日益增长的法律需求，因此在我国经济结构呈现城乡二元化、城乡经济差距的现实条件下，公共法律服务体系在建构与完善中应当依据城乡法律需求的不同侧重点，建立同时满足城市居民与农村居民法律需求的公共法律服务体系。

6. 公共法律服务评价体系

评价是监督与检验公共法律服务质量的重要方法。在公共法律服务体系建构中引入评价机制有助于体系建构的完整性与有效性。公共法律服务评价体系应当以评估公共法律服务产品为核心，建立包含评价主体、评价标准、评价程序等要素在内的规范制度体系。在评价主体方面，应当包含专业评价部门机构及第三方机构，同时鉴于人民群众是公共法律服务的接受者，因此可采用合适的机制将人民群众纳入评价主体。在评价标准与程序方面，应当坚持高标准、严要求，制定一套符合各项法律服务实践要求的评价标准与流程。同时随着公共法律服务体系的加快推进，需要围绕公共法律服务体系的建构目的，兼顾效率与公平，适时创新评价标准与程序，以期不断提升公共法律服务的产品质量与服务质量。

三　公共法律服务的发展历程与体系制度渊源

我国公共法律服务体系制度建设虽然起步较晚，但近十年来，伴随着中国社会经济高速发展和社会转型时期巨大的迁跃发展，伴随着政府法治建设治理理念和治理模式现代化转型的迅猛发展，公共法律服务体系建设经历了局部探索设计、全面高速发展、均衡巩固完善三个发展阶段，已经逐渐发展完善成为体系化、现代化、规模化的中国特色社会主义公共法律服务体系制度。为了解我国公共法律服务体系的发展情况，有必要从体系建构涉及的政策法规、制度设计、机构改革和地方实践等多个方面，回顾其发展历史，进而理解这一服务体系的合法性基础、制度和资源支持。

（一）公共法律服务体系的发展历程

首先，法律与制度基础。公共法律服务体系的整体概念在 2014 年前后提出，此前我国部分公共法律服务内容已经有较为成熟的制度和资源基础，如仲裁、公证、调解服务均有专门立法，财政支持稳定，人员固定储备，宣传服务虽然没有专门的立法但长期在政府规划和党中央文件中受到重视，是各级司法行政机关重视的工作内容，已经形成社会各界广泛参与的良好风尚。公共法律服务体系初期的主要任务是将这些服务内容进行整合，为此中共中央办公厅、国务院、司法部等多部门连续出台多份文件指示下级机关部署相关工作。文件中也进一步规划了体系的整体职能和若干延伸职能以期满足普惠性、均等性、专业性的需要。长期以来，由于经济、地理等原因，偏远地区和农村地区的法治资源稀缺，法律服务较为落后，一定程度上阻碍了我国的法治化进程，因此此次公共法律服务体系建设也是对法治资源的一次再分配，是我国法治化进程中的一次重要改革。改革中政策先行，各相关机关部门多次出台意见、通知，司法部也出台了多项办法，各级领导多次在会议和调研过程中强调公共法律服务的重要意义，形成了多个讲话纪要，客观上政策文件和领导人的讲话精神成为推动公共法律服务体系建成的主要动力。

其次，机构改革中的公共法律服务。公共法律服务在我国一直属于司法行政部门主管的职能范畴，这一部门经历了多次机构改革，职能定位也历经多次变化，总的趋势是管理更加全面化、专门化、精细化、系统化。在多次机构改革中最引人注目的就是2018年机构改革中司法部新设了公共法律服务管理局。但公共法律管理局目前只是统筹了一部分公共法律服务的门类，即法律援助、司法鉴定、仲裁、公证。同时，各省市根据机构改革的要求也在2019年前后设立了公共法律服务处来与中央新设机构对应，对于地方机构的具体职能还有待“三定方案”出台后才能明确。司法部成立了公共法律服务工作协调领导小组，由部内骨干成员组成，明确提出了内部统筹和资源整合的任务，将公共法律服务体系建设工作的重要性提升到了新的高度。机构改革有利于协调组织资源，提高工作推进的效率，司法行政部门相关的改革措施扫除了资源分散的障碍，使公共法律服务体系未来的建设更具有组织优势、资源优势。

最后，地方改革先行。我国公共法律服务体系构建的动力机制是由中央到地方，“自上而下”推动发展的。这种动员机制发挥了我国政治体制的优势，利用强大的动员能力和高效的执行能力，仅仅几年间就建成了全国统一的三大平台和覆盖城乡的法律顾问制度，不过在宏观的成就之下，依然存在精细化不足的问题，在统一的政令之下，依然存在地方发展不平衡的问题。早期的司法部文件对于公共法律服务如何推进缺乏具体说明，尤其对于财政资金的使用缺少明确的指导。在调研过程中，有司法行政部门相关负责人表示，当前最大的问题不是方向和决心，而是不知道钱应该怎么花。于是在中央的方向指引下，在各地经济发展、社会结构、民众需求存在巨大差别的实际情况下，各地司法厅（局）开始了一轮又一轮的路径摸索和试点改革。虽然各地对政策的理解程度不同、资源储备和调配能力有异，但还是涌现出了不少有积极意义的改革举措，也为中央新的指导意见的出台打下了基础。

（二）公共法律服务体系的发展现状

我国公共法律服务体系目前已经建立了三大平台，包括实体平台、热线平台、网络平台，涵盖了十类服务，[①] 通过法律顾问制度将服务渠道延展到村（居）。以三大平台和法律顾问作为衡量平台和渠道发展的指标，评估 2018 年我国公共法律服务体系总体建设情况可以得到表 1-1。选取法律援助、调解、公证、法律咨询、律师五项主要服务类别，整理 2017—2018 年选定服务内容的接案量、机构数和增长比例，以此了解当前的服务规模，比较整合后的服务增长量，熟悉公共法律服务体系的基础资源，得到表 1-2。选择青海、内蒙古、四川、福建四省份，根据公共法律服务的地区性特点，收集四省份出台的专项措施，研究措施与本地经济社会发展的联系，整理出其在公共法律服务体系建设中探索出的地区特色制度，得到表 1-3。

表 1-1　　全国平台建设数据统计

	公共法律服务中心	“12348”电话服务	“12348”法律服务网	法律顾问
覆盖率（%）	99.97	100	100	99.9
总和	2917 个	31 个省级统筹平台	32 个省级网络平台	65 万个村（居）
其他	服务中心以县（区）为最小单位，更为基层的乡镇（街道）公共法律服务工作站已建成 39380 个，覆盖率达 96.79%	共接听热线 347.9 万通	网站总访问量 101741141 次，独立用户访问量 829769 次	以村（居）为单位配备至少一名顾问

数据来源：人民网《我国公共法律服务实体平台、电话热线平台、网络平台已全面建成——法律服务，更及时更便利（法治进行时）》，http：//legal. people. com. cn/n1/2019/0117/c42510-30559959. html；司法部网站：《全国政协委员、司法部副部长刘振宇：愿受援人更多更满意》，http：//www. moj. gov. cn/Department/content/2019-03/07/612_ 229851. html。

表 1-2　　2017—2018 年度五类服务数据统计

	法律援助	调解矛盾纠纷	公证	法律咨询	律师
案件总数/总数	145.2 万件	953.2 万件	1448.7 万件	875 万次	37.4544 万名
较上年增长（%）	11.1	9	3.5	93.4	4.9

① 包括法治宣传教育、律师、公证、法律援助、基层法律服务、法律顾问、调解、仲裁、司法鉴定、法律职业资格考试。

续表

	法律援助	调解矛盾纠纷	公证	法律咨询	律师
机构总数（个）	3255	759000	2952	—	32142
其他	公安看守所、人民法院共5900个	调解人员362.9万人	公证人员13231名	—	律师人数、事务所数自2012年至今每年稳步增长

数据来源：新华社《数说2018年司法部法律服务成绩单》，http：//www.gov.cn/xinwen/2019-01/18/content_ 5358865.htm；《中国统计年鉴2018》，http：//www.stats.gov.cn/tjsj/ndsj/2018/indexch.htm。

表1-3　　　　四地公共法律服务特色制度实践

省份	内蒙古	青海	四川	福建
措施	利用广电网络平台，在4K智能机顶盒中植入“公共法律服务”板块①	利用公共法律服务机器人进行法治宣传，提供法律服务②	免去对农民工讨薪、工伤法律援助案件的经济条件审查和提供经济困难证明；政府牵头省外25个法律援助工作站，保障外出务工者权益③	出台《福建省法治宣传教育条例》，加强维护台胞台属、海外侨胞、侨眷侨属合法权益法律法规的宣传普及④
意义	适应地广人稀、资讯传递困难的特点，为偏远地区群众享受高水平无差别的优质法律服务开辟了新的通道	适应省内法律资源相对短缺，律师资源不足且分布不均的问题	四川省是农民工流出大省，因此公共法律服务不应局限于省内或拘于流程，此项政策更有利于保护农民工权益	福建是国内华侨、侨眷较为集中的省份，也是台商投资大陆最早、最密集的地区之一，更应重视对台胞台属、海外侨胞、侨眷侨属的保护

表1-1反映出我国公共法律服务体系的平台建设和服务渠道铺设工

① 司法部：《筑牢基层法治建设根基》，http：//www.gov.cn/xinwen/2018-09/17/content_ 5322652.htm。

② 新华社：《青海：公共法律服务机器人上线》，http：//www.gov.cn/xinwen/2018-07/24/content_ 5308820.htm。

③ 《四川：启动岁末年初为农民工讨薪法律援助专项活动》，http：//www.gov.cn/xinwen/2018-11/26/content_ 5343327.htm。

④ 东南网：《福建拟对法治宣传教育立法加强社会诚信建设》，http：//sft.fujian.gov.cn/ztzl/2013njyq/xxgcddsbdjs/ywbd/201703/t20170331_ 4472594.htm。

作已经基本实现全覆盖，平台的建设给体系的发展提供了充足的实体和网络空间，建立了服务供给的基站；法律顾问也已经成为村社的标配，有的社区在此基础上还联系了专职律师，设立社区法律咨询室，打通了法律服务最后一个关口。表 1-2 反映了当下法律服务部分案件受理数量、服务机构数量以及增长趋势，通过体系化建设整合法律服务内容，利用平台的宣传和普及效果，大部分法律服务项目均在受案数量上有所增长，这也反映出整体规划、统一管理、集约发展的优势。表 1-3 以四省区的典型措施为例，可以看出对于较偏远省份，平台的普及和资源的匮乏是最大的问题，需要灵活应用现代科技手段扩大服务范围，共享服务资源；对于人口大省需要根据省内劳动力分流情况，打破政策壁垒，创新服务形式，立足实际需要重点发展特定服务；对于沿海较发达省份，应在当前的总体要求之上进一步扩展服务领域，探索涉外法律服务。通过综合分析可以总结出目前公共法律服务体系建设的特点：其一，覆盖范围广，已经基本实现全国推广，平台终端的建设在推广中起到了重要作用；其二，各类服务发展情况不均，呈现分散化发展，但基于公共法律服务的总体推进，服务量都呈现明显上升趋势；其三，在中央有计划的布局下各地建设基本统一步调，部分地区因地制宜的做法值得借鉴。

（三）公共法律服务体系的制度渊源

“一部好的历史，其故事就必须能给出一个一致的、合乎逻辑的解释，并且还应能坚守已有的证据和理论。”[①] 这表明在理论基础构建中，逻辑的说明与阐述至关重要。有学者认为逻辑提供的是一套合法性的证明，关注的是“前提、主体、运作及动力机制”等根本性问题，是根本问题中的“根本”。[②] 逻辑思维指引我们在制度分析与理论构建中，从最原始的“点”出发，按照特定的思维厘清制度脉络。公共法律服务体系

---

① ［美］道格拉斯·C. 诺思：《制度、制度变迁与经济绩效》，杭行译，格致出版社 2008 年版，第181 页。

② 徐尚昆：《推进公共法律服务体系建设的理论探讨》，《中国特色社会主义研究》2014 年第 5 期。

符合制度特征,[①] 因而依照政治逻辑与历史逻辑顺次分析公共法律服务制度产生的政治要求与现阶段历史因素，并以之为制度渊源，是构建公共法律服务制度理论基础的前提。

1. 国家治理现代化

从现代国家发展史可以得知，统治—管理—治理是大多数发达国家政治发展历程。“统治行政是为适应农业社会的权力支配体系，以维护统治阶级的王权、正义与秩序之合法性根基而建立起来的。”[②] 全世界范围内存在过的封建国家大多以统治的方式维护王权及封建阶级利益，统治行为的强制性与利益分配不均等性导致其从根本上严重侵犯了非统治阶级的人权、政治权利、经济权利及其他重要权利与利益。管理是相较于统治而言的更为理性与科学的治国理政方式，我国《宪法》第2条第3款规定：“人民依照法律规定，通过各种途径和形式，管理国家事务，管理经济和文化事业，管理社会事务。”不可否认的是，我国的综合实力提升与高速发展得益于国家与政府管理带来的优势，但同时应当注意：一方面，管理主体唯一、管理方式单一、强调命令与服从、重视法的形式大于内容，这在一定程度上，限制了经济发展的活力与社会发展的活力；另一方面，经济转型与社会转型导致问题与矛盾频发，管理的弊端日益凸显，国家与政府已经无法解决所有问题。自1989年世界银行提出“治理危机”一词，治理在全世界范围内引起广泛关注。西方学者格里·斯托克对当时的治理概念进行梳理后归纳出主要观点，其中包含“治理意味着一系列来自政府但又不限于政府的社会公共机构和行为者；治理意味着办好事情的能力并不仅限于政府的权力，不限于政府的发号施令或运用权威。”[③] 党的十八届三中全会强调“全面深化改革的总目标是完善和发展中国特色社会

---

① 有关制度的含义学界并无通说。罗尔斯从政治学角度定义制度为一种公开的规则体系。马克思主义者将制度定义为：“制度是以一定社会的物质生产条件为基础，建立在一定的经济、政治、思想文化状况以及现实的人的状况之上的相对稳定的行为规范。”以上定义分别从不同视角阐述了制度的不同特性，根据以上定义及其内涵，本书认为“公共法律服务”符合制度的内涵与本质。

② 蒋银华：《政府角色型塑与公共法律服务体系构建——从“统治行政”到“服务行政》，《法学评论》2016年第3期。

③ ［英］格里·斯托克：《作为理论的治理：五个论点》，华夏风译，《国际社会科学》1999年第1期。

主义制度，推进国家治理体系和治理能力现代化”，自此“治理”成为我国治国理政的新方略。治理与统治及管理具有本质差别，追求区别于人治的法治及良法善治，强调治理主体多元、治理方式多样，注重借助市场力量与社会力量共同治理。

2. 国家治理现代化与法治道路

按照治理的不同层面与不同领域，治理涉及国家治理、政府治理、社会治理、公司治理、社会治理等多方面。[①] 党的十八届三中全会同时提出“国家治理”“政府治理”及“社会治理”三个概念；党的十九届四中全会公报为“推进国家治理体系和治理能力现代化若干重大问题的决定”，界定和区分国家治理与其他两个概念对准确理解“推进国家治理体系和治理能力现代化”具有基础意义。有学者认为：“国家治理和政府治理是社会治理的主体性条件，而社会治理则是通过国家治理和政府治理实现治理主体重构基础上与社会达成的良好关系秩序的过程与方法。”[②] 党的十九届四中全会指出“社会治理是国家治理的重要方面”，表明社会治理与经济治理、文化治理及生态文明治理处于同一层面，是国家治理体系的第二级内容，因而国家治理的价值、理念、方式等内容必然对社会治理产生积极影响。本书的讨论重点主要在国家治理层面，同时部分内容涉及社会治理。从学理上看，有学者认为治理是建立在市场原则、公共利益和社会认同之上的合作，其权力向度是多元的、相互的，[③] 而并非单一及自上而下，这指出了治理理念中包含的现代化要素。法治精神即是其一，公平、自由的法治精神是现代化国家追求的目标，且法治蕴含其他规范不具备的严谨、强制等特征，能够提高国家的稳定性、避免人治的非理性，从根本上保障国家治理现代化的有序建设。因而，法治是现代国家治理的应有之义，法治是国家的法律之治、现代之治、有效之治、稳定之治、长久之治。[④] 从实践层面来看，《中共中央关于全面推进依法治国若干重大问题的决定》指出“全面推进依法治国，总目标是建设中国特色社会主义法

① 许耀桐、刘祺：《当代中国国家治理体系》，《理论探索》2014 年第 1 期。

② 魏治勋：《“善治”视野中的国家治理能力及其现代化》，《法学论坛》2014 年第 2 期。

③ 薛澜、张帆、武沐瑶：《国家治理体系与治理能力研究》，《公共管理学报》2015 年第 3 期。

④ 卓泽渊：《国家治理现代化的法治解读》，《现代法学》2020 年第 1 期。

治体系，建设社会主义法治国家。……促进国家治理体系和治理能力现代化”。党的十九届四中全会指出：“全面依法治国，建设社会主义法治国家，切实保障社会公平正义和人民权利是我国国家制度和国家治理体系的显著优势之一。”① 法治是国家治理的方式之一，法治特有的基本属性也决定法治是国家治理中最重要的方式。应当注意到的是不能仅依靠法治提升国家治理水平，具有中国特色的德治也是传承千年、蕴含中国智慧的重要治理方式，在国家治理体系制度与理论建设中，我们应当充分发扬德治理念、创新德治方式、构建德治理论，不断发展现代国家治理方式及中国特色社会主义制度。

3. 国家治理现代化与体系制度

制度是组织人类公共生活、规范和约束个体行为的一系列规则。在我国，中国特色社会主义制度是党领导下我国治国理政的制度根基，是一切制度的基础与源泉。国家治理体系是在党领导下的治国理政体系，也是一整套紧密相连、相互协调的国家制度。党的十九届四中全会指出：“中国特色社会主义制度是党和人民在长期实践探索中形成的科学制度体系，我国国家治理一切工作和活动都依照中国特色社会主义制度展开，我国国家治理体系和治理能力是中国特色社会主义制度及其执行能力的集中体现。”② 据此，推进国家治理体系和治理能力现代化首先是坚持和完善中国特色社会主义制度。应当“着力固根基、扬优势、补短板、强弱项，”③ 当前，我国发展进入经济转型与社会转型的新阶段，主要矛盾已经发生变化，但面临能够解决矛盾的具体制度落后与缺失问题，而解决这一问题的基本途径是以制度创新方式扩大制度的有效供给，即“既要保持中国特色社会主义制度和国家治理体系的稳定性和延续性，又要抓紧制定国家治理体系和治理能力现代化急需的制度、满足人民对美好生活新期待必备的

---

① 参见《中共中央关于坚持和完善中国特色社会主义制度推进国家治理体系和治理能力现代化若干重大问题的决定》。

② 《中国共产党第十九届中央委员会第四次全体会议公报》，《人民日报》2019 年 11 月 1 日第 1 版。

③ 参见《中共中央关于坚持和完善中国特色社会主义制度推进国家治理体系和治理能力现代化若干重大问题的决定》。

制度”,[1] 这也为我国适应矛盾变化、创新制度供给提供了政治前提与理论基础。

4. 我国国家治理和社会治理法治现状

经济发展水平及国家现代化发展要求将我国推向从“发展速度快”向“发展质量高”的转型时期，这必然对国内的市场经济与社会发展产生影响，纠纷类型与数量的变化是这些影响的典型体现。纠纷是人类社会的普遍现象，法治是现代国家解决纠纷的重要形式。在我国，与纠纷类型及纠纷数量持续增长相反，以法官为典型代表的法律职业共同体数量增长缓慢，这种十分明显的对比无疑造成纠纷产生与纠纷解决难以对应的矛盾。除增加法律职业共同体数量这一重要方式外，还应当分析我国现有法治方式是否有可以改善及完善的地方。起初，公民与其他主体间的大量纠纷属于生产生活或交易琐事，可以通过协商私了等方式解决，无须第三方介入，这种纠纷被法社会学学者称为“初级纠纷”。一旦纠纷双方主张的权益无法得到实现，纠纷无法解决，此时需要中立第三方介入，第三方在我国及其他国家表现为政府、司法机关或其他中立机构，这种纠纷被称为“次级纠纷”。对于民间纠纷的处理，现代法治尤其是现代审判方式基本只关注进入其视野的“此时此地”发生的次级纠纷，但法治面对的次级纠纷仅仅只是当事人全部事实关系中的一部分，只能解决局部纠纷的这样一种“外科手术式”的处理方法使得纠纷暂时解决，且时常不能令双方满意，有可能埋下新的次级纠纷乃至更大冲突发生的隐患。[2]

从形式上看，进入中立第三方调节范围的次级纠纷在我国主要通过审判方式解决，由于审判的权威性及其他纠纷解决方式大多缺少有效性，导致近年来各级法院案件数量暴增，在法官数量基本不变的基础上产生效率与公平的冲突，无疑具有可能侵害公平正义及当事人利益的风险。同时，社会经济运转的速度对案件处理时间有了更高的要求，审判的特性无法满足经济与资本的要求，这也是近年来以高效便捷为主要特征的商事仲裁兴起的重要原因。从案件审理效果看，案件法律真实与客观真实的差距始终

---

① 参见《中共中央关于坚持和完善中国特色社会主义制度推进国家治理体系和治理能力现代化若干重大问题的决定》。

② 郭星华、李飞：《全息：传统纠纷解决机制的现代启示》，《江苏社会科学》2014 年第 4 期。

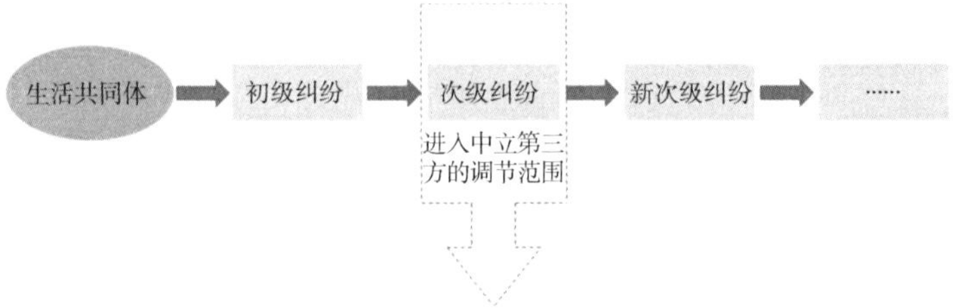

图 1-4 纠纷谱系

存在，法律具有定纷止争的作用，但审判始终如“外科式”一般，仅是“疾病”发生后解决问题的方式，应对社会纠纷与社会问题始终治标不治本。纠纷与解决方式的讨论具有一定的理论及模型性质，虽然近年来伴随着理论研究与实践的发展，以仲裁为主的替代性纠纷解决方式发挥的作用日益凸显，对这一问题的解决起到了一定的缓解作用，但始终无法彻底改善。因此，需要一种新的制度去根本解决审判效能与纠纷数量的冲突、审判介入时间与纠纷发展程度的冲突及审判效果与社会需求的冲突。纠纷按照时间与发展程度分为初级纠纷与次级纠纷，如同初级纠纷的解决是化解纠纷问题的重点与基础一般，作为纠纷数量最重要产生地的基层社会也是我国建设现代化法治国家的根基所在。我国城镇化水平于 2011 年首次超过 50%，达到 51. 3%，随着国家现代化建设进程加快，这一数字也在不断增加。伴随着工业化、信息化、城镇化、市场化的加快，我国经济结构、产业结构急剧转型，社会组织形式、社会阶层关系、行为方式等方面发生了巨大变化，导致社会群体和利益诉求趋向多元化、碎片化，同时我国自改革开放以来几十年取得了西方发达国家历时几百年达成的成就，也造成了西方国家不同时期出现的社会矛盾在我国当前时期集中显现，这些均给基层社会治理带来严峻挑战，[①] 较为典型的是近年来全国各地区大量出现的土地纠纷、环境纠纷及劳资纠纷等，这些纠纷涉案面广、涉及人数众多、涉案时间长，对基层社会的稳定造成严重威胁，然而我国大部分地区基层治理水平依然无法应对当前时期社会转型问题，这其中包括治理理

① 参见李德《从“碎片化”到“整体性”：创新我国基层社会治理运行机制研究》，《吉林大学社会科学学报》2016 年第 5 期。

念与治理制度设计等一系列制度机制原因。同时在城乡二元结构下，城市由于资源集中因而稳定程度高于资源严重缺乏的农村地区，农村地区治理情况尤为严峻。

总体来看，经济发展带动社会发展的同时也引发部分社会问题，导致人民群众的利益诉求多元化和多样化，因而党的十九大在准确把握社会发展规律的基础上认为我国社会主要矛盾已经转化为“人民日益增长的美好生活需要和不平衡不充分的发展之间的矛盾”。经济的发展释放社会活力，同时产生的一系列问题，也凸显了我国以往管理方式的弊端，这迫切要求国家转变治国理念与方式，寻求与社会发展要求协调同步的方法。法律特有的属性、追求的精神、产生的效果得到国家、市场与社会的共同认可，因而法治也是实现共同目标的理想方式。基层是国家与社会组成的基石，也是受经济与社会转型影响最早及影响最深的地方，因而我国法治现状的问题也在基层尤为凸显。制度供给是国家治理现代化的重要方式，此时亟须一种新的公共社会治理体系制度破解我国法治与基层治理的难题，公共法律服务体系制度正是在此背景下应运而生。

第二章　公共法律服务学的认识论与价值论基础

党的十八届四中全会以来，各地积极开展公共法律服务体系构建实践，随着中央顶层设计的逐步完善及各地区实践探索取得积极进展，公共法律服务体系建设已粗具规模。与公共法律服务体系建设实践加快推进形成鲜明对比，当前公共法律服务的理论基础研究仍处于初步阶段。缺失经过科学论证的理论基础，公共法律服务体系建构与发展实践犹如无根之木，乱象丛生。为实现与法治实践的衔接与统一，理论研究也应当探究与分析公共法律服务体系产生的特定来源并以其作为理论构建的逻辑起点。公共法律服务体系是新时代中国特色社会主义制度的创新内容，也是中国对世界法律制度的贡献。公共法律服务体系是推进国家治理体系和治理能力现代化的重要举措，为实现我国法治发展实践逻辑与理论逻辑的同步与衔接，以及为世界法治发展贡献中国法治理论，构建具备中国特色的公共法律服务体系的认识论和价值论理论基础十分必要。

一　公共法律服务及体系建构的认识论基础

在法学理论体系中，认识论是法哲学的核心内容，通过对结构、本质、来源、判断及影响进行分析与研究，揭示法律及法律制度的本质。对公共法律服务体系进行认识论分析，可以从本质上认识该制度及其建构过程蕴含的法理学、法哲学及法社会学内容。在现代政治及法哲学领域，正当性论证对各种制度的自我辩护或相互借鉴发挥着越来越重要的作用，①而另一概念——必要性，时常与其一起出现，正当性与必要性在学术论文

---

① 刘杨：《正当性与合法性概念辨析》，《法制与社会发展》2008 年第 3 期。

中通常被视为整体，通过分析它们为某一制度或法律规范的存在或发展提供理论基础。正当性与必要性虽颇具亲缘性，但二者在论证中各有侧重。正当性在抽象层面上，指自然、理性、道德、正义等实质性的道德价值，一般由自然法观念加以诠释；在具体层面上，正当性指合法性或形式正义，近代兴起的法律实证主义着重阐释了正当性概念的形式方面。[①] 与正当性具有较强的理论性不同，必要性这一概念的相关内涵分析较少，仅是侧重于论证缺失某一因素导致结果不能实现或实现的可能性降低，更多体现出其促进某一目的的实现的重要性。可行性是通过对制度构建的需求性及现实性等内容进行整理与分析，以实现论证“构建某一制度具有现实基础”的目的。本章尝试以国家治理为视角，通过公共法律服务体系建构的正当性论证，分析该体系建构的合法性与道德性；通过必要性论证解释这一体系建构的巨大意义与重要性及以可行性思路分析我国公共法律服务体系构建的现实需求及制度基础。

（一）公共法律服务及体系制度的正当性

国家治理体系是一整套紧密相连、相互协调的政府制度。国家治理体系与治理能力现代化是指在国家、政府、社会及公民等多方治理主体参与下，遵循社会发展规律，创新制度或发挥原有制度最大效能。正当性主要论证公共法律服务体系建构是我国国家治理体系中丰富内涵的题中之义，符合国家治理现代化的最新要求。

1. 政府具有体系制度供给的义务

政府在转型过程中，原有的制度难以应对社会中新出现的问题，如何创造社会现阶段所急需的社会制度，这被称为“制度生产模式”。制度供给能力被认为是国家治理能力的重要体现，也是国家治理体系现代化的核心内容。公共法律服务体系充分彰显了政府作为治理主体的制度供给义务。法律的专业性决定法律服务只有通过律师等专业法律人才方可提供给社会群众。律师提供有偿服务且费用较高，此外，我国城乡二元结构及执业收入等因素也导致律师等法律专业人员大多集中在城市，财富的差距与地域的局限导致收入普通的城市群众与广大农村群众获得法律服务具有一

① 刘杨：《正当性与合法性概念辨析》，《法制与社会发展》2008 年第 3 期。

定的难度，而这些难以获得法律服务的群体广泛分布于基层社会，占我国人口绝大多数。未能解决的矛盾引发基层社会出现影响稳定的消极因素，最终影响人民群众的切身利益。当前我国社会主要矛盾在法治领域体现为人民群众对法律资源的需求和法律资源分布不均衡、不充分的矛盾，而国家有义务在现实困境下采取多种方式提高法律资源供给能力。通过顶层设计、制度构建、财政保障、社会参与等一系列方式，公共法律服务体系得以产生和发挥作用，成为覆盖城乡、精准普惠、满足各地区不同主体多元化法律服务需求的法律制度。公共法律服务体系打破了财富与地域这两个制约法律服务走向基层社会广大群众提供的桎梏，自此因为法律服务资源缺失导致矛盾无法解决继而影响社会稳定的枷锁得以破解，纠纷与矛盾被提前预防或及时化解，广泛的基层社会生活被纳入法治轨道，从而社会秩序稳定，经济向好发展。科学的政治制度背后蕴藏着制度设计者的多种期盼。公共法律服务体系制度不仅具有满足人民群众法律服务需求的功能，也具备提升法治和基层社会治理能力的效用。当前我国处于转型时期，社会利益纠纷和风险不断增加，原有的“纠纷后才处理”模式无法应对日益增多的社会矛盾；并且大多数基层社会的生产与生活模式发生前所未有的改变，然而基层社会中依靠传统乡规民约治理的方式无法抵制这种变化带来的风险，进而影响基层社会的稳定与和谐。根据经济学原理将法律产品拟定为商品，则合理科学的法律产品可促使社会群众产生未有过或未意识到的法律需求以及引导社会群众更加积极地选择法律服务。公共法律服务体系在提供和引导公民选择法律服务的同时对法律产品进行普惠供应及精细化升级，用满意的效果提升人民群众的法治观念，逐步使法律成为基层人民群众预防纠纷和解决矛盾的首要选择，最终用满意的法律服务提高法律在基层社会的影响力，进而提升我国基层治理水平及法治社会建设水平。

2. 政府具有推进法律发展的职责

在政治政府与市民社会分化的二元社会格局下，代表公共利益的政府和追求私人利益的民众无疑是法律发展的两种基本力量。① 人民是国家的主人，任何法律与制度的发展均须立足于人民需求之上，人民所在的社会

① 黄文艺：《中国法律发展的法哲学反思》，法律出版社 2010 年版，第 74 页。

能够提供法治发展的土壤，但法律制度的科学性、系统性及复杂性，决定了人民在形式上依靠自身的力量无法推动整套法律制度的产生与发展，需要依靠政府系统整合智慧与资源。现阶段我国社会经济发展与法治现代化发展不同步，这就需要依靠现代的、理性化的、法治化的政府自觉地担负起正确引导法律发展走向的时代责任。[①] 法治现代化或法律现代化的概念学界并无定论，但普遍认为主要指法律文明价值体系的现代化、法律体系与内容的现代化、人民法律行为与思想的现代化。政府在法治现代化中的主导作用主要体现在四个方面：一是观念启蒙作用；二是总体设计作用；三是法制创新作用；四是实施保障作用。[②] 公共法律服务体系建构与大力推进充分体现了国家与政府在法治现代化中的主导作用，展示了社会主义国家在关乎人民幸福的根本利益上的大国担当。公共法律服务体系以法律为服务内容决定了其法律性这一本质特征，其包含现代法律价值与法律内容、法律思维与法律治理方式，彰显了我国通过制度创新方式大力推进法律发展与法治现代化进程。在国家通过公共法律服务体系制度推进法治发展的进程中，地区的制度与模式创新也为我国推进法治现代化贡献积极的力量。自公共法律服务体系产生以来，我国不断完善顶层设计，同时，也注重引导地方发挥主观能动性，从而涌现出广州市及武汉市等公共法律服务示范地区。地区法治现代化创新发展对推动政府法治现代化进程具有启示与借鉴意义，这些公共法律服务建设示范地区为全国公共法律服务体系构建及推进提供了引领与示范作用。

3. 党和政府具有无限责任

党和国家的制度供给义务和推进法律发展职责都是从政府的积极行为论证公共法律服务体系建构的正当性基础。从政府的建立目的与社会发展的整体性而言，每一位公民均应当被政府公权力保护以及享受政府发展带来的红利，可从行政救助或政府义务的维度论述公共法律服务体系建构的正当性。同时，我国国情特殊，在党的领导下政府取得举世瞩目的成就，人民生活从满足温饱到追求美好生活，中国共产党的性质与宗旨决定其在领导与带领人民追求发展的同时也对人民承担“无限责任”或“兜底”

---

① 参见公丕祥、夏锦文《历史与现实：中国法制现代化及其意义》，《法学家》1997 年第 4 期。

② 黄文艺：《中国法律发展的法哲学反思》，法律出版社 2010 年版，第 75 页。

责任。党与政府虽在法律与制度中分属不同系统，但二者的利益一致，因此党的无限责任也表明党领导下的政府也需对人民生活与社会发展承担无限责任。“无限责任”或“兜底”责任表明人民在生产生活遇到困难可以向党和政府寻求帮助，党和政府不能拒绝提供帮助与救助，这种责任既包含具体责任也指抽象或概括性责任与义务。行政救助侧重于政府的具体救助义务，指行政机关基于法定职权与职责对特定对象在特定的情况下所实施的救援和帮助，在行为方式上的特点是必须作为。政府的行政救助义务在公共法律服务体系建构中体现为司法行政机关是主导统筹协调提供公共法律服务的主要供给主体，提供包括法律咨询、法律援助等可为社会群众及组织提供直接法律救助的法律服务，社会群众及社会生产组织遇到任何私力救济所无法解决的困难，均可向司法行政机关寻求法律救助。无限责任则侧重于概括性义务，更加具有兜底性与基础保障性。

当前，我国主要矛盾发生变化，人民对幸福生活的新追求是政府当前时期的重点与基础工作。党和政府对人民群众维护权益与追求美好生活不仅以积极方式引导与保护，同时以多种方式提供最基本保障；不仅通过履行政府职责对公民利益进行救助，而且将救助公民权益上升到政府高度予以重视。公共法律服务体系不仅是以提供具体法律服务的方式保障权益，并且在制度设计之初就将乡村地区、欠发达地区、特殊群体利益保障作为重点内容予以重视。整体来看，公共法律服务体系建构时打破财富与地域对法律服务的限制，使全国人民能够享受均等、普惠的法律服务，保障了社会对法律服务的基本需求，同时特别将欠发达地区与特殊群体予以财政倾斜及列为重点对象，避免这些在社会资源占有中处于弱势地位的群众在权利被侵害时无法获得基本法律救助。欠发达地区与弱势群体是我国实现全面建成小康社会的“短板”，同时在实现中华民族伟大复兴的进程中也不能让任何地区和任何群众落伍，党和政府通过构建公共法律服务体系，通过提供法律服务对地区利益及群众利益予以保护和救助，充分彰显了党和政府对人民群众的无限责任。

（二）公共法律服务体系建构的必要性

必要性侧重于分析某一制度对结果发生的重要性，缺失这一制度会减少希冀出现的结果发生概率，强调某一制度对当前情况十分有利。公共法律服务体系的必要性直接体现为以促进法律治理的方式推进政府治理与社会治理。同时，在政府治理体系中，公共法律服务体系属于法律治理范畴，法律治理体系作为有机整体，内容包含相互联系、相互影响的各项现代化法治制度与改革内容。当前我国全面推进依法治国，加快建设法治政府、法治社会，司法体制综合配套改革和政法领域全面深化改革逐步完善，取得积极效果，如何将这些法律治理领域内各项改革相连接，促进各项改革成果真正落地，实现“改革利民”的目的，本书认为这些因素也是公共法律服务体系产生背后的现实考量。公共法律服务体系类似“窗口”，将法治领域内各项建设与改革内容予以展现，一方面有利于持续深化建设与改革效果，顺应社会发展规律与法治规律，提升法治在政府治理体系的保障作用，另一方面有利于通过公共法律服务体系推动政法机关转变治理方式，提升“服务型政府”（广义政府）建设效果。

1. 公共法律服务体系建构与基层社会治理

公共法律服务体系作为国家治理能力与治理水平提升的重要内容，其建构与推进的落脚点与重点必将在区县一级。习近平总书记曾在会见全国优秀县委书记时强调“郡县治、天下安”，在我国党的组织结构和国家政权结构中，县一级是承上启下的关键环节，是发展经济、保障民生、维护稳定的重要基础。当前我国在全国各区县建立公共法律服务中心，因此区县所代表的公共法律服务组织是开展公共法律服务最前沿的窗口，基层法律服务工作者是全国开展公共法律服务的主体力量。现阶段我国针对基层公共法律服务体系建设仅有宏观性、概括性的政策表述与量化目标，并无明确的政策与法律法规指导，导致各地区基层公共法律服务体系建设依然处于顶层设计下的自我探索阶段，必然导致建设效果与预期效果具有一定差距。

武汉市江汉区作为国家级服务业示范区，经济水平与社会发展程度处于全国前列，但曾经也在法律服务体系建构中存在整体认识不够、政策体系不健全、产品体系不全面、配套体系不完善等问题，推及全国，除极少数发达基层地区外大多数基层公共法律服务体系建构仅具有初步轮廓，内在体系与建设依然存在较大的问题。城乡二元结构导致我国基层地区除类似武汉市江汉区等城区外，还包括广泛存在的以县为代表的乡村地区。一项数据表明贵州省黔东南州 2016 年注册专职律师仅 219 人，各县（市）专职律师最多 144 人，最少 1 人，各乡镇（街道）法律服务工作者、公证员 1—3 名，仅从人员缺少就反映出法律服务供给能力严重不足。基层农村地区经济落后、财政不足、法律人员缺少，这些因素已经严重制约基层乡村地区公共法律服务体系建设。当前我国基层城区与乡村公共法律服务体系建设均遇到不同层次的问题与限制，为此司法部将“基层法律服务”及“村（居）法律顾问”纳入国家公共法律服务项目，并在国家公共法律服务发展指标（2019—2022 年）中对乡镇法律工作者及村（居）法律顾问人数做出规定，可见我国注重加强对基层地区建构公共法律服务体系政策与保障倾斜，对通过基层公共法律服务体系建构推进基层社会治理、维护基层社会稳定与发展具有重大价值。

有学者认为国家治理能力的提升，首先需要直接面对和解决的问题，一般都来自基层和地方，基层社会治理水平取决于法治的发展水平，而法治的发展则依赖于基层社会良好的制度供给。法治的微观功能是解决具体案件纠纷，实现个案正义，法治的宏观功能是在党的领导下为国家政治、经济、文化、社会、生态文明等领域发展提供安全、稳定的发展环境。公共法律服务体系通过化解个案中的潜在纠纷与风险、解决个案矛盾等方式实现个案的公平正义，体现了法治的微观功能；同时通过司法行政机关、政法机关、社会组织、公民等多方共建共享公共法律服务体系，从而通过法治保障基层社会的安全、稳定、有序发展。因而在基层社会建构与发展公共法律服务体系有利于实现通过发挥法治的微观功能和宏观功能，提升基层社会治理能力。

2. 公共法律服务体系建构与法治国家、法治社会、法治政府

“法治兴则国家兴，法治衰则国家乱”，法治是推进国家治理体系与治理能力现代化的根本保障。法治现代化是国家治理现代化的重要内容，核心内容是实现国家治理中人治到法治的转变，将国家治理纳入法治轨道。党的十九大明确提出 2035 年基本建成法治国家、法治政府、法治社会的发展目标。有学者认为法治是除革命、改革外的第三种解决社会矛盾的方式，法治的核心要义在于限制权力及维护秩序。而用法治方式化解社会主要矛盾需要把社会主要矛盾主体化。① 法治兼具微观功能与宏观功

① 陈金钊：《“用法治化解社会主要矛盾”的话语系统融贯》，《吉林大学社会科学学报》2019 年第 5 期。

能，微观功能是通过运用法律减少风险、定纷止争，宏观功能是指通过用法治代替人治，发挥法律规范、稳定、强制的优势，塑造安全、稳定、可预测的国家与社会。法治国家意味着将国家权力纳入法治轨道，国家权力的产生、内容、运行必须由法律规定、受法律监督，避免权力的过度扩张对社会、经济、生态等领域造成侵占。另外，法治国家由法治社会、法治生态、法治经济等多层面共同组成，公共法律服务体系对建成法治国家的意义更多体现在其对建设法治社会与法治政府具有重要推动作用。法治政府要求政府依法行政，“法无授权不可为”，提高政府依法决策的能力与效率以及提升政府运用法律解决社会问题的能力。法治政府对各级政府运用法律的能力提出了较高的要求，但法律的专业性也给政府提升法治能力带来挑战。公共法律服务体系中包含的公职律师为政府提高法治能力具有重要的价值。公职律师是指专门处理政府机关法律事务，目的在于提高政府机关依法治理水平。公共法律服务体系的功能之一在于整合国家与社会法律资源，随着律师、律协等社会力量参与政府治理的增加，能够对政府依法行政实施有效监督，同时政府机关也能吸收社会法律力量，借助社会法律智慧，有利于提高法治决策的科学性。法治社会是法治文化建设的重要领地，也是社会法治化的建设目标。社会包含广义的生活、生产等领域，是广大人民群众与社会力量存在的范畴。法治社会的建立首先要保障社会秩序稳定。生产与生活领域的矛盾与纠纷是诱发社会不稳定的重要因素，公共法律服务体系提供的法律咨询、律师服务、公证服务等多项内容能够解决社会中大多数个体与组织的矛盾与纠纷，化解可能出现的纠纷，保障市场经济与社会生活平稳有序。使法治观念深入人心，让法治变为社会文化的重要内容也是法治社会的特征之一。中央全面依法治国委员会第三次会议明确提出，弘扬社会主义法治精神，增强全民法治观念，完善公共法律服务体系，夯实依法治国社会基础。公共法律服务体系包含的法治宣传服务是增强全民法治观念的有效方式之一，而通过提供覆盖全社会、便捷、普惠、高效的公共法律服务，用“看得见的”法律解决问题的实际效果提升公民与社会组织对法治的信任度也是增强社会法治观念的重要方式。建成法治国家、法治政府、法治社会是法治现代化的重要目标。总之公共法律服务体系能够在社会、政府及国家层面有效发挥法治的微观功能与宏观功能，彰显法治“限制权力”“保障稳定”的核心精神，是实现法治现代化的重要路径。

3. 公共法律服务体系建构与司法体制综合配套改革及政法领域全面深化改革

党的十九大从发展社会主义民主法治、深化依法治国实践的高度，作出深化司法体制综合配套改革、全面落实司法责任制的重要部署；2018年3月党中央出台《深化党和国家机构改革方案》，全国政法系统在党中央的部署下开始推进政法领域机构改革，这次改革的目的在于保障政法领域各部门机构能够适应、促进经济社会的发展，为国家实现全方位改革提供安定有序的法治环境，为社会运转提供顺畅高效的法律服务。与司法体制综合配套改革相比，政法领域全面深化改革部门从司法机关扩展到政法委、公安机关、国家安全机关、司法行政机关等国家机构；改革重点从员额制、责任制、职业保障等基础性工程延伸到政法机构职能体系；改革领域从司法资源配置、司法权力运行、诉讼制度优化辐射到政法工作各领域及各环节。公共法律服务体系与司法体制综合配套改革、政法领域全面深化改革，相互联系和相互影响。司法体制综合配套改革、政法领域全面深化改革的成果需要通过公共法律服务体系这一“媒介”真正惠及人民。自2015年来，党和政府多次强调司法体制综合配套改革、政法领域全面深化改革与公共法律服务体系的关系。

表2-1　司法体制综合配套改革和政法领域全面深化改革与公共法律服务体系相关改革

时间	文件/会议	主要内容
2015年4月	《关于贯彻落实党的十八届四中全会决定进一步深化司法体制和社会体制改革的实施方案》	各地要着眼于推进国家治理体系和治理能力现代化，加快形成科学有效的社会治理体系和公共法律服务体系，提高社会治理水平
2019年1月	中央政法工作会议	政法机关承担大量公共服务职能，需要提供普惠均等、便捷高效、智能精准的公共服务
2019年7月	政法领域全面深化改革推进会	完善政法公共服务体系，包含深化诉讼服务改革、深化检察服务改革、深化公安“放管服”改革、深化公共法律服务体系建设

根据习近平总书记讲话精神，不仅各级司法行政机关主导及社会力量

参与建设的公共法律服务体系能够为公民和社会主体提供各项公共法律服务，政法机关在各自职责范围内承担的普法、调解、诉讼等各项法律服务内容也是广义的公共法律服务体系的组成部分。政法机关提供的广义公共法律服务贯穿司法与执法过程，能够促进司法体制综合配套改革及政法领域全面深化改革，拓展政法机关转变治理方式的路径，有利于用人民群众及社会组织“看得见的方式”全面深化领域改革、检验各项改革成果。另外，政法机关法律服务与公共法律服务体系的衔接能够大幅度地整合国家法律服务资源，最大化地保障法律服务供给，通过全业务、全时空的法律服务共同满足人民群众日益增长的法律需求。实践中 2019 年 8 月江苏省高级人民法院出台《关于建设一站式多元解纷机制一站式诉讼服务中心的实施纲要》，明确提出“全面对接公共法律服务体系”，为我国地方政法机关法律服务与公共法律服务体系的衔接提供实践样本。公共法律服务体系建构、司法体制综合配套改革及政法领域全面深化改革均立足于我国社会主要矛盾变化，三者的相互衔接与配合能够从根本上保障实现法治领域各项改革的稳步推进，加强国家法治资源的规范性与统一性，从而提升法治现代化水平，促进社会公平正义。

（三）公共法律服务体系建构的可行性

可行性是保障公共法律服务体系产生的各项基础，是公共法律服务体系能够产生的根本前提，一方面是公共法律服务体系进行制度设计考量因素的组成部分，另一方面对公共法律服务体系制度落地与实施效果产生重要影响。本书认为公共法律服务体系建构的可行性主要包含社会基础及政治基础两方面。

1. 公共法律服务体系建构的社会基础

经济基础决定上层建筑，制度的产生依托于使其产生的社会环境土壤。市场经济高速发展产生的影响首先体现在社会层面。市场经济改变了以往的利益结构，社会群体出现分层现象，各群体利益与诉求逐渐多元化，导致纠纷与矛盾频发，而现有的法治方式与法律资源供给机制无法满足市场主体与人民群众日益增长的法律需求。除经济因素外，城乡二元结构导致的经济与法治资源长期不均衡使农村地区居民在面对现代化冲击时各项权利与利益无法得到保障，这也限制了我国现代化进程的发展速度。

整体来看，城乡地区人民群众对法律服务资源的需求、对公平与正义的期盼是公共法律服务体系得以产生的社会基础。

2. 公共法律服务体系建构的制度基础

我国社会主义制度为公共法律服务体系提供了制度基础，也是其产生与发展的核心因素。(1) 中国特色社会主义制度中的政治制度是公共法律服务体系具备科学性与合理性的基础：始终代表人民利益的党和政府为满足人民群众日益增长的法律服务需求，在准确把握社会发展规律的基础上设计公共法律服务体系；集中力量建构和发展公共法律服务体系的能力也体现出我国政治制度的优越性；隶属于政治制度范畴的法律制度是公共法律服务体系建构的重要内容，一方面公共法律服务项目以法律法规为核心内容，另一方面公共法律服务体系是法治现代化建设路径的拓展。(2) 文化制度中包含蕴藏中国智慧、展现中国特色的道德体系，这些传统文化丰富了法治宣传、人民调解等公共法律服务体系的内容与方式。(3) 财政制度为公共法律服务体系提供稳定的经费支持，是我国能够建设和加快推进覆盖城乡、全业务、全时空的公共法律服务体系的“底气”与资金保障。

二 公共法律服务及体系建构的价值论基础

价值是社会科学领域广泛使用的概念。在哲学研究领域，从价值概念的产生机理来看，价值是一个表征关系的范畴，揭示的是人的实践活动的动机和目的。从语义角度分析，可知价值是一个表征“偏好”的范畴，是用以表示事物所具有的对主体有意义的、可以满足主体需要的功能和属性的概念。[①] 从词义来源来看，法的价值与价值均非我国本土产生的学术概念，而是借鉴、移植西方法学研究所得。在法学研究中，法的价值主要有以下几种不同的语义：一是指法律在发挥其社会作用的过程中能够保护和助长哪些值得期望、希求的或美好的东西，如公正、秩序等，可称为法的“目的价值”或“外在价值”；二是指法律自身所应当具有的值得追求的品质和属性。例如，法律本身应当逻辑严谨、体系清晰，称为法的

① 张文显：《法理学》，高等教育出版社 2011 年版，第 250 页。

“形式价值”或“内在价值”；三是指法律所包含的价值评价标准，[①] 在提出价值的西方国家语言系统中，价值作动词用时有评价之意，因此法的价值也有法律所包含的价值评价标准之意。

（一）公共法律服务及体系建构的目的价值

自然法学派认为法的终极目标是实现自由、秩序、公平及正义等人类朴素的理想价值，这种思想在世界范围内得到广泛认同。公共法律服务体系的目的价值是其所期望能够实现的根本价值，也是所有的法律制度的本质追求。主要包括以下几个方面。

1. 人权

人权，即人之所以为人应享有的权利。作为现代法治文明的标志，人权观念及相关制度在世界各国不断发展与完善。与资产阶级宣扬的“天赋人权”具有本质缺陷不同，马克思认为权利永远不能超出社会的经济结构以及由经济结构所制约的社会的文化发展，因此人权并非“天赋”，而是由经济和政治制度的性质、阶级力量的对比、物质和精神文化水平决定的人的要求，并体现在国家规定的法律权利与义务体系中。[②] 不同于资产阶级国家中人权主体仅限于某些阶级或少部分人，我国作为社会主义国家，全体公民均具有享有人权的主体资格，同时在人权内容方面除因犯罪依法被剥夺部分权利外，所有公民平等地享有包括生存权利、政治权利、经济权利等在内的广泛权利。与此同时我国通过立法与司法已经建立起包括法律保障、制度保障与物质保障等内容较为完备的人权保障体系，通过对公民基本权利的保护不断加强我国人权保护范围与力度。

宪法的核心是国家权力与公民权利的关系，我国宪法明确规定“尊重和保障人权”，人权的内涵随着国家物质与文化水平发展而不断扩充，有学者认为第三代人权应当包括以生存权为核心的社会经济权，同时人权的本质要求国家应当不断完善人权保障制度与法律体系，进而保障与促进人的发展。法律的终极价值就是保障人权，人本法律观的生命就在于对人的尊重和关怀，尊重与保障人权是一项长期的工作。[③] 有学者认为应当从

---

① 张文显：《法理学》，高等教育出版社2011年版，第250页。

② 李龙：《李龙文集》，武汉大学出版社2006年版，第346页。

③ 同上书，第43页。

社会主要矛盾出发揭示人权实践的奥秘，[①]《关于加快推进公共法律服务体系建设的意见》指出“推进公共法律服务体系建设，对于更好满足广大人民群众日益增长的美好生活需要……具有重要意义”，表明党和政府始终关怀人民群众核心利益，通过满足人民对法律的需求不断实现人权保障。

当前我国人权保障取得了一定成就，但鉴于我国处于转型时期，提升人权保障水平进程受到了诸多现实因素阻碍。我国社会经济发展水平稳步提高，城市化进程与乡村建设速度不断加快，国家法治水平与人民法治观念有了大幅提升，但以法治为代表的现代化治理方式因为历史传统等原因无法向基层延伸。例如，在我国广泛分布的乡村地区，由于经济发展与社会风俗等因素，乡村治理大多依靠长久且稳定的的乡规民约解决乡村内部群众的矛盾与纠纷。但随着乡村建设步伐的加快，乡村中涌入了更多新的主体或是村民间产生了新的利益关系，此时乡村不再是过去依照乡规民约可治理妥当的“熟人社会”，而是具有了现代市场经济因素的区域，当过去的解决方式无法解决纠纷时村民转而积极寻求法律的帮助，但我国基层普法的效果更多体现在帮助村民建立法律观念和初步了解与村民密切相关的部分实体法内容，诉讼法普法的缺失及律师数量的稀少导致以村民为代表的基层群众遇到纠纷时“懂”（明白法律具有解决纠纷的功能）法却不懂用法，相关文献表明基层法院法官曾反映在庭审中他们时常充当法律宣传者的角色。例如，向当事人解释“质证”的含义，这无疑无法从根本上解决基层群众不知晓诉讼流程与诉讼内容的问题。我国人口基数大，而以律师为代表的现代法律工作者主要分布在城市地区，农村地区由于律师数量及收费等原因导致人民群众日益增长的法律需求无法满足，因此社会主义制度要求国家建构公共法律服务体系这一保障和改善民生的重要法律制度，并且该制度以满足人民群众多元化的法律需求为首要目标，以维护人民群众基本权利为要求，同时根据人民群众的需求不断完善法律服务供给的内容和方式。公共法律服务体系与人民群众核心利益紧密相连，以满足人民群众核心需求的方式践行我国作为社会主义国家充分保障人权及不断提升人权保障水平的理念。

---

① 汪习根：《马克思主义人权理论中国化及其发展》，《法制与社会发展》2019 年第 2 期。

2. 正义

正义是人类社会自古至今朴素的价值追求与精神向往，是一种公平以及承认他人的要求和考虑的意愿。国家与政府作为人民权利的保护者，有义务引导社会价值、维护社会公平正义，满足人民群众对公平正义的向往。正义在当前法治背景下多指具体案件的正义。“让人民群众在每一个司法案件中感受到公平正义”，这不仅是基于我们党全心全意为人民服务的宗旨，也是立足于社会现实提出的诊断良方。近年来国家高速发展，人民生活水平稳步提高，国家各项惠民制度日益完善。但不可否认的是，由于不同原因，社会中存在着弱势群体，因为法律意识缺失或维权成本较高，弱势群体权利被侵害后难以获得公平的对待与正义的结果。面对弱势群体对公平正义的需求和向往，公共法律服务体系能够提供及时有效的法律援助与权利救济，解决部分人民群众维权“无路”的现实困境，同时以多种方式保障个案正义结果的实现。

从正义的分配含义来看，如果社会的经济发展与法治文明成果不能通过公平的程序安排适时地将正义价值以适当的形式，真正而广泛地分流或由社会大众所共享，那么注定会威胁到社会的和谐与稳定。[①] 因此正义不仅存在于个案中，也应当以有序推进社会生产生活为目的，注重法律资源的分配正义。当前我国国力强盛，国家在宏观调控的基础上注重资源的平均分配，但在享有法律服务这一重要民生领域却存在分配不均的局面。东部与沿海等经济发达地区因为发展水平与财政资金等因素，吸引各种先进的法律资源向其聚拢，而中西部地区却存在法律服务“供”远小于“求”的现状；这种法律资源的对比同样在城市地区与农村地区有所体现，因此我国当前亟须进行“法律服务供给侧”改革。我国应充分发挥社会主义制度优越性，通过宏观调控与财政保障，构建出覆盖城乡、均等普惠的公共法律服务体系，缩小了因为地区发展水平造成的法律资源差异，基本实现保障人人享有法律服务的需求，确保法律资源的分配正义。

3. 秩序

以牛顿为代表的近现代自然物理学家认为在自然界中秩序压倒了无序，即使存在某些背离规律的微小现象，但不可否认自然现象受到规律的

---

① 刘炳君：《当代中国公共法律服务体系建设论纲》，《法学论坛》2016 年第 1 期。

支配，这也是人类得以生存的重要因素。在此过程中，人类发现规律、认识规律、利用规律，通过顺应自然规律提高我们的生活品质，同时也借助自然规律规避未来可预测到的风险。人类社会中与自然规律相似的是人类心理导致的因循守旧、追求稳定、避免无序的行为习惯，因此美国法理学家博登海默认为秩序指在社会进程运转中体现着某种程度的确定性和连续性。

法律作为保护人民权利与利益的规范，如同自然规律一般具有稳定性，使人们在社会生活中可以参照法律规范对自己的行为作出指引或对行为后果做出评价，从而减少或避免做出损害自身利益的行为。同时，法律可为社会提供稳定的价值和理念指引，以期在无具体法律规定及政策的情况下稳定的法律原则能够提供宏观的行为指导与处理方向，避免个体或群体行为造成较大的破坏性以及防止社会陷入无序状态。

公共法律服务体系蕴含的秩序价值主要体现在以下方面。首先，公共法律服务体系的功能之一在于塑造法治与秩序观念。观念是行为的先导。通过法治宣传、法律咨询等常态化法律服务逐步培养和塑造公民的法律与规则意识，人民群众能够更深层次地知晓与熟悉法律，并学会运用法律保障与维护自身权利与利益。自此法律塑造的秩序观念在人民群众心中逐步扎根，法律成为生产生活中处理纠纷和保护权益的首要选择。其次，公共法律服务的供给过程充分体现了法律的秩序性。公共法律服务供给主体始终严格遵循规范的法律服务流程，这种秩序性体现了公共法律服务体系的制度化与专业化，不仅能防止公共法律服务供给主体不作为造成公共法律服务体系无法真正发挥作用，也能避免行政机关与司法机关滥用职权，过于介入公民私人权利领域。最后，公共法律服务体系作为提升国家治理水平与治理能力的重要内容，能够预防和解决社会纠纷，帮助国家为经济建设与社会发展提供稳定的社会秩序。当个人或企业遇到无法处理的纠纷时，过去时常寻找以警察为代表的行政机关的支持，当行政机关无法处理或不受理时，此时国家无法将纠纷纳入治理范围，可能造成失控的后果，但完备的公共法律服务体系能够为其提供解决问题的途径，通过对矛盾合法化解，避免个人或企业造成严重的损失，同时使社会的纠纷与矛盾在法律治理及国家可掌控的范围内，防止对社会造成负面影响。

4. 自由

自由是个体最基本的权利，也是众多权利与价值的基础。法治是国家保障国民自由的重要路径，法律确认和保护自由的方式之一为设置国家权力及正当程序以提供救济。第一，当公民自由行使权利可能遭到他人妨碍或限制时，通过诉前调解程序等将争议解决前置，使矛盾消除在初始阶段，从而为公民自由行使权利消除障碍。第二，当公民的自由受到限制或侵害时，公共法律服务体系中的律师服务与法律援助服务能够帮助公民恢复行使权利的自由及人身自由。公共法律服务体系建构以人民为中心，不仅积极保障人民自由，也通过制度化的规范和程序限制行政机关及政法机关侵害公民的自由。规范与程序划定了公共法律服务提供主体权力的边界，防止过度介入公民私人领域，侵害公民自由。公共法律服务体系同时也彰显了法律确认和保护公民自由权的另一种方式是积极促进公民自由权的实现，如国家提供的公证服务正是保护公民行使以处分权为代表的权利自由。

（二）公共法律服务及体系建构的内在价值

与公共法律服务体系具有一般法律制度普适性的目的价值不同，内在价值是界定内容、区分公共法律服务体系与其他法律制度的要素之一，也是制定者希冀公共法律服务体系能够满足及实现的价值。与此同时分析公共法律服务体系的外在价值对于准确把握其本质具有参考意义。本书对公共法律服务体系内在价值的分析是基于我国当前处于市场经济升级转型、社会转型的特殊语境。

1. 公共法律服务体系保障市场经济平稳转型

自加入 WTO 以来，我国始终坚持经济体制改革，市场经济获得高速发展。市场化带来高效与便捷，同时市场经济的复杂性也对社会经济发展带来风险。公共法律服务体系对市场经济转型的保障作用主要表现为防范市场经济风险。根据马克思主义政治经济学原理，经济是以法律为代表的上层建筑的产生基础，但此后经济与法律相互影响，共同推动国家进步。有学者认为自 18 世纪以来生产活动的爆炸性增长与法律密切相关，而这种爆发性的内在动力即是财产的可抵押性。① 这种抵押性可视为将财产与

---

① ［英］杰弗里·霍奇森：《资本主义的本质：制度、演化和未来》，张林译，格致出版社 2019 年版，第 171 页。

法律相连，财产进而成为财产权利，此后自由流转等行为均受到法律与国家的政治保障，这极大地增加财产拥有者的安全感、促进资本的高速流动，生产的扩大加深了对法律的信任，形成良性循环推动生产活动快速增长。这种观点对分析法律对经济的保障作用具有较强的启示性。市场经济内所有新型经济元素及传统产业均可通过法律与国家产生联系，自由意志与国家意志产生合作，共同推动市场经济发展。发展虽是市场经济的历史趋势与内生规律，然而微观来看，同时结合事物曲折发展规律，市场经济在前进发展中不可避免地遇到多种风险。在资本主义国家中，经济导致的各种冲突在社会与政治中引发矛盾，然而西方特殊的政治体制又极易利用经济矛盾维护集团利益，经济与政治的力量既互相促进又彼此消耗。与资本主义国家不同，中国特色社会主义制度消除了经济矛盾的不可调和性，社会主义市场经济蕴藏的风险仅表现为社会利益与个人利益的冲突，这种制度基础在我国市场经济运行中发挥了巨大的优势，从根本上保障我国市场经济平稳发展。近年来随着生产力与科技的不断发展，生产方式与社会分工日益变化，社会中逐步出现未纳入政策与法律调整范围的新型生产活动，由于利润动机等因素，部分新型生产活动可能对现有经济环境产生负面影响。

公共法律服务体系作为连接点之一，将新型经济行为及传统生产活动与法律及行政行为相连接，这些市场行为产生的风险信息通过公共法律服务体系及其他行政体系运转得以收集，之后公共法律服务体系等机制联动发挥功能，对市场中的风险信息进行整合及分析，再通过公共法律服务体系及其他机制信息系统传输给有关部门、社会公众及相关企业。2018 年江苏省苏州市高新区司法局在“金融小镇”成立金融风险防控法律服务工作站，该金融风险防控法律服务工作站有关金融风险防控运行情况如图 2-1 所示：

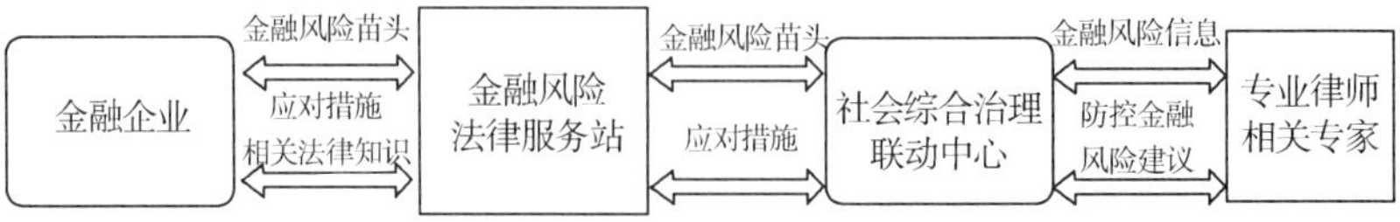

图 2-1　金融风险防控法律服务工作站“金融风险防范”运行

金融风险防控法律服务工作站及网格员通过主动排查及收集信息发现有关非法集资、金融诈骗等问题后，及时上报社会综合治理联动中心（以下简称“联动中心”）。联动中心通过金融法律服务站与工作网格收集的相关数据，组织律师及相关专家（定期）分析研判及向相关部门提出建议；金融法律服务站将相关部门应对措施及相关法律知识传达给“金融小镇”企业，在应对金融风险苗头及应对措施中充分发挥了上通下达的作用。与此同时，苏州市高新区司法局联合市、区金融办、区律协召开包含多项法律服务内容的“金融法律风险防控与高新区基金行业发展”论坛，目的在于摸清金融业法律服务需求，量身定制高新区金融法律服务。以苏州市高新区金融风险防控法律服务工作站为典型代表，公共法律服务体系在防范市场经济风险中发挥重要作用。金融法律服务站通过主动排查、收集数据、上通下达、法治宣传及量身定制金融法律服务，整合法律服务资源、形成法律服务联动，实现区域风险防控及消除矛盾隐患的目的，维护区域金融安全及保障区域市场经济升级转型。

2. 公共法律服务体系促进政府转型与社会转型

工业化、城市化、市场化等现代化因素带来巨额的财富、社会的变迁及个体意识的觉醒，这些因素导致社会生活秩序急剧变化，超过社会自我调适的范围，使国家治理陷入一定的混乱局面。[①] 有学者认为在经过多次尝试及改革后，建构现代国家治理体系符合国家发展规律，必然成为中国政治和行政体制改革的总体目标。作为国家治理的主要主体，政府治理行为对国家治理能力与水平具有决定性作用；社会作为现代化国家中与经济、政治相并列的元素，社会的发展水平是国家治理体系现代化的重要指标。公共法律服务体系是市场经济背景下，政府主导及社会力量呼吁的符合我国社会发展规律的科学法律制度，对政府及社会转型具有一定的促进意义。

（1）公共法律服务体系促进“管理型”政府向“服务型”政府转型

改革开放以来，经济的高速增长带来了工业化与市场化，也对社会秩序产生剧烈影响，引发社会变革。原有治理方式已无法应对经济与社会生

---

① 何显明：《政府转型与现代国家治理体系的建构——60 年来政府体制演变的内在逻辑》，《浙江社会科学》2013 年第 6 期。

活中日益复杂的新问题，经济发展与社会秩序变迁对国家与政府应对公共事务提出了新的要求。市场经济催生的市场主体与社会群体力量不断壮大，全能型政府已经无法通过管制与管理的方式处理公共事务。改革开放前全能型政府管理下的经济与社会，虽短期内充分彰显了该种模式的优越性，但历史地看根本性地压制了经济与社会发展活力，不符合人类社会发展规律，因而无法持续。现实因素与历史因素要求国家与政府需要客观认识市场、社会迸发与蕴藏的力量，并改变政府行政方式，在维护国家安全与社会稳定的基础上最大化地促进与扶持市场与社会力量的增长。这就要求政府改变以往管理者的方式，在尊重市场与社会基础上，运用现代化的思维与方式，避免违反市场运行规律进行过多干预，科学且理性地“收回”阻碍市场发展的“手”，还应当增强公共服务的供给能力，满足社会需求，在与社会力量合作中完善社会治理。同时，以政府转型为代表的政治体制改革符合我国根本利益，服务型政府的发展并没有削弱了政府的主体地位，而是从提高政府效率、调动人民与各行业积极性的角度巩固社会正义制度，最终在党的领导和坚持中国特色社会主义制度的基础上发展生产力。

公共法律服务体系是服务型政府在法律领域提供公共服务的基础性制度，公共法律服务供给主体包含司法行政机关、律师、公证人员、其他法律专业人员及部分社会组织，充分彰显了国家机关与社会力量合作以共同维护经济发展与社会生活稳定的现代治理方式。在苏州市高新区举办的“金融法律风险防控与高新区基金行业发展论坛”中，以“律师如何参与地方金融风险防控、促进基金行业健康发展”为主题的讨论，为律师在区域内常态化参与金融风险防控和促进行业发展奠定了基础。律师、律协、法律援助机构等法律专业人员及社会组织积极参与专业领域社会治理具有整合法律服务资源、扩大法律供给主体的作用，同时随着法律工作者与法律领域社会组织参与公共法律服务体系发展的常态化、制度化、规范化，法律领域的社会力量逐渐兴起，与国家力量互补互助、从不同视角共同维护社会公平、正义。另外，法律资源的地区与城乡分布不均是市场经济对社会生活领域的影响之一，整体来看市场与资本的逐利性导致弱势群体权益在经济与社会生活中被侵犯，我国现代化国家治理要求政府不能无限制地放任市场与现代经济对社会各领域的侵蚀，而应当帮助社会弱势群体摆脱生存困境，提供必要的帮助。马克思主义政党的“人民性”与社会主义国家“人人享有”的特征共同要求我国政府解决因市场经济选择导致的法律资源不均衡、分布不平衡问题，覆盖城乡、均等高效、普惠便捷的公共法律服务体系充分彰显了中国特色社会主义制度的优越性。

（2）公共法律服务体系促进“效率型”社会向“公平型”社会转型

社会转型作为社会进程的特定历史时期，包含制度转型、经济转型、文化转型、秩序转型等诸多内容，学界普遍认为对社会秩序相关内容的讨论具有法学意义。美国经济学家库兹涅茨根据英美等国家近百年发展数据提出表明经济发展与收入差距关系的“库兹涅茨曲线”，认为在前工业文明向工业文明过渡中居民收入差距在起初迅速扩大，其后稳定，最终逐渐缩小。

有学者借助库兹涅茨曲线分析社会收入差距与社会矛盾的关系，认为在现代化与工业化前期，市场部分主体财富的快速增长与劳动力的低收入引发贫富差距过大，造成社会矛盾凸显；在行业利润相对平均化及政府再分配能力提高的后现代化时期，收入差距缩小使得社会秩序趋于稳定。[①] 在这一理论真实的情况下，判断我国当前处于现代化与工业化的何种阶段对维持生活秩序稳定具有重要意义。可以借助经济学理论与方法大致判断我国当前所处的现代化与工业化阶段。经济学界认为国家的现代化进程大致分为劳动力无限供给阶段及劳动力短缺阶段，这两个阶段的交叉点被称为“刘易斯拐点”。现代化前期由于劳动力资源充足，供过于求，劳动力工资取决于维持生活所需的生活资料价值，现代化后期劳动力转为短缺则情况相反。[②] 中国社科院人口与劳动经济研究所的数据表明我国自 1998 年以来，城市劳动力市场“供过于求”，但由于社会经济发展与计划生育双重效果，导致人口结构发生变化，表现为自 2011 年前后劳动年龄人口不再上升，2021 年开始绝对减少，劳动力从“无限供给”转为“有限剩

① 参见蒋立山《迈向“和谐社会”的秩序路线图——从库兹涅茨曲线看中国转型时期社会秩序的可能演变》，《法学家》2006 年第 2 期。

② 蒋立山：《社会治理现代化的法治路径——从党的十九大报告到十九届四中全会决定》，《法律科学》2020 年第 2 期。

余”。[①] 因而结合以上理论与数据，我国当前正处于现代化前期向现代化后期迈入的“刘易斯”拐点时期，同时参照国际社会发展经验，人均生产总值与城市化率也提醒我国当前已经进入社会矛盾产生频率最高的拐点时期。

在向后工业与后现代化迈进的经济转型时期，如何通过国家行为帮助我国在实现经济转型的同时实现社会的稳步转型？一是从根本上通过再分配等一系列宏观改革减少收入差距，二是使防范性治理力度大于社会矛盾产生力度。世界范围内多数国家曾面临与我国现阶段相同境遇，但由于国家代表资产阶级利益、崇拜市场自发调节机制等原因未成功实现经济转型与社会转型，被称为“中等收入国家陷阱”。我国历来重视制度建设与理论建设，改革开放以来在党的领导下我国经济、政治、社会改革及制度建设均建立在对社会发展规律深刻认识与把握的基础上，因而基于对我国当前经济发展与社会发展的判断，党的十九大做出我国主要矛盾发生转变的准确论断。公共法律服务体系正是我国为应对及解决当前社会秩序及问题现状而提出的中国方案。通过覆盖全社会的一系列公共法律服务，预防纠纷与矛盾产生、及时解决社会各领域冲突与矛盾，从而加强防范社会纠纷风险与化解社会纠纷的广度与力度，从根本上缓解社会矛盾的产生及对社会秩序的负面影响，保障我国社会与经济同步实现平稳转型。同时，应当注意到的是我国经济转型的标志之一为从追求“高速度”到“高质量”，经济对社会生活的影响包含社会秩序、社会文化及社会价值理念等方面，与曾经社会普遍追求“效率”相对的是现阶段社会整体价值理念转变为“又快又好”，即人民群众对物质层面以上更高层级美好生活的向往。党的十八大明确定位政府职能之一为维护社会公平正义，此后党和政府多次强调公平正义在国家与社会中的重要意义，而以多种方式维护社会公平正义的公共法律服务体系不仅保障我国社会秩序实现良性过渡，更有利于促进我国实现以公平正义等更高层级价值理念为引领的社会转型。

3. 公共法律服务体系提升公民法治观念

公共法律服务体系是我国基于国家经济生产方式转变及社会转型的时

---

① 新浪新闻：《中国未来会遭遇劳动力短缺》，http：//news. sina. com. cn/o/2005-09-06/05006869458s. shtml。

代背景提出的国家治理制度，是法律领域与政治领域的一次革新与突破，除却科学性与历史必然性外其中必然蕴含着诸多的治国艺术与政治智慧。有学者提出中国的各项改革除了顺应历史潮流外，在政治智慧中也包含法律经济学原理。[①] 从法律经济学视角论证公共法律服务体系的制度选择，能够丰富公共法律服务体系的理论基础，并且对宏观分析具有启示价值。

自 1985 年国家开始向全民普法，此后普法工作逐步常态化、制度化，非常明显的是国家通过普法向公民与社会传递法律知识，极大地提升了公民与社会的法律认知。借用法律经济学理论可以推导出国家普法中包含经济逻辑：法律可视为意识形态产品，通过对其投资，不仅能改变公众选择，也能影响公众偏好。通过进一步分析可知，普法包含较低的政治与经济成本，而对法律这一意识形态产品的投资便于国家维持和形成稳定的主流意识形态和政治秩序。[②] “法律意识投资”往往能够获得良好的收益，这些收益又促使国家持续“投资”。这是因为法律在得到信任的背后有更关键且更隐蔽的基础。法律之所以可行是因为其满足了人类的遵从性本能，在特定制度与环境中人类倾向于接受和服从权威。[③] 同时人性趋利避害的本能也预示社会人与企业会在衡量守法收益与违法成本后选择最符合自己利益及收益最大化的行为。而人基于“服从权威”与“趋利避害”本能进而守法的前提是知晓与了解法律。公共法律服务体系可视为国家对公民“法律意识形态”的投资，通过多种法治宣传教育形式提升公民对法律的知晓率，引导公民主动选择法律解决纠纷，提高公民法治观念与法律素养，进而在全社会形成守法用法的良好氛围，促进社会与国家的稳定，为全面依法治国提供稳定的主流价值支持。

法治宣传教育是司法部规定的公共法律服务项目，自公共法律服务体系建设以来，各地积极创新法治宣传与法治教育形式，多个地区将法治宣传教育纳入经济社会发展总体规划，积极组建“法治宣传教育体系”队伍及搭建“法治宣传教育体系”建设平台，这些举措共同促进法治宣传教育规范化、常态化与制度化，对排查矛盾隐患、引导合理表达诉求、化

① 参见张建伟《“变法”模式与政治稳定性——中国经验及其法律经济学含义》，《中国社会科学》2003 年第 1 期。

② 同上。

③ 杨虎涛：《法律制度主义：一种新的资本主义本质观?》，《政治经济学评论》2019 年第 4 期。

解基层社会矛盾纠纷起到了积极促进作用。

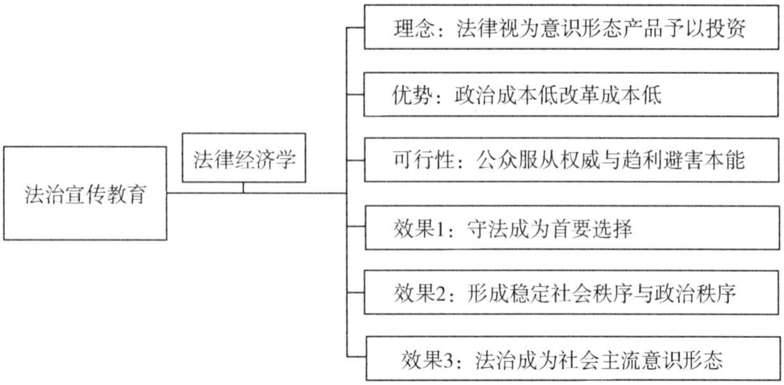

图 2-2 法治宣传教育（普法）相关内容

第三章　公共法律服务学的功能论与方法论基础

功能论包含从社会功能、政治功能、根本功能三个方面论述公共法律服务体系建构在国家与社会中能够形成的功效与现实效果。方法论具体是指通过坚持党的领导、发挥中国特色社会主义制度优势、加强公共法律服务体系建构的顶层设计、完善公共法律服务体系建构的保障机制及创新公共法律服务体系建构的内容与形式这些具体方式，实现完善与发展我国公共法律服务体系的目的。

一　公共法律服务及体系建构的功能论基础

功能一般是指某一客观存在产生的实际效果。公共法律服务体系的功能指通过建构与发展公共法律服务体系能够在国家与社会中形成的实际效用和结果。国家公共法律服务项目包括以下 13 项内容：法治宣传教育服务、律师法律服务、公证法律服务、法律援助服务、基层法律服务、调解服务、村（居）法律顾问、法律顾问、公职律师、公司律师、仲裁服务、司法鉴定服务、法律职业资格考试服务，据此可以分析公共法律服务体系具有的功能。

（一）公共法律服务体系的社会功能

公共法律服务体系通过整合法律服务资源、创新法律服务供给方式使法律服务资源在全社会广泛覆盖，多项法律服务项目能够满足社会群众、社会组织与企业多元化法律需求，这极大地延伸与拓展了法治社会的建设领域，最大化地促进法治发挥定纷止争、预防纠纷及完善基层治理的功能。

1. 解决社会纠纷

公共法律服务体系中法律咨询服务、律师服务、调解服务及政法机关法律服务能够解决社会生活与经济生活中已发生的纠纷。例如，律师可以通过讲解法律、使用法律等方式帮助当事人合法化解决纠纷；调解服务中调解员通过讲事实、摆道理，将道德观念与法律规范相结合，帮助当事人消解心中不满，合理解决矛盾。公共法律服务多种服务项目能够帮助社会群众与其他主体实现定纷止争的目的，对解决社会矛盾、稳定社会生活及市场经济秩序具有重要意义。近年来随着科技的创新与发展，“互联网+”助力公共法律服务体系快速发展。借助科技的力量，各地在构建与完善公共法律服务体系过程中积极创新方式。例如，广东省通过在微信平台进驻“粤省事”民生服务小程序，提供法律咨询、公证办理等法律业务，基于此法律服务就在每个人的身边，极大地扩大了法律解决社会纠纷的方式和渠道，扩展了法治解决社会纠纷效能的覆盖面。

2. 防范纠纷风险

建设法治社会在于让法律公平、正义的光芒照耀社会的每个角落，社会矛盾纠纷解决机制的重点在于预防机制的建立。公共法律服务体系内容丰富，以法治宣传为典型的法律服务能够通过多种方式宣传法律知识，提升公民和经济主体法律风险防范观念，帮助指导公民与经济主体提前规避风险与纠纷，指导他们在合法范围内生产生活。总体而言，高效便捷、全业务、全时空的公共法律服务体系能够满足城乡居民及各类市场主体的法律服务需求，使法律成为防范纠纷、规避矛盾的首要选择。武汉市江汉区作为国家级现代服务业示范区，区域内企业众多，2018 年针对区域内发生的典型金融案件，江汉区司法局为防范金融风险、维护企业安全与利益，特对辖区相关金融企业开展以此典型金融案件为主题的法治宣传，预防了潜在的金融风险，保障了辖区市场秩序稳定。以微观见宏观，从小处着眼，便能看到公共法律服务体系的防范功能。

3. 完善基层治理

基层治理是我国提升国家治理水平与治理能力的重点所在，基层的法治建设水平对国家法治建设水平有决定性作用。基于我国基层社会治理传统及基层社会问题的复杂性，法律深入基层的“最后一公里”一直未被打通。基层社会的社区与农村既是法律服务的空白点，也是提升法治建设水平的突破点。[①] 公共法律服务体系包含“村（居）法律顾问”内容，村（居）法律顾问通过履行法律服务职能，在满足社区和村（居）居民法律服务需求的同时也将法治引入基层社会生产生活中。“互联网+”也助力公共法律服务体系打破地域的限制，扩展基层纠纷解决与利益诉求机制，对基层法治建设与社会治理具有重大意义。宏观来看，基层社会矛盾与问题纷繁复杂，只有完备的中国特色社会主义公共法律服务体系，能够产生制度竞争优势，并在发展中进一步改进，有力推动治理水平的提升。[②] 一方面，村（居）法律顾问制度是最能体现公共法律服务体系公益特征和公共服务特质的法律服务内容，[③] 充分彰显了我国社会主义本质特征。另一方面，基层社会也是所有制度的落脚点及体现制度内容效用的前沿，科学设计、不断健全的村（居）法律顾问制度能够吸引法律专业人才发挥作用，补充基层社区和农村法律服务资源，从而提升基层社会法治与治理水平。

（二）公共法律服务体系的政治功能

在推进国家治理体系与治理能力现代化背景下提出的公共法律服务体系具有政治价值与政治属性，是我国宏观政治制度改革的组成部分，也是中国特色社会主义制度的最新成果。公共法律服务体系必然具备政治功能，主要包含以下方面：

1. 拓宽全面依法治国路径

中共中央十八届四中全会首次专题讨论全面依法治国，这标志我国将全面依法治国提升至前所未有的高度。此后党的十九大及十九届四中全会再次强调全面依法治国对国家治理的重要意义。全面推进依法治国是法治的范畴之一，应当按照法治要求予以实施。有学者指出应当通过法治改革，实现法律制度创新、法治体制创新和法治文化的变革。[④] 公共法律服务体系拓宽全面依法治国路径主要体现在以下两方面：一是在法治思想方

① 参见杨凯《完善村居法律顾问制度　助力基层社会治理现代化转型》，《人民政协报》2020年1月14日第7版。

② 杨凯：《让公共法律服务成为核心竞争力重要标志》，《新华文摘》2019年第13期。

③ 参见杨凯《完善村居法律顾问制度助力　基层社会治理现代化转型》，《人民政协报》2020年1月14日第7版。

④ 参见张文显《新时代中国法治改革的理论与实践》，《法治现代化研究》2018年第6期。

面，公共法律服务体系是我国在准确把握社会发展规律及总结国情基础上，自主创新、科学设计的法律制度，因而必然是我国国家制度与依法治国的结合，表明我国全面推进依法治国不同于以往借鉴吸收国外法律制度的模式，而是开始注重在把握我国现阶段社会发展规律的基础上自主创新法律制度。二是在法治体制方面，法律不再是过去主要依靠国家机关工作人员向社会供给与输出，而是国家机关工作人员、具备专业知识和资质的社会组织及个人均是法律服务的供给主体；在国家机关范围层面，不再单纯依赖司法机关进行事后法律输出，而是强调所有具备法律服务职能的国家机关均应发挥职能优势。这些充分整合了国家与社会的法律资源，扩大了法律服务供给侧效能，使人民群众和市场主体多元化的法律诉求均能获得相应的法律服务。公共法律服务体系使我国推进法治现代化各项内容向基层下沉，真正落实到人民群众和市场主体身边。

2. 丰富我国治理体系

党的十九届四中全会指出“社会治理是国家治理的重要方面”。微观国家治理与社会治理是宏观国家治理体系内的不同层面。相较于微观国家治理的全面推进，社会治理仍然进展缓慢，因而习近平总书记在指出法治社会建设落后的问题后，要求加快法治社会建设。公共法律服务体系充分体现了共建共享共治的社会治理思想，特别是法律服务供给主体从国家机关扩大到社会组织与个人。同时，德治自古以来是我国治国理政的重要方法，公共法律服务体系制度中以调解为典型的法律服务内容深刻地将德治与法治理念相结合，共同化解矛盾纠纷。公共法律服务体系丰富了我国推进法治建设的主体与方式，促进我国社会治理在立足于国情的基础上，积极创新制度内容，并与其他治理体系密切联系与衔接。

3. 创新中国特色社会主义制度

党的十九届四中全会明确指出国家治理体系和治理能力是中国特色社会主义制度及其执行能力的集中体现。公共法律服务体系作为法治的具体内容，在全面依法治国推进国家治理体系与治理能力现代化背景下得以产生与发展，同时其设计与构建完全以我国基本政治、文化、经济等制度为基础，是我国自主创新的法律制度。公共法律服务体系的建构有利于中国特色社会主义制度的丰富与发展，同时“完备的中国特色社会主义公共法律服务体系，能够产生制度优势，并在发展中进一步改进，有力推动治理水平的提升”①。

（三）公共法律服务体系的根本功能

在基层社会中，传统的乡规民约、道德规范无法有效应对社会发展带来的利益冲击，而我国数千年来缺少法治传统也使法治观念无法深入基层社会，因而由于缺少行之有效的治理方式，基层社会治理一直是国家治理的难题。公共法律服务体系在内容方面创新性地将德治融入法治中，将现代化、能够定纷止争及稳定秩序的法治与沉淀中华智慧的德治相结合，帮助基层社会在转型时期防范风险、化解纠纷，为基层社会经济发展及社会发展保驾护航。在形式方面：一是通过法律人才保障、财政保障、与社会力量合作等方式整合法律服务资源，扩大法律服务供给主体，保障各地区稳定的法律服务产品供给；二是与时俱进地结合互联网技术在各地区建设公共法律服务体系平台，确保公共法律服务体系能够高效、精准地满足各类群众的多样化法律服务需求。稳定与发展是基层社会治理的目标。公共法律服务体系通过发挥法治与国家治理的定纷止争、防范风险、确保稳定、服务社会的各项功能保障基层社会的安全与秩序，促进基层社会的各项发展，是破解基层社会治理难题的“良方”。

二　公共法律服务体系建构的方法论应用

本章方法论采用一般社会科学意义上的理解，主要是指通往建构公共法律服务体系这一目标的路径。建构与完善公共法律服务体系应当在党的领导下，发挥中国特色社会主义制度优势、加强公共法律服务体系顶层设计、完善公共法律服务体系保障机制、创新公共法律服务体系的内容与形式。

（一）充分发挥体系制度系统的根本优势

不同的制度设计和安排产生了不同的制度成本，影响资源配置的效

① 杨凯：《让公共法律服务成为核心竞争力重要标志》，《新华文摘》2019 年第 13 期。

率，且制度优势能够转化为资源优势，从而促使制度的改进。[①] 制度设计是改革能否成功的关键，也决定了公共法律服务体系中资源的配置方式，因此，充分发挥体系制度的系统优势并完善配套机制尤为重要。

1. 坚持党的领导

党的十九届四中全会指出“中国共产党是中国特色社会主义最本质的特征，是中国特色社会主义制度的最大优势……把党的领导落实到国家治理各领域各方面各环节”。中国共产党以其先进性、科学性及人民性带领我国在各个方面取得举世瞩目的成就，在法治领域表现为建成中国特色社会主义法律体系与中国特色社会主义法治体系。我国在法治领域取得的一切成就均依靠于党的领导，党在延安时期创立并长期主导我国国家治理的“政法传统”培育了国家治理体系构造和治理能力以及影响至深的政治法律文化传统和主要价值。[②] 公共法律服务体系建构要始终坚持党的领导的重要意义在于以下方面：其一，在顶层设计层面，党通过领导国家推进国家治理体系与治理能力现代化及全面推进依法治国，为公共法律服务体系建构提供科学的理念与路线，保障公共法律服务体系的正确建构。其二，在具体实施方面，党领导的中国特色社会主义制度为公共法律服务体系提供制度保障，同时通过各级党组织领导的城乡基层治理体系最大化地保障公共法律服务体系下沉到基层发挥功能与效用。

2. 发挥中国特色社会主义制度优势

历史地看，任何国家的治理都逃脱不了政治法律文化的嵌套，由此对文化及其作为内核的主导性价值的考察必不可少。[③] 党的十九届四中全会强调将制度优势转化为国家治理效能，因而发挥中国特色社会主义制度优势对公共法律服务体系的建构与发展具有十分重要的意义。其中党的领导体系为公共法律服务体系提供科学引领与根本保障；法律制度为公共法律服务体系提供服务内容与程序基础；社会治理制度丰富公共法律服务体系的供给主体与供给方式。有学者认为“国家制度质量高低在相当程度上决定着国家治理体系主体结构的建构及其输出治理行为的质量和绩效”[④]，

① 杨凯：《让公共法律服务成为核心竞争力重要标志》，《人民法院报》2019年3月31日。

② 参见魏治勋《司法现代化视野中的“马锡五”审判方式》，《新视野》2010年第2期。

③ 魏治勋：《“善治”视野中的国家治理能力及其现代化》，《法学论坛》2014年第2期。

④ 参见魏治勋《司法现代化视野中的“马锡五”审判方式》，《新视野》2010年第2期。

因而建构与发展公共法律服务体系必须充分发挥中国特色社会主义制度优势，以保障最大化实现其制度功能。

3. 坚持群众路线和集中民间智慧

群众路线是党带领国家取得各项成绩的根本工作路线。坚持群众路线、从群众中汲取力量，集中民间智慧，也应当是公共法律服务体系建构的工作路线。矛盾与纠纷发生在社会中，群众是矛盾纠纷的亲历者与见证者，他们了解案情、知晓情况，大多具备朴素的正义观和传统的道德思维方式，同时也充满智慧，在公共法律服务体系建构中能够发挥人民群众特有优势，弥补法律服务工作者工作内容、工作思路与工作的不足，增强法律服务与基层社会的吻合性，提升公共法律服务体系的有效率和精准率。另外，随着市场经济和社会活力的逐步增强，科技高速发展，以社会各级群体为代表的民间力量发展壮大，在经济、科技、文化等领域引领社会发展，构建公共法律服务体系能够集中民间智慧，吸收社会力量，创新自治、德治、法治“三治融合”方式，实现国家、社会、公民共建共享共治公共法律服务体系的新格局。

4. 遵循司法体制机制特殊规律

公开公正、权力制约、裁判终局是司法规律的特征，也是司法体制机制改革的重要原则。司法救济是我国解决纠纷最重要的方式，司法救济的及时性、稳定性在纠纷解决机制中有不可替代的优势。建构涵盖政法法律服务的现代公共法律服务体系应当遵循司法体制机制规律，充分发挥司法体制机制的显著优势，具体包括坚持法治思维与法治精神、坚持司法公正、坚持司法公开等内容。①

第一，司法机关在提供诉讼服务与检察服务时应当坚持法治精神，严格按照法律规定办理业务，同时法治思维要求司法人员在办案中借鉴社会思维，避免与社会过于脱节，偏离社会主流价值认同。② 第二，公开与公正是司法的核心价值，公开是公正的必要前提，司法是法律存在与社会存在的统一，其结果对社会必然产生影响，③ 因而司法公开要求法院与检察院应当将法律服务流程向当事人公开，满足当事人的知情权的同时也有利

① 杨凯：《审判管理理论体系的法理构架与体制机制创新》，《中国法学》2014 年第 3 期。

② 同上。

③ 江国华：《司法规律层次论》，《中国法学》2016 年第 1 期。

于实现当事人与社会公众对司法人员的监督；公正是司法体制机制运行的核心目的，也是司法的终极价值追求，实体公正通过程序公正得以保障，程序公正通过实体公正得以证成，这必然要求司法机关提供法律服务时坚守程序公正与实体公正。第三，司法机关一方面应当转变“事后管理”理念，遵循“从开端到全程”的国家治理理念，提供以司法裁判要求为指导的法律服务产品，[①] 此外司法机关应当发挥职能优势，通过积极参与法治宣传、风险防控等法律服务项目建立诉讼法律服务与检察法律服务特色产品，进而最大化助力公共法律服务体系建设。第四，相互制约、相互配合也是司法体制机制的特征之一。在社会风险与纠纷日渐复杂化的背景下，司法机关应当加强联动机制建设，在提供法律产品中发挥各自优势，积极参与社会法治建设、共同保障社会治理法治化。

（二）增加公共法律服务体系制度的有效供给

公共法律服务制度体系决定整体体系的发展方向，增加其有效供给尤为关键。应当以立法形式明确公共法律服务的界定和划分，以便形成完备的体系，进而为基层公共法律服务长期有序稳步发展提供制度保障。在统一的标准之上，要充分结合区域特色，聚焦本地需求，将资源配置到更适宜的地方。

1. 加强公共法律服务体系建构的顶层设计和立法推进

尽管《关于加强推进公共法律服务体系建设的意见》出台对全国及各地区建构与完善公共法律服务体系具有重要指导作用，但除一贯的思想、理念与发展重点强调外，只有在附件中明确公共法律服务的 11 项内容与近三年发展指标，建构与完善公共法律服务体系依然缺少明确的制度设计。由于经济发展水平与法治水平不一，因而各地区在中央顶层设计尚未明确的前提下需要结合自身情况积极发展适应地区市场经济与社会发展水平的公共法律服务体系，这是导致公共法律服务体系自建构以来未充分发挥功能的根本原因。此外，权责清晰是推进制度建设的重要要求，立法具有规范性、稳定性与强制性，能够将制度建设要求上升为法律，通过法

① 杨凯：《建构政法机关一体化协同创新的现代公共法律服务体系》，《民主与法制时报》2020 年 3 月 14 日第 2 版。

律的功能保障制度建设。由于国家和各地区立法缺失，导致公共法律服务体系建构主体事权不清、职责不明，各级主体推诿懈怠、消极应对，阻碍公共法律服务体系建构进程与实施效果。

一方面，党与政府应当加强对公共法律服务体系构建的顶层设计，明确公共法律服务体系建构的主要事项，为全国各地区建构与完善公共法律服务体系提供清晰、明确的理念指引。另一方面，国家与各地区应当积极推进各项立法工作，通过将制度内容上升为法律，厘清公共法律服务体系建构主体事权与职责、明确公共法律服务体系保障主体责任、确定公共法律服务体系各项主体协同事项与程序，保障公共法律服务体系稳定、高效发展。目前，公共法律服务体系的制度供给是不充分、不全面的。相关顶层设计仅停留在政策层面，还未制定专门立法，影响整体体系的权威性和稳定性，进而影响服务资源运行效益。因此，要加强制度设计，为体系建设“保驾护航”。要加快制定专门的公共法律服务立法。制定专门立法，有助于提高群众知晓率以及提高体系权威性，增强人民群众对基层公共法律服务建设工作的信任度，促进服务资源的更大化利用。制度设计要以保障基层群众的基本权益诉求为出发点，维护基层公平正义与稳定和谐，满足均等普惠目标要求。要完善公共法律服务各事项相关立法，为体系运作提供制度支持。其中，目前已有立法的律师、公证、仲裁、司法鉴定、人民调解方面需要进一步完善立法；立法缺失的村（居）法律顾问、政府法律顾问、法治宣传等方面需要进行立法设计；另外，2003 年出台的《法律援助条例》与法律援助在推进依法治国与保障民生中的重要地位不相匹配，需提高其立法层级，加快对其立法设计。

2. 及时结合新动态修正原有制度体系

目前，基层制度体系稳定性不高，自有政策文件存在部分不适用的情况。一方面，缺少与时俱进的具体实施细则；另一方面，原有制度文件与最新政策不完全匹配。因此，要因地制宜，实时修正基层原有制度体系，提高资源精准匹配。一是及时响应政策更新，制定新政策下的新细则。应实时把握体系建设大趋势，积极响应“两办”政策文件号召，广泛吸收各地先进经验，对原有制度文件进行修正。并结合各村（居）特点和需求，有针对地进行制度设计，将服务尽量前移，做到基层社会治理模式从“事后补救”到“事前预防”的根本性转型。二是及时废止不适用的基层制度文件，或修改其部分内容。应对照政策制度更新做好原有制度文件的核对与审查，将已不适用新时代新发展的部分及时标记，根据制度冲突情况是否严重，决定部分修改、全文废止或暂不更改。并实时公告基层制度体系的增减动态，特别要提示所有基层操作人员，避免错误引用，增加错误成本，造成资源浪费。

3. 加强第三方在制度建设中的辅助作用

基层制度规划者的理性是有限的，供需方之间的信息交换也是不完全的。在此基础上形成的制度文本不一定是全面的，因此，需要借助第三方力量进行修正。一是加强政府、村（居）法律顾问在制度建设中的积极作用。在制度设计过程中，政府、村（居）法律顾问不仅应做好制度文本的合法性审查，还应当积极做出对可能性风险的提示和法律资源配置的把握。政府、村（居）法律顾问与政府内部直接供给公共法律服务的各类主体有着密切沟通与联系，对政府内部资源较为了解，因此适宜为制度中各方主体的职能分工提出建议。要积极创新政府法律顾问的参与模式，促使其从事后处理、风险评估向积极预防、推动发展转变。二是鼓励研究学者为制度建设提供理论支持。充分集中高校法学专家学者和其他优秀法律服务工作者，对当地公共法律服务制度体系完善过程中的重难点问题进行攻关，发挥其专业优势，提供多元化理论研究成果，促进制度体系建设从“跟进型”向“预防型”方向发展。

（三）完善公共法律服务体系建构的保障机制

基层公共法律服务体系的资源需要整合、配置需要优化。为满足各类主体在社会公共生活中的法律服务需求，应当巩固完善现有资源，在已有资源基础上梳理职能分工、结合区域特色，形成以人才引导与科技支撑相结合的有效服务供给，促使体系建设朝着稳定且均衡的发展模式转变。应当从财政、编制、机制等方面完善公共法律服务体系保障机制，具体包含以下三点：一是财政保障要求强化公共法律服务各项经费支持，特别是按照党和国家部署加强对欠发达地区及偏远地区的财政保障。国家和地方各级政府应当通过将公共法律服务体系建设经费纳入财政计划以及通过加强立法规范经费支持等方式将财政保障规范化。2019 年 2 月青海出台《关于公共法律服务体系建设经费保障意见》，成为我国率先出台公共法律服务体系建设经费保障意见的省份，有利于划定各级财政部门保障职责、厘清各级政府事权、确保各地财政部门发挥职能。此外，财政保障也应当根据各地区各级公共法律服务体系建设与发展情况适时调整，以确保提供及时、高效的经费支持。二是编制保障主要包括人员编制、薪金待遇、发展及晋升机制等内容。加强编制保障有利于推进公共法律服务队伍正规化、规范化、稳定化及专业化，同时有利于促进公共法律服务人员协同一体化及促进公共法律服务人员积极参与社会治理。三是机制保障要求完善公共法律服务体系各项体制机制内容，加强组织机制、制度机制等各项机制建设及体系内各项机制协同、配合，根据实践情况予以调整及完善，确保各项机制与实践发展相适应，从而保障与促进实践发展。

（四）创新公共法律服务体系建构的产品内容

科技力量对基层社会均衡化治理具有重要意义。从成本效益的角度来看，信息手段下能实现较为精准的供给投放，比实体平台的服务供给更有效益。利用网络信息化优势，可以使群众足不出户地享受高质量公共法律服务，能有效解决基层公共法律服务供给数量不足、质量不高、针对性不强等问题。

1. 扩展公共法律服务体系服务内容

公共法律服务体系的内容应当以人民需求为导向，与时俱进地扩展法律服务内容。随着公共法律服务向民生领域的不断推进及法律服务需求市场的不断发展，公共法律服务体系应当在保障基本法律服务功能的同时不断创新法律服务内容，司法部需要根据全国及各地区社会群众及市场主体的法律需求调整服务内容与类别，及时指导各地区公共法律服务内容进行更新与转变。

2. 加大信息化产品研发，智能精准对接实现需求

要保障信息化产品的研发经费，及时升级更新数据库保障体系可持续性运营。要建立高效的数据管理及分析系统，提高网络法律平台的数据挖掘、信息汇总和数据分析能力，准确把握基层治理中的各种法律服务问题，为基层公共法律服务提供决策依据。要充分利用 5G 技术、人工智能、区块链等最新科学技术精准回应群众诉求，助力早日实现基本公共法律服务均等化。

3. 优化信息化产品终端，增强人性化体验感

优化产品界面要求满足多数人使用习惯，需要技术人员不断均衡业务逻辑与群众逻辑，需要不断结合新反馈进行调整，并持续优化算法模型。优化产品互动模式要求切实回应群众需求，需要不断完善法律机器人等人工智能产品的人机对话程序，并不断改良“寻法”路径，以更快速度提供针对性更强的法律意见。

4. 丰富公共法律服务体系服务产品

与公共法律服务内容具有较强的稳定性不同，公共法律服务产品形式灵活、丰富多样。目前，各地区主要针对企业、老年人、儿童等不同主体特性推出相应的法律服务产品，在结合各地区法律服务产品实践基础上，公共法律服务产品可作如图 3-1 创新：各供给主体可将公共法律服务体系产品分为“公民类”与“企业类”。“公民类公共法律服务体系产品”应当在提供普适化公共法律服务产品的基础上，特别针对老年人、未成年人、女性等特殊群众提供应对高风险的特定产品。“企业类公共法律服务体系产品”既需要提供基础类别法律服务产品，此外还应当提供应急型特定法律服务产品。与此同时，各供给主体应当发挥职能或专业优势，打造有广泛影响力的“公共法律服务产品品牌”，以期提升公共法律服务效果及影响力，共同助力公共法律服务体系向专业化、精准化发展。

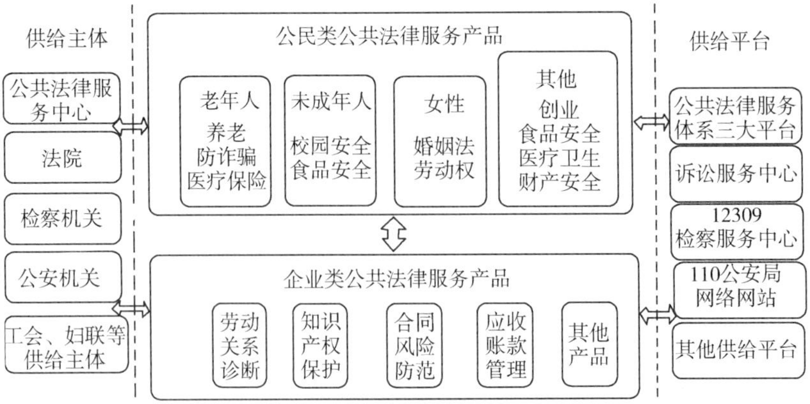

图 3-1 公共法律服务产品体系

（五）强化公共法律服务体系建构的科技应用

目前，公共法律服务体系科技建设水平还远远达不到“全业务”“全时空”的目标要求，信息科技建设还不充分，科技服务队伍的专业化程度、信息化产品的服务质量亟须加强。在互联网技术及新型科技应用的助力下，各地区公共法律服务体系平台建设取得初步成效，体现出公共法律服务体系高效便捷、智能精准的特征。

1. 注重公共法律服务体系建构的科技应用，应当惠及于民

在公共法律服务体系建构中，各地区注重互联网、大数据等应用，通过多种科技方式不断创新法律服务提供方式，提升公共法律服务体系平台的服务效率。湖南省长沙市天心区司法局整合公共法律服务资源，打造“区级—街道—社区（村）—志愿点”四级立体化公共法律服务实体平台，构建出让群众随时随地得到法律服务的“15 分钟服务圈”；江苏省太仓市提出“信息多跑路、群众少跑腿”，研发出“一呼百应”掌上公共法律服务平台，建成互联网公共法律服务中心，实现司法行政业务一站式掌上办理。在公共法律服务体系建构与发展中，各地区应当在围绕公共法律服务体系建构的目的敢于创新，充分利用互联网优势，创造适合本地区的法律服务形式，使公共法律服务更加高效。

2. 注重公共法律服务体系建构的科技应用，应当提升“法律+科技”合作

科技是推动各项制度变革与发展的动力之一。近年来，国内出现多家以“法律+科技”为主业，积极探索科技助力法治水平方式的科技公司，例如上海百事通信息技术股份有限公司运用科技帮助安徽省、上海市等多个省份建设公共法律服务体系热线与平台，用科技创新提升法律服务效率；德品汇科技有限公司已经逐步利用科技力量实现定制化、智能化的法律服务；杭州识度科技公司在疫情期间通过提供“公共法律服务自助机”实现来访群众与律师实时视频及“零接触”上传资料。

各地区行政司法机关、政法机关、律师协会等社会组织、企业组织应当加强与科技公司合作，借助科技公司大数据、智慧平台等优势，探索多领域合作模式，共同提升公共法律服务体系的精准性与智慧性。

（六）明确公共法律服务体系的三大平台职能分工

由于整体体系资源庞杂且更新较快，目前普遍存在平台间职能分工不清的问题。形成了职能分工的空白与冲突“地带”，造成成本虚耗、效益受损，进而导致资源整合受到阻碍。梳理职能分工是资源整合的前置程序，有利于巩固完善现有资源、提高资源精准配置。

1. 线下侧重公共法律服务实体平台基层工作站的分流对接

为使社会各主体特别是基层群众真正享受到公共法律服务体系建设带来的“红利”，需加快基层资源整合，为其提供便捷高效的“寻法”桥梁。以基层公共法律服务工作站为枢纽，对服务资源进行整合，是提升有效供给的有益路径。一是探索“一社区一站点”的资源整合模式，由站内专职人员调配对接服务资源。基层公共法律服务工作站作为社区基地，路径简单。应将基层服务资源集中在基层工作站，并配备专职人员进行业务分流，将不同类型的服务与不同资源平台对接，做好协调安排。各基层平台也可进行“司法协理员”的探索设计，第五章的人民调解资源整合模型展示了“协理员”在资源分流中的枢纽作用。除基层工作站的直接服务供给外，由“协理员”承担其他服务资源的指引与对接。二是加强基层各部门间的协调配合，促进基层资源向基层工作站倾斜。基层各部门平台要协同发展并向基层工作站集中，由基层工作站内的专职人员对接“宽口径”的基层服务资源。要以基层公共法律服务工作站为枢纽，建立跨机构、跨行业的多元化解纠纷流水线，积极促进“进一扇门享全面服务”的基层工作站模式，满足群众多元化纠纷解决机制选择的需求。

2. 线上侧重中国法网等网络平台的全业务供给

中国法律服务网整合了全国优质公共法律服务资源，在网络平台体系中占主要地位。经过长期建设，中国法网已具备提供高质量法律服务的供给能力。邓甲明同志建议由中国法网指导各地，达到集约建设、合理配置资源的效果。“入口上移”是配置部分法律服务资源的必然趋势。因此，应向社会各主体提供网络服务平台的全业务供给，打造公平、透明、可预期的法治环境。一是明确中国法网在各平台资源中的枢纽地位，拓展全业务供给。要结合民生最关切的法律问题，持续拓展新的业务板块。在其他各平台上设置中国法网的指引链接，积极引导广大人民群众通过中国法网检索法律知识、咨询法律问题，将来自全国的优质服务资源充分利用。要创新中国法网与各地法网的连接模式，加强两者的协作对接，加强中国法网对各地法网的业务、建设指导。要结合民生最关切的法律问题，持续拓展新的业务板块。二是进一步完善后台服务人员的准入与考评机制，提高供给质量。入驻中国法网后台的市场主体应当包括各地律师、人民调解员、公证员、司法鉴定人员等各业务板块的专业人才，并将以上人才配置在合理岗位，各司其职保障服务质量。并以严格的考评机制总结各板块服务质量，及时调整人员结构，以保证服务供给质量。

3. 进一步实现三大平台融合和升级平台建设

统一的管理和服务平台能够减少资源分散时的管理成本、增加用户流量、简化服务流程、增强部门联动、提高服务质量等。结合公共法律服务网站信息，可以发现当前还有一些地方法网存在服务内容未落实的问题。如律师查询中律师联系方式更新不及时，信息公开中可查询内容少且日期落后，此类网站维护和资源接入问题如不能及时解决会导致用户失去对网站的耐心。热线平台和实体平台相对用户流量更少，因此，可以探索深度服务，提高人员专业度，提供跟踪建档法律服务。公共法律服务体系只有发挥体系性优势才能达到节约管理成本、提高服务便捷性、加强部门间联动的作用。平台升级建设的基本构想如图 3-2 所示。

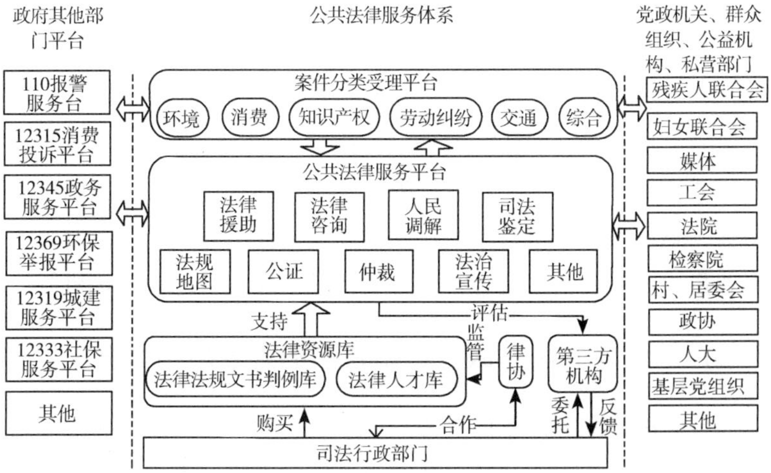

图 3-2　平台升级建设

一是实现专业化服务。增设案件分类受理平台是在现有公共法律服务平台基础上根据律师在相关领域的专长进行分类，适用于某一领域社会风险突出，矛盾集中爆发，法律服务需要深层次介入矛盾解决时。例如，某地爆发环境污染问题，受影响居民数量众多，此时根据传统服务类型分类不利于矛盾的集中解决，反而拖垮了原有的受理体系，因此可以利用案件类型进行分类受理，集中调配所需服务资源，并组建专业律师团队，及时控制风险，避免矛盾扩大演变成社会抗争。二是建立与其他政府部门和社会组织间的信息分享机制。目的在于实现风险的联防联控，矛盾纠纷的多元化解。公共法律服务体系应当脱离工具化的角色定位，真正发挥社会治理的效用，对此需要积极沟通、联系其他部门和组织，解决社会关系复杂和牵涉领域多的矛盾纠纷，同时也及时转办接访案件，发挥风险防控的主动性。三是建成大数据信息研判中心。大数据信息研判中心的意义在于收集网络和热线平台的服务信息，通过智能化手段汇集到大数据信息研判中心，将数据分析结果反馈给政策研究部门和政府决策机构，对社会热点问题、突出的风险特征、典型矛盾类型等进行分析整理，为政府决策提供依据。四是建立法律资源库。资源库内容包括人才资源和知识资源，人才资源可以通过与高校法学院合作，以及吸纳有专业知识和技能的社会退休人员，建立志愿者库，当有非典型性风险发生时，劳动、信贷、破产等方面出现服务缺口时，能够及时调配志愿者补充。同时，志愿者也可以共享法律资源，从体系内获得培训与实习的机会。法律知识库包括案例库、法律法规和裁判文书等，方便服务人员随时补充专业知识，解答问询。五是实行多方监管平台运行。司法行政网站定期会公布对平台的运行监管情况，但监管模式依然过于单一，借鉴国外社会组织的管理模式，我国可以引入行业协会、第三方评估机构、人民团体和其他社会组织的广泛监督。同时委托专业机构定期评估平台运行和维护情况，建成常态化监督机制。

（七）加快公共法律服务体系建构的人才培训教育

基层公共法律服务体系的资源需要整合、配置需要优化。为满足各类主体在社会公共生活中的法律服务需求，应当巩固完善现有资源，在已有资源基础上梳理职能分工、结合区域特色，形成以人才引导与科技支撑相结合的有效服务供给，促使体系建设朝着稳定且均衡的发展模式转变。

1. 加强人才与科技的协作互动

目前各地纷纷创新举措，以期更好地满足人民群众对多层次、多领域、个性化服务需求，全力打造新时代共建共治共享的社会治理格局，需要人才力量与科技力量互为指引、互为补充。一方面以人才引导科技运用，另一方面以科技助力人才管理与配置。一是人才引导科技运用，配备人员向广大人民群众普及大数据检索。为使数据资源得到更充分的利用，需要基层公共法律服务人员的积极引导。每个基层服务平台都要至少配置一名“检索小助手”，将大数据检索方法传授给基层群众，使群众经过指导能独立地通过中国法网等各地法网解决基本法律问题，既提高了网络平台资源使用效益，又极大提高了基层治理效能。二是科技助力人才管理与配置，建立智能化人才资源库及诚信评价系统。利用信息技术对公共法律服务人力资源进行整合入库，有助于基层工作站的人力资源调配，也有助于村（居）法律顾问的选聘。充分利用大数据与云计算技术对人力资源的各方面信息进行整理与排列，实现专业人员的智能化、精准化推荐。运用智能化诚信评价系统，实现事中事后密切的跟踪和严格的监管，充分发挥评鉴体系的功能，打通公共法律服务流程的最后环节。

2. 增加专业化队伍建设的配套供给

专业化服务队伍建设情况是反映政府供给质量的关键，而现阶段公共法律服务队伍的整体专业水平较低，特别是广大基层农村，具有法律专业背景的工作人员覆盖率不高，对公共法律服务工作人员的培训机制也不算健全。队伍建设存在专业化不足的问题，极大地影响社会各类主体对公共法律服务体系的信任度，有碍体系的长效运维，进而造成资源浪费，难以发挥资源实效。为此，一是要保障专业化队伍的财政编制供给。要积极贯彻落实“两办”文件精神，充分发挥地方政府财政预算制度、财政转移支付机制和中央转移支付项目在专业化队伍建设中的财政制度基本保障作用。要保障基层人民调解员、法律服务工作者、社区工作人员等基层工作人员的待遇。二是建立双向人才培养机制，增加培训实践机会。为保障基层法治专业人才的供给，可探索推进与高校互动培养人才的模式。一方面，每年在开设法律专业的相关院校通过定向、委培的方式开展基层法治建设人才培训，以提高地方法治队伍的整体水平；另一方面，出台政策措施，吸引高校法律专业在读学生利用寒暑假、毕业实践等机会到基层进行法治实践，弥补基层法治人才缺失的短板。各地基层应结合实际，制订人才流动及业务培训计划，组织开展定期和不定期的法律业务和技能培训，充分提高基层公共法律服务工作者的综合能力水平，激发基层治理活力。

第四章　公共法律服务学的法政治学基础

公共法律服务是政治现代化环境下政府公共服务职能的扩展与创新，在国家治理现代化要求下，政府、公民、社会组织等主体应该承担起治理责任，公共法律服务体系的建构首先是政府治理现代化的目的和手段，其次是社会治理层面保障个人权利、推动多元共治、实现风险防控和矛盾化解、满足市场需要的重要举措，因此，符合治理体系现代化的政治发展需要，应遵循党中央政策要求，尽快摆脱当前发展困境，实现便捷、高效、均等、普惠的发展目标。本章主要是对公共法律服务体系发挥政府治理作用和社会治理作用的意义论证，政府治理的现代化需要更完善的公共服务体系，公共法律服务体系又反过来促进了政府内部的法治建设；公共法律服务体系为社会治理中风险防控和矛盾化解提供了法治渠道，通过完善法律救济和健全纠纷解决机制实现社会治理方式变革。

一　法治政府视域中的公共法律服务及体系建构

政治学中的公共治理理论为现代公共法律服务体系的建立提供了合法性依据，它不仅强调政府有解决经济社会问题，为人民提供更多更好的福利的责任，而且提倡社会的多元参与，打破了统治的单项意志性，反对了政府对抗式、狭隘的治理模式，提供了一种现代政府治理思路。党的十九大提出国家治理现代化的目标，国家治理现代化的实现离不开政府治理的现代化，公共法律服务体系正是在这一语境下应运而生的改革举措。

（一）政府治理现代化含义及意义

政府治理现代化既是现代工业社会新政治形态中适应公民主权地位的需要，也是现代经济市场环境下提高治理效率、改进管理模式的需要。我国作为人民主权国家，从公民权利的角度出发，完善政府治理体制有着天然的合法性，同时，提高政府治理的效率也能为市场经济带来动力。

1. 现代政治保障公民权利的需要

现代政治的标志是：第一，权威的理性化；第二，政治功能专门化；第三，全社会各阶层的广泛参与。[①] 现代政治的发展也带来了政府治理模式的转变，现代政治管理理论首先替代了传统的政治统治理论，进而又发展出了更加重视公民参与的公共治理理论。政府已经不再是统治社会的工具，政府与公民间也不应是一种二元对抗的格局。当公民作为国家的主权组成部分，既有权参与政治，也有权要求政府提供满足其需求的公共服务。因此政府治理现代化可以概括出以下几个特征：其一，信息的公开透明。以法律的方式保障政府信息的及时公开，设置重大决策事项的事前听证和意见收集程序，保障公民对社会治理的参与权。其二，权力的合理规制。通过权力清单来明确政府的权力范围，避免政府对市场的过度干预，也抑制政府机构中腐败的发生。其三，健全服务职能。政府应承担起社会服务职责，除了依据法定责任提供社会公共服务外，还要及时回应社会需求，在紧急事件和公民权利面临受损危险时提供保障性服务。

2. 社会对高效治理模式的需求

政治学中认为政府治理现代化的目的之一是提高政府管理能力，以更高的行政效率来扭转市场失灵的局面。俞可平提出“善治”发源于国家的不足和市场的失效，正是在现代市场体制下，人们开始追求新的社会政治结构和社会政治状态，其中就包括政治合法性、社会秩序和行政效率，行政效率在这里指政府的管理效率。[②] 公共管理学认为政府治理现代化是一场以“新公共管理改革”闻名，以“政府重塑”[③] 为目标的改革运动，旨在通过引入多样化管理理念和管理模式，提出新的管理思路如公民参与、绩效管理、企业管理模式等来改造传统的官僚式的政府治理模式。改革的动力源于生产方式的转变和社会经济发展的需要，“传统的政府治理模式”不适应后工业社会和信息社会的发展需求。因此需转变政府治理

---

① ［美］亨廷顿：《变革社会中的政治秩序》，李盛平、杨玉生等译，华夏出版社 1988 年版，第 35—37 页。

② 俞可平：《从统治到治理》，《学习时报》（思想理论版）2001 年 1 月 22 日第 3 版。

③ 沈荣华、曹胜：《政府治理现代化》，浙江大学出版社 2015 年版，第 3 页。

模式，探求使政府在不断变革的社会、经济和科技发展中得以发挥更高效的作用的新的治理模式。

3. 我国的政府治理现代化转型

政府治理现代化寓于国家治理现代化之中，是适应我国经济发展步入新常态，调节政府与市场、政府与社会间关系，实现经济可持续发展，实现国家长治久安的必然选择。有学者认为我国作为新兴工业国家，当前重要挑战是避免迈入“中等收入陷阱”。[①] 党的十九届四中全会也提出要完善行政体制，创新行政方式，提高行政效能，建设服务型政府。[②] 因此我国必须建立起一个有为政府，通过继续简政放权、增强政府治理能力、强化政府公共服务职能、构建现代化政府治理体系，建成法治型政府、服务型政府，合理调控市场经济，化解社会治理难题。

（二）政府公共服务职能的现代化

我国政府职能从经济建设向公共服务转变是必然的进程。政府治理长期重经济发展、轻公共服务不但会导致公共服务产品匮乏、人民基本需要得不到满足，而且会影响经济社会协调发展，造成更严重的社会不公，以此为代价换来的经济增长是不可持续的。因此需要转变治理思路，提高管理社会公共事务的能力，提供有效的公共服务产品。通过公共服务的现代化转型，实现社会发展与经济发展同频，增强社会预防风险、化解矛盾纠纷、处理突发事件的能力。公共服务现代化要求公共服务制度现代化、公共服务能力现代化。通过建立与现代经济社会发展要求相适应的现代公共服务制度体系，提供满足社会需求的公共产品和公共服务。[③]

1. 公共服务制度现代化

制度的主要内容是人员和资金的安排，通过组织机制和人才制度统编人员，通过预算安排和决算机制控制资金投入及使用。政府提供公共服务的行为是政府的一种履职行为，也是对财政收入的支出行为。政府需要处理地区间发展差异问题，简政放权与服务职能扩张的关系，以及财政资金

① 沈荣华、曹胜：《政府治理现代化》，浙江大学出版社 2015 年版，第 48 页。

② 《中国共产党第十九届中央委员会第四次全体会议公报》，《人民日报》2019 年 11 月 1 日第 1 版。

③ 刘志昌：《国家治理与公共服务现代化》，浙江人民出版社 2015 年版，第 22 页。

的分配调整问题。

(1) 缩小城乡服务差距

在公共服务体系建设中，均等化、普惠化是新时期提出的新要求，也是目前存在较大问题的方面。中华人民共和国成立以来，以1978年为节点，我国的贫富差距演变呈现从贫富悬殊到高度平均，再从高度平均到贫富悬殊。[①] 改革开放后出现的贫富差距与中华人民共和国成立后的当然有很大区别，最初的贫富差距是阶级性产物，但当下的贫富差距源于市场化变革和经济的快速增长，图4-1所显示改革开放以来我国居民收入持续增长，但城乡收入差距呈现逐年扩大趋势。

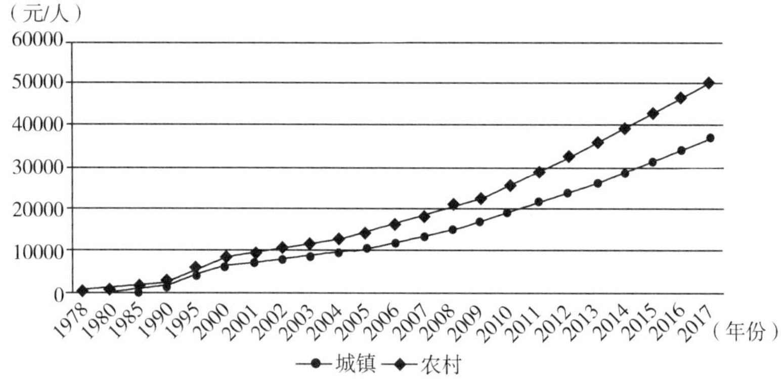

图4-1 1978—2017年城乡居民家庭人均收入趋势[②]

城乡之间的贫富差距问题也引发并反映了城乡公共服务水平的差距，由于财政资金、人员、制度、标准的设计，农村地区可供使用的公共物品往往更加匮乏。公共服务体系作为再分配的重要一环原本应该普惠、均等，并通过对弱势群体、低收入群体的倾斜消弭贫富差距，但现实是更加富裕的城市居民享受了远远优于农村的公共服务，广大农村地区公共产品匮乏、公共服务质量较低，背离了公共服务体系旨在平等保障国民生存、发展机会的作用。因此强调公共服务的均等化和普惠化在当下具有突出的现实意义。

① 刘志昌:《国家治理与公共服务现代化》，浙江人民出版社2015年版，第31页。

② 《中国统计年鉴2018》，http://www.stats.gov.cn/tjsj/ndsj/2018/indexch.htm。

（2）服务职能扩张

系统论认为政府从属于整个社会大系统，政府的职能应当随社会需要而调整。[①] 随着政府职能逐渐转变为向社会提供公共服务，行政机关的相关负担逐渐加重，对于人员和组织机制都提出了新的要求。适当扩张政府公共服务职能与简政放权并不矛盾。简政的要求是政府应从不该管的领域退出来，在过度干预的领域适当收缩，而对社会需求强烈的领域尤其是长期不足、亟待发展的公共服务领域应该适当“拓展”自己的职能，强化监管，主动回应社会主体提出的新要求。放权也并不意味着放弃职责，而是在将权责界定明确的前提下，把应该放的权力放给市场和社会，把应该用的权力用好，承担起现代政府的职责。政府和党组织应当积极发挥习近平总书记提出的使命精神和担当精神，合理进行编制和职能的改革。

（3）公共财政的合理支出

有数据显示，自税制改革以来，我国的财政收入涨幅开始高过 GDP 的涨幅，有时候甚至前者能达到后者的两倍，如 1999 年是 1.95 倍，2010 年是 2.16 倍。[②] 但相应的公共服务投入却跟不上财政收入的涨幅，财政支出仍然以“经济建设型”为主，再分配领域投入不足，导致了一系列的社会问题出现。财政预算有必要提高其在公共服务领域的支出占比。我国过去在公共服务领域的财政支出不足是导致现在公共服务发展落后的重要原因，随着社会的不断发展，贫富差距扩大、社会群体分化、区域性矛盾增加，出现了被社会学家称为“断裂社会”[③] 的社会结构。弥合利益失衡的社会格局，强化政府责任，改革财政运行模式，完善公共服务是社会治理的必然选择，也是保障民生的基础要求。同时，转变财政支出结构并不意味着财政支出的整体扩大，将政府置于“掌舵人”的角色甚至进一步成为“公共资源的管家”，通过合理的资源配置同样能够实现对财政支出的合理控制。另外，增加公共服务领域的开支能够形成新的经济增长

---

① 吴爱明、沈荣华、王立平等：《服务型政府职能体系》，人民出版社 2009 年版，第 3 页。

② 闫帅：《回应性政治发展——中国从发展型政府到服务型政府的转型观察》，中国社会科学出版社 2015 年版，第 98 页。

③ 陈治：《我国实施民生财政的法律保障机制研究》，法律出版社 2014 年版，第 21 页。

点。历史上日本、韩国在经济转型中大力发展公共教育以培养本国人才资本的措施证明了公共服务型财政能够为经济增长做出贡献。

2. 公共服务能力现代化

(1) 细化规则设计

在提升公共服务能力的改革中，规则的制订至关重要，规则制定的过程是社会意见交换和统一的过程，规则的出台往往意味着社会共识的形成，共识基础是经济发展水平和民众生活需要，此时出台具有强制力保障的法律法规无疑是对社会共识最权威的认证。规则中应明晰公共服务产品与私人服务产品之界，公共服务是与私人服务相对的具有非排他性、非竞争性的服务，我国公共服务体系并非“全面公平化”服务，公共服务不应扰乱私人服务产品的合理市场，因此面向什么群体，提供何种程度的服务都是需要在规则中明确的。同时，规则需要具有现实可操作性，细化标准和评价机制，平衡多方利益需求。

(2) 提升服务专业性

选择专业的服务人员，建立人才的培育、管理制度，建立绩效评估和内部激励机制，确保服务团队和服务人员的专业性。同时，影响服务专业性的因素还有政府采购流程以及外部的考核与评估。因此要严格控制政府采购的行为，确保提供服务的机构具备相关资质；建立完善的外部考核与评估机制，寻找第三方机构，定期对服务的专业性进行评估。

(3) 保证服务质量

保证服务质量的关键方式在于完善监管。从政府的角度，保证立项、招标、采购、考核、评价各环节的公开透明，鼓励媒体和公众参与对服务内容的建议，鼓励社会提供对服务效果的反馈，并及时回应群众的意见。在公共服务体系内部的管理中应借鉴现代企业管理模式，结合非营利性特征，利用智能科技和数据处理技术，节约管理成本，提高管理水平，提高资源的利用效率。

（三）政府法治化建设

政治现代化理论提出了有限政府原则，认为政府的权力应当受到法律的限制，政府的责任应当在法律中明确。党的十八届三中全会也提出了在政府治理现代化目标下建设法治政府的要求。[①] 以国务院发布的《全面推进依法行政实施纲要》《关于加强市县政府依法行政的决定》《关于加强法治政府建设的意见》和中共中央、国务院共同发布的《法治政府建设实施纲要（2015—2020年）》为依据，可以总结出法治政府建设的八项一级评价指标：全面履行机构职能、法治政府的组织领导、政府制度建设、行政决策、行政执法、政务公开、监督与问责、社会矛盾化解与行政争议解决。[②]

1. 限制政府权力，规范行政立法

政府的职能和机构的设置应当由法律加以规范，通过对政府层级和政府权力的限制实现对政府履职行为的限制。权力清单制度是限制政府权力的有力手段，通过这一制度有效地减少腐败和专制，为市场的健康发展创造了良好环境。未来还应持续修订政府的权力清单并且在职责范围内要求政府履行服务职能，将权责落到实处。行政立法是政府行使权力的重要手段，往往行政立法需要严格遵守各级行政机关的立法权限，在前期充分调研和听取民意后，才能立项审批备案，由于行政立法对于政府治理至关重要，因此相关程序应严格规范。在公共治理理论下，还应该扩大公民对行政立法的参与和监督，广泛采用听证和征求意见的方式。

2. 规范行政决策，完善执法程序

我国对政府的抽象行政行为和政府的决策行为限制不够，导致一些地方出现了决策失误。政府决策的失误体现为缺乏科学性、民主性，甚至有些可能是违背决策程序的行为。对此，应利用人大监督机制、第三方评估机制和民主评议机制来规范政府的行政决策。执法不规范问题一直是行政领域遭受舆论抨击的重点问题。执法的规范是政府法治化重要标志，需要从执法人员意识、执法程序、执法监督等多个方面发力，完善执法程序，确保执法行为的依法依规性，严格筛选执法人员，提高其法治意识，并采取多种监督手段，利用科技设备实现执法的透明公开。

---

① 《中共中央关于全面深化改革若干重大问题的决定》："科学的宏观调控，有效的政府治理，是发挥社会主义市场经济体制优势的内在要求。必须切实转变政府职能，深化行政体制改革，创新行政管理方式，增强政府公信力和执行力，建设法治政府和服务型政府。"

② 王敬波：《我国法治政府建设地区差异的定量分析》，《法学研究》2017年第5期。

3. 强化信息公开，落实权责一体

透明政府是现代法治政府的基本特征，政府信息公开的范围与程度也成为衡量法治政府建设的重要指标。[①] 在信息与网络社会，没有能够瞒住的信息，只有未能及时公开的信息，政府落实信息公开义务不仅是社会职责的要求，也是讲求实事求是精神的体现。政府信息的公开同样有助于社会监督的实现。法治政府应该依法治吏，法律为权力设计了笼子，还需要监管的落实才能把笼子锁住。实现权责一体单靠政府的内部监督，自查自纠显然是不够的，要利用广泛的政治资源如司法体系、监察体系、人大和政协、社会组织、媒体、人民群众共同参与，共同监督。

4. 形成多元矛盾纠纷解决机制

传统统治理论中掌权者垄断了矛盾纠纷的处理，公民处于完全被动的局面。但公共治理理论提出了矛盾纠纷的多元解决可能，公民和民间组织得以发挥自身的协商与沟通能力，灵活解决矛盾纠纷。政府在多元矛盾纠纷解决机制中应发挥的作用，一方面是完善行政争议解决机制，我国尚在探索行政调解制度的完善，行政调解应作为行政诉讼、行政复议的重要制度补充，丰富争议解决手段，减少双方因争讼造成的损失。另一方面是健全社会矛盾的化解机制，从“枫桥经验”“深圳模式”中提炼理论成果，在乡土社会逐渐向现代社会转型的背景下，矛盾类型复杂，又因为庞大的人口基数，矛盾的数量也难以估计。因此应建立多元矛盾纠纷解决机制，利用行政手段和公共服务化解基层社会矛盾。

（四）政府治理语境下公共法律服务体系的意义

政府治理现代化为公共法律服务体系的建构提供了方向，同时，公共法律服务也是政府治理中重要的一环，它有作为个人权利保障措施及扶助弱者的天然正当性，也能承担满足社会公共需求，助推政府法治化建设的职责。

1. 实现个人权利保障

《世界人权宣言》第 21 条申明：“每个人都享有平等获得该国公共服务的权利。”[②] 公共服务维护的是个人生存和发展的权利，政府应当提供

① 马怀德：《法治政府建设的基本要求》，《中国司法》2018 年第 5 期。

② ［美］哈罗德 · D. 拉斯韦尔、迈尔斯 · S. 麦克道格尔：《自由社会之法学理论：法律、科学和政策的研究》（下），王超等译，法律出版社 2013 年版，第 724 页。

能够保障公民个人权利实现的公共服务，将人民的需要作为政府工作的依据，将人民的满意作为政府工作评定的标准。因此应当转变政府的服务理念，建立维护公民权利，增进公民满意的服务理念。2017 年公共法律服务被纳入国务院发布的《“十三五”推进基本公共服务均等化规划》，这也标志着法律服务成为公共服务体系中的一环，其代表的服务理念得到确认。实际上，由于我国法律服务市场长期存在的监管不到位、无序竞争、定价体系不完善等问题，加诸市场本身的逐利性特点导致社会法律需求不能得到很好地满足，涉诉信访、因案致贫都反映了我国法律服务供给不足问题，严重阻碍了依法治国进程，暴露了政府治理短板。用法律维权是现代社会和法治国家维护个人权利、救济个人权利的重要手段，是社会矛盾解决的基本途径。从个人权利的角度看，个人人格完整、自由、平等，财产权不受侵犯是国际公认的权利内容，法律则是保障个人权利不受侵犯的前提和基础。公共法律服务存在的意义即在于保障公民获得平等法律救济的权利，不让穷人和缺乏相关知识背景的人因为对法律的陌生而受到司法不公的对待。同时，个人权利的实现也是社会发展的前提，社会与个人始终处在同步发展的轨道中，个人权利无法实现，救济渠道受阻，社会发展同样会停滞。因而构建和完善公共法律服务体系对于个人权利的实现和社会平稳发展都有极其重要的意义。

2. 满足扩大的公共需求

当下人们对公共法律服务的需要除了实现个人权利的保障外，还折射出如下需要：第一，参与社会治理；第二，解决公共问题；第三，规范公共秩序。

（1）参与社会治理

占据了漫长历史的统治理论将政府作为统治工具，与公民是一种二元对抗的关系。行政行为的作出是依靠行政机关的单方意志，不需要经由行政相对人的同意；事实上，无论同意与否，相对人始终处于行政机关的对立面，这里的对立也包括了公共权益与公民权益的对立可能。[①] 但政治现代化已经不容许统治模式存在，公民已具有了越发强烈的参与治理的渴

---

① 蒋银华：《政府角色形塑与公共法律服务体系构建——从“统治行政”到“服务行政”》，《法学评论》2016 年第 3 期。

望。因此，搭建政府与公民的沟通渠道，设置公民表达意见的平台很有必要。公共法律服务体系当前已经在建设一个可以承担双向沟通职能的平台，它的网络平台囊括了征集立法意见和公开政务信息等服务内容，热线平台也可以逐步建立与其他如市长热线等建言渠道的关系，因为其特有的法律属性，非常适合成为公民表达意见，参与治理的媒介和手段。

（2）解决公共问题

公共服务的另一个社会功能在于解决公共问题，由于私人及私有单位资源的有限，一些问题只能由公共机构解决。法治领域依靠私人无法解决的问题演变成公共问题可能有两种情况：第一，弱势群体无法得到司法救济中必需的律师服务，导致社会不公；第二，涉及多人或集体利益的案件，个人难以维权，可能引发群体性事件，导致社会秩序混乱。针对第一种情况，公共法律服务体系可以提供免费的法律救助，包括法律援助和法律咨询，还有其他可针对贫困人群减免收费的法律服务。对第二种情况，公共法律服务体系可组建公益律师团队，或者政府可以推出专项法律服务活动，如有些省份推出一系列针对农民工的专项法律服务活动，或地方非法集资频发时，政府往往动用公职律师或公共法律服务资源为众多受害者提供法律服务。

（3）规范公共秩序

公共秩序的维持一方面依赖政府，另一方面依赖社会，即承担社会治理角色的公民和公民组织。秩序包括维持市场运行的秩序和基本社会生活的秩序。公共法律服务体系通过事前普法、事中服务、事后救济三种途径，帮助培养公民法律意识和规则意识，协助公民依法参与政治，依法从事经济活动和日常生活，也能够为受到侵害的人提供法律的救济服务，用法治的手段规范公共秩序。

3. 助推政府法治化建设

《关于加快推进公共法律服务体系建设的意见》中，提出公共法律服务体系应为党政机关的依法履职提供保障，通过政府法律顾问制度、公职律师制度的健全提高政府工作的法治化水平。同时意见鼓励律师参与重大项目的合法性评估，开展专项法治活动，通过法律服务处理矛盾纠纷、涉诉信访、行政争议。法律服务的专门化能够应对政府决策中可能出现的问题，常态的法律顾问制度提供了一种温和的政府内部决策机制改革路径，有助于提高执法者的法律意识，打造行政机关内部的法治环境，是深化政府法治化改革的有力举措。因此，可以说将公共法律服务的建设与规范政府行政行为，辅助地方重大项目决策，解决复杂矛盾纠纷结合起来，实际上就是为政府的法治化进程与公共服务的发展找到了一个结合点，符合国家治理现代化的需要，也能够有效地促进社会稳定和经济发展。

二　法治社会视域中的公共法律服务及体系建构

社会治理与政府治理的不同在于将关注的重点转移到社会环境、社会主体、公民和市场，因此从社会环境的角度出发关注社会风险，从公民的角度关注社会抗争行为，从市场的角度关注市场需求。并根据不同治理需要分析公共法律服务体系的意义。

（一）社会风险

乌尔里希·贝克说人类历史上各个时期的各种社会形态从一定意义上说都是一种风险社会，而现代社会面临的风险主要是制度风险、技术风险、生态风险以及生活风险。① 从社会治理的角度看社会中每一个个体所面临的风险最终都会以各种各样的形态转变为社会治理问题，良好的社会治理形态应该致力于将风险防控在适度的范围内，尽量降低社会的风险指数。相反，衡量一个社会的风险水平也是考评社会治理成效的一种有效手段。当前我国社会面临的风险与历史上任何一个阶段都不相同，传统的治理模式受到前所未有的挑战，创新社会治理模式成为一个亟待研究的命题。

1. 典型性风险

有学者指出，中国的改革开放是一个不断创造风险并积极应对风险的过程。② 自 1978 年以来，我国社会所面临的风险从单一转向多元，从整体转向个体，从“运动”式解决转向制度化、法治化解决。在 40 余年的嬗变中，我国社会风险呈现出了阶段性特点，见表 4-1。

① 杨雪冬：《国家治理的逻辑》，社会科学文献出版社 2017 年版，第 4 页。

② 同上。

表 4-1 风险衍生阶段

时间	主要风险来源	典型性风险	风险主体/对象
第一阶段（1978—1993年）	市场/经济	失业投资失败	农户、企业、个人
第二阶段（1994—2002年）	制度/社会	金融危机、社会治安	社会脆弱群体、政权
第三阶段（2003年至今）	生态环境/技术	生态恶化、食品安全、亚健康、“过劳死”、消费安全、隐私安全	全体社会公众

资料来源：杨雪冬：《国家治理的逻辑》，社会科学文献出版社2017年版，第8页。

我国当前处在社会风险的第三阶段，全体社会公众都面临生态、食品、健康、消费和隐私的风险。带来这些风险的原因既包括工业发展导致的生态受损，也包括现代社会分工导致的个体竞争压力增大、健康水平下降，还包括网络技术的发展给人们带来隐私和商品经济下消费上的不安全因素。随之而来的是环保、消费、网络安全等领域法院诉讼量攀升，社会舆论的讨论度上升，争议案件数量增加，传统治理模式受到质疑和挑战。于是，围绕着社会不同阶段的典型性风险，社会治理的方式和手段也在进行转变。例如，近年来建设互联网法院，支持环保公益诉讼，出台《网络信息内容生态治理规定》，完善个人信用体系等举措的出现。我们可以观察到新的社会治理格局显现出法治化、多元化、信息化趋势，风险主体向全体社会公众的转移也迫使治理主体放弃传统治理模式，不得不寻求广泛参与的社会共治模式，因此应对典型性风险的社会治理转型是一场从治理格局到治理手段的双重变革。

2. 非典型性风险

影响社会治理的非典型性风险除了疾病，还有自然灾害、重大事故、恐怖主义等，我国也有如应急管理部门、国家安全部门、传染病防治部门等专门机构固定从事风险的预防和紧急状态的处置。然而，在一个法治国家，任何组织机制的激活以及紧急动员行动都需要法律的授权与保障，否则既不利于对政府权力的监督，也不利于对民众实现有效的劝服与规制。

典型性风险与非典型性风险的防控都需要法治化保障，不同之处是典型性风险防控需要常态化的法治制度建设，而非典型性风险需要在保持法治环境基础上具有应急应变能力。为了适应典型性风险提出的社会治理模式变革需要，我国提出了依法治国的国家治理与社会治理之路，全国从中央到地方均设立了依法治国委员会、依法治省委员会、依法治市委员会乃至依法治县委员会。但如何推动基层的法治化建设依然是一个难题，在行政力量最为薄弱的农村地区、偏远地区，依然是社会风险的高发地区，法治如何在这些地区得以实现是当下社会治理需要解决的问题。因此，我们更需重视法治宣传、咨询、援助等法治建设的工具在基层社会法治化进程中的作用，充分利用公共法律服务体系作为向基层输送法律服务的制度化保障。在非典型性风险面前，营造法治环境，将法治的思想渗透进政府和社会的每个角落，是应对非典型性风险的重要保障，比如 2020 年新冠疫情发展的蔓延阶段，防疫部门就正是利用了法律的指引和教育作用有效地限制了人们的不当行为，其中作为普法和执法的依据有传染病防治法、各地出台的传染病防治条例、治安管理条例、公共场所卫生管理条例等。同时也要规范政府依法行政，防范以权代法的行为。

（二）矛盾纠纷与社会抗争

矛盾纠纷与社会抗争都是上一阶段社会风险爆发的产物，社会抗争是更为剧烈的矛盾形式，上升为社会事件并威胁统治秩序，而矛盾纠纷多发于基层社会，虽然规模有限却数量巨大，同样是社会治理中的痛难点。

1. 矛盾纠纷

矛盾纠纷可能是政府与公民间的，也可能是公民和公民或民间组织之间的。当下中国基层社会的主要矛盾类型是利益冲突型，如劳资关系、征地纠纷、金融集资等；此外还有情感对立型、心理失衡型、阶级对抗型等。[①] 阿尔蒙德说过："在贫富之间存在巨大鸿沟的社会里，正规的利益表达渠道很可能是由富人掌握的，而穷人要么是保持沉默，要么是采取暴力的或激进的手段来使人们听到他们的呼声。"[②] 法律手段无疑是一种正式的利益表达渠道，但这种渠道却是建立在专业知识背景和高昂的服务费用基础上的。"上法庭" 对于普通百姓来说意味着巨大的时间、精力、情感和资金投入，而且最后的结果未必使他们满意，因此司法诉讼远不如信

---

① 邓少君：《风险社会视域下基层矛盾治理研究——基于广东省的实践样态》，博士学位论文，武汉大学，2016 年。

② ［美］加布里埃尔·A. 阿尔蒙德、G. 宾厄姆·鲍威尔：《比较政治学——体系、过程和政策》，曹沛霖等译，东方出版社 2007 年版，第 206 页。

访、私力救济手段能“得人心”，但是信访本身并不是一种宽广的利益表达渠道，有限的包容性在无尽的“上访户”“集体访”面前面临崩溃，利益诉求的表达被迫中断。其他私力救济手段也常常游走在违法犯罪的边缘，容易涉黑涉恶，引发暴力性事件。

2. 社会抗争

社会抗争对秩序的危害性大于一般矛盾纠纷，社会抗争的一种典型表现就是群体性事件，群体性事件也被学者们认为是一种显性抗争手段，起因一般为群众利益受损或有受损危险，形式呈现出聚众性、非法性、暴力性、偏激性，目的是向公权力机关表达诉求，实现诉愿。群体性事件存在很大的社会危害性，其爆发态势标志着社会与政府的矛盾和对抗升级，国家陷入难以治理的泥淖。[①] 而根据《社会蓝皮书》的统计，我国群体性事件 1993—2010 年增长了近 19 倍，2015 年 13 个城市发生了暴力性质或有伤亡的群体性事件，在有记录的截访中 76. 5%的发生了伤亡或劫访。[②] 仅 2016 年上半年，规模较大的环保类群体性事件至少有 52 起，其中千人以上规模的就有 12 起。[③] 近些年的群体性事件呈现出如下特点：其一，规模及涉及范围更广；其二，经济问题政治化；其三，暴力对抗程度增强。[④] 当社会风险被成功化解后社会抗争便不会发生，只有社会风险得不到有效化解的情况下，社会抗争才可能出现，社会抗争的出现因而可以看作社会治理手段的失效，表现出社会治理的危机，因此一个良性治理的社会应该尽可能避免社会中抗争行为如群体性事件的发生。

社会抗争与矛盾纠纷的爆发过程分为五个阶段：第一，社会风险控制失败；第二，矛盾纠纷出现；第三，正当利益表达渠道受阻；第四，信访、私力救济渠道受阻；第五，社会暴力事件出现。为了避免群体性事件

① 闫帅：《回应性政治发展——中国从发展型政府到服务型政府的转型观察》，中国社会科学出版社 2015 年版，第 3 页。

② 中国政法大学法治政府研究院：《中国法治政府评估报告（2016）》，社会科学文献出版社 2016 年版，第 15 页。

③ 张明军、刘晓亮：《2016 年中国社会群体性事件分析报告》，《中国社会公共安全研究报告》，2017 年第 1 期。

④ 郑永年：《中国群体性事件的崛起说明了什么?》，转引自闫帅《回应性政治发展——中国从发展型政府到服务型政府的转型观察》，中国社会科学出版社 2015 年版，第 3 页。

对政治生态、社会和谐带来的巨大破坏，应着力在第一、第二、第三阶段解决问题，防范社会风险，化解初级或一般矛盾纠纷，疏通利益表达渠道，完善法律救济方式。具体而言，完善法律救济渠道是疏通信访、减少民间私力救济的有利方式，可以通过建立多元矛盾纠纷解决机制，提供充分的法治资源保障，确保将矛盾纠纷化解于基层。

（三）市场需求

法律服务的发展方向应该紧跟经济市场的变化动向，有效的法律服务能够服务于市场需求，有助于拉动经济增长，维护市场秩序。当前我国经济结构正在转型，经济的增长越来越依赖消费的拉动，围绕消费安全的法律服务需求也更加强烈。消费在经济领域的占比持续扩大，意味着消费安全在社会治理领域的重要性不断增长，结合社会风险阶段的分析可知当前我国社会治理中对于消费、生态等问题的关注需要加强。在最高人民法院的全国法院司法统计公报上，2018 年食品药品安全类的行政一审案件同比增长 553 件，增长率 39. 1%，环境保护类案件同比增长 518 件，增长率 52. 8%。[①] 通过这组数据虽不完全但也颇能反映出当下社会矛盾的增长点在向消费领域和环保领域转移。为保障消费安全和生态安全需要相关领域法治建设的进一步完善，相应法治资源的充分有效供给。我国经济转型的另一重表现在于就业结构和经济主体的变化，主要体现在就业结构的复杂化和经济主体的多元化。就业结构的复杂化体现在非农产业就业人口已经超过农业就业人口，第三产业就业人口超过了第二产业就业人口，尤其在改革开放之后，经济主体多元化带来了就业岗位的多样化，劳动力跨区域、跨行业就业的现象越来越普遍。[②]《中国统计年鉴》显示 1978 年城镇就业人员中国有、集体单位就业人员占到 99. 84%，到 2010 年时只占 20. 51%。[③] 2010 年全国法院劳动和社会保障类行政一审案件收案量为

① 《2017 年全国法院司法统计公报》，http：//gongbao. court. gov. cn/Details/c15ac3fd6bd534567eec8e047941eb. html；《2018 年全国法院司法统计公报》，http：//gongbao. court. gov. cn/Details/c70030ba6761ec165c3c2f0bd2a12b. html。

② 刘志昌：《国家治理与公共服务现代化》，浙江人民出版社 2015 年版，第 29—31 页。

③ 同上。

9363 件，2018 年同类案件为 15719 件，增长率约为 67.9%。[①] 就业结构的转变和经济主体的多元化使纠纷更加复杂化、多元化，在一个经济转型的社会环境中传统的秩序被打破，新的秩序建立尚需时间，因此社会治理面对更大的挑战，对有效矛盾纠纷化解机制的探索更加迫切。传统的社会治理模式需要转变为法治化治理模式，对法治资源提出了更大的需要，对法律服务市场提出了更高的要求。

（四）多元治理需求

公共治理理论中的“公共”一词，明确地界定了治理的公共性、多元性和互动性，它不仅包括作为传统公共机构的政府，还包括准公共机构的社会组织和营利性机构，以及生活在社区和组织中的个人；它将所有公众的利益关联起来，强调公共参与以实现公共利益的精神与效益。[②] 参与原则是公共治理理论的基本原则，社会参与层面的主体主要有公民和社会组织，作为不同的主体，参与的方式和条件也有区别。

1. 公民参与

公民参与的实现需要如下前提：第一，享有参与权。公民只有在法律规定的授权范围内才有参与政治生活的机会，我国宪法保障了公民享有国家的主权，以及参与政治的权利。第二，基层组织享有自治权。在我国社区居民委员会和村民委员会都是基层自治组织，其享有的决策与治理权为公民的参与提供了空间。第三，民主的参与形式。协商对话是基层民主的主要形式，公民之间或公民与其他组织之间通过协商达成利益分配的共识，这个过程体现了公民参与的民主性、平等性与和谐性。在我国提倡公民参与，发展基层民主的意义在于保障个人权利，协调社会关系，化解利益紧张。[③] 党的十九大四中全会也提出要健全基层群众自治制度，保障群众的参与权，发扬协商民主。因此针对当下公民参与的问题，应当从以下几个方面加以改进：其一，减少行政干预，释放基层自治的空间；其二，

---

① 《2010 年全国法院司法统计公报》，http：//gongbao.court.gov.cn/Details/3a82b22d6c8acbf96732d4e61e2a3c.html；《2018 年全国法院司法统计公报》，http：//gongbao.court.gov.cn/Details/c70030ba6761ec165c3c2f0bd2a12b.html。

② 杨光斌主编：《政治学导论》（第四版），中国人民大学出版社 2011 年版，第 215 页。

③ 林尚立：《公民协商与中国基层民主发展》，《学术月刊》2007 年第 9 期。

完善制度设计，规范参与程序；其三，提高公民参与意识和协商对话的能力；其四，提供法治保障，促进依法协商。

2. 社会组织参与

民间组织是与政府机构与市场组织区分开来的，具有非政府、公益性、非市场性的非营利组织。它们在社会体系和结构中有着不同于企业和政府的诸多社会功能，能弥补“市场失灵”和“政府失灵”。非营利组织在社会治理中承担着如下职责：其一，表达利益诉求。公民通过自愿的结社，将相同或类似的利益诉求集合起来，以实现自己的利益表达为目的，成立非营利组织，强化了利益诉求的表达，增进了公民参与。其二，满足公共需求。非营利组织的诞生往往出于保护公共利益和公共精神的目的，如公共环保组织，承担起环保公益诉讼的任务，保护的是公共环境利益，满足的是每个公民对美好环境的共同需求，发挥了组织的资源集中优势满足非市场性和非政府性的社会公共需求。其三，增进社会和谐。非营利性组织的性质是互助、志愿、公益性的，也因其具有的中立性树立起独有的组织威信。因此非营利组织对填补社会阶层差距的鸿沟，调解基层社会的纠纷，保障弱势群体具有十分重要的意义。我国非营利组织发展较晚，当下存在的问题主要是：缺乏资金、场地，管理体制过严且规则不明晰，相关立法不健全，政府扶持不够。因此鼓励非营利组织等民间组织参与治理需要进行如下改变：第一，促进相关立法的完善，给予社会组织明确的法律地位；第二，政府加大扶持和鼓励，放宽机构设置的门槛，规范监督和管理程序，提供初始资金和场地保障；第三，社会组织自身要积极利用政策优势，改善自身管理不足，利用高科技手段组建高效集约的资源管理体系。

（五）社会治理语境下公共法律服务体系的意义

面对社会治理问题，需要一个能够深度下潜基层社区的服务体系，公共法律服务体系已建成的社区法律顾问制度和便捷的热线、网络终端都是承载社会治理功能的有效工具。此外还可以发挥专业性、公共性和体系性特点，防范社会风险，保障公民权利，提高公民的法律意识，探索多元纠纷解决机制，服务于市场需求和经济发展。

1. 风险防控与矛盾化解

前述对我国风险类型和矛盾纠纷特点已有分析，综合社会风险和矛盾纠纷产生的原因如下：其一，经济发展中部分人利益受损；其二，社会分化带来的机会不均等；其三，政府化解矛盾能力不足。对此，应打造基层社会的法治环境，提供丰富的法律维权渠道，转变政府僵化的矛盾解决思路。

（1）完善社会公平制度，扶助社会弱势群体

公共法律服务体系通过法律援助制度能够为缺乏保障的弱势群体提供低廉或免费的法律服务，帮助其通过正当渠道表达利益诉求，避免了矛盾的扩大和激化；同时被纳入公共法律服务体系的安置帮教服务是一项专门针对特殊弱势群体的社会角色重塑服务，除了法律知识的输送，更把服务的内容扩大到了心理疏导，就业安置等范围，是司法改造功能的延续，也是政府服务性职能的体现。

（2）转变发展理念，服务公共利益

检索最高人民法院历年的全国法院司法统计公报，发现长期处于增长态势的案件类型是城建、资源、劳动和社会保障，这三类纠纷基本都是由经济快速发展，城镇化、工业化转型带来的。公共法律服务体系本质上是具有公益性的服务体系，在发展中应当更加重视对公共利益的保护，如在环保公益诉讼中，公共法律服务体系可以发挥协助作用，帮助环保公益组织提起诉讼或提供法律服务。又如，在新冠疫情期间，多地公共法律服务网站都开通专栏服务于疫情中的劳动者和困难企业。未来，在社会风险的重点领域，或重大社会事件发生时，公共法律服务体系也可以以专栏、专项的方式聚焦集体权益和公共利益保护。

（3）打破僵化管理，完善调解制度

政府需要打破基层矛盾解决中的僵化思维，不被维权群体的身份所绑架，不盲目追求维稳政绩，以更加包容的心态深入了解矛盾原因，利用公共法律服务体系为基层民众提供法律维权途径。在多元矛盾纠纷机制的建设中，我国已经探索出了“枫桥经验”“深圳模式”等实践成果，其共性就是有效利用了人民调解的手段，调诉结合，解决“诉讼爆炸”的问题。调解制度对基层矛盾解决的重要意义是不可替代的，但自 2015 年之后，诉讼量攀升逐渐与调解数量拉开差距，这也是需要警醒的地方，公共法律服务体系必须加强人民调解服务的组织建设和提高服务成效，实现矛盾的有效分流。

2. 提供市场需要的法律服务

经济增长结构的转变以及就业结构和经济主体的转变是法律服务市场需求变化的根本原因，社会治理法治化离不开法治资源的有效供给，也离不开法律服务的供给，当前我国的经济发展已经对法律服务提出了更高的要求，既要高端专精，又要均等普惠。然而与实际需求不相称的是我国落后的法律服务市场，有数据显示 2016 年，中国整个律师业、30 万名律师创造了 700 亿人民币营收；德勤会计师事务所，全球 22.5 万名员工创造了 254 亿美元营收；英国法律服务业 2016 年为英国国内生产总值贡献了 320 亿英镑（占比 1.6%），占全球法律服务市场的 7%。[①] 这显示出我国法律服务市场尚不能满足我国经济发展的需求，法律服务市场亟须调整和改变以增加法律服务的供给，提高法律服务的质量为经济发展保驾护航。因此一方面应加强律师行业的专业化，培养更多满足多元社会需要的高端法律人才；另一方面则要根据社会治理的需要为一般大众提供更多平价或免费的法律服务，尤其对于社会中的弱势群体要保障他们接受法律服务的权利，提供普惠均等的法律服务。建立完善的法律服务公共保障体系与法律服务市场化发展是并行不悖且互相促进的，只有这样才能有效分流法律服务需求，合理分配法律服务资源。同时，公共法律服务体系在优化营商环境方面举措显著，中央文件将优化营商环境作为公共法律服务建设的一环，多地政府都推出了仲裁法律服务和专项企业法律服务甚至是涉外法律服务，还有些地市组建法律顾问团队为企业提供精准法律保障。此外，公共法律服务体系的整体功能发挥促进了政府治理模式转变，这本身也是净化市场、服务市场的转变。

3. 提升社会公众整体法治意识

美国学者尤伊克和西尔贝通过对生活中相关法律故事的分析和深描，概括出了美国社会的三种法律意识图式（见表 4-2），循此思维模式，我们可以理解中国社会公众整体的法治意识。敬畏法律的意识通常出现在旁观法治案件或法治事件时，民众内心产生对法律刑罚功能的敬畏感，法律的威慑力发挥效用，这也是通常法律宣传中力争达到的目标

---

① 马燕、贾秋美：《机构改革视野下公共法律服务职能辨析》，《中国司法》2018 年第 11 期。

之一；利用法律的意识在法律专业人士中更为普遍，单靠法治宣传或许不足以使普通大众掌握利用法律的技巧和能力，通过日常维权中对法律条文的熟悉和掌握，对司法流程的清楚认知，一些民众会逐渐养成利用法律维护自身权益的思维和习惯；对抗法律的意识往往产生于维权、诉讼中的受挫，当人们内心的公平感失衡，公正预期被打破，就会产生这种意识，进而导致法律和司法机关的权威性和功能性受损，人们不再相信依靠法律能够维权，产生对抗法律的意识。通过对三种不同意识的阐述，可以发现利用法律是现代公民更应具备的法律意识，而这种意识要依靠一定的法律知识素养和社会中法律服务资源的便捷获取逐步培养，同时，需要避免的是对抗法律意识，畅通民众利用法律维权的途径，政府行为法治化等是避免这种意识产生的有效方式，此外保证审判程序、司法程序的严谨合法也至关重要。

表 4-2　　美国社会的三种法律意识①

	敬畏法律 （before the law）	利用法律 （with the law）	对抗法律 （against the law）
规范	公正性、客观性	合法的不公正性、自我利益	权力、“强权即真理”
限制	组织结构	偶然性、闭合性	机构透明度
能力	规则、正式组织	个人资源、经验、技巧	社会结构（角色、规则、等级）
时间/空间	与日常生活相分离的场域	与日常生活共时	占用日常生活的时间和空间
原型	官僚制	游戏	凑合

公共法律服务体系建立并完善的目的就在于帮助普通大众建立正确的法治观念。通过精准普法在现有社会公众对法律已有基本认知的基础上，提高公民的法律应用能力，以案例等生动形象的方式培养公众在日常生活中依法维权的意识；通过法律咨询、人民调解、法律援助等手段协助公民“用法”，普通涉访涉诉事件可以在法律咨询和人民调解的双重作用下引导公众选择合理的维权途径并尽可能就矛盾达成和解；通过

① ［美］尤伊克、西尔贝：《法律的公共空间——日常生活中的故事》，转引自陆益龙《转型中国的纠纷与秩序法社会学的经验研究》，中国人民大学出版社 2015 年版，第 51 页。

更加公开透明的司法公开制度监督司法程序，实现司法和行政领域的信息公开公示，增强法律的权威性和司法的透明性，降低公民对法律的不信任感和对抗感。

4. 推动社会参与

社会的多元参与是现代社会治理的重要内容，参与主体是公民和社会组织，二者在参与社会治理时遇到的问题是不同的。公共法律服务体系的改革目标是利用三大平台和村（居）法律顾问制度作为输送工具将优质法治资源输送到基层，解决基层治理难题，其对推动社会参与的帮助主要体现在两方面：其一，促进公民协商的有序进行；其二，搭建社会组织参与平台。

（1）促进公民协商有序进行

公民协商是公民参与社会治理的主要形式，其具体分类又包括：决策型公民协商、听证型公民协商、咨询型公民协商、协调型公民协商。[①] 其中前三类主要旨在通过协商对话征求意见，达到决策和决定重大事项的目的，协调型协商则可以认为是一种内部矛盾纠纷的解决机制，旨在化解公民之间的利益分歧。协商民主是基层民主的主要形式，但长期以来未能形成有效参与机制，帮助公民参与法治框架下的协商对话，是公共法律服务体系需要承担的使命。在此需要发挥村（居）法律顾问制度的作用，让法律顾问成为基层自治组织中的一员，协助村（居）民制定议事规则，规范协商程序，解答法律问题，调解矛盾纠纷。

（2）搭建社会组织参与平台

社会组织类别繁多，其中与法律服务相关的社会组织包括法律援助组织、人民调解组织、其他公益类法律服务组织，它们面临的问题在于缺乏参与平台，内部管理成本高昂。据统计 2012 年我国法律援助经费支出总额为 119535.74 万元，其中管理类人员经费、基本公用经费加起来占到 43%，管理成本过高导致本就不足的资金投入更加捉襟见肘。[②] 管理成本高既有机构管理体制的问题，也有资源分散的原因，同样，其他法律服务组织在公共法律服务体系三大平台建成之前也面临各自平台维护、人员管

① 林尚立：《公民协商与中国基层民主发展》，《学术月刊》2007 年第 9 期。

② 参见司法部法律援助中心编《2012 中国法律援助年鉴》，中国民主法制出版社 2013 年版。

理、场地投入等问题。对于高校、企业法律服务组织则还面临服务资质、代理权限未获承认，服务质量难以评估等问题。因此公共法律服务体系通过资源整合、一体化平台建设既能够帮助社会法律服务组织降低内部管理成本，又可以提供用户流量。制定统一标准，确保服务质量，是推进社会组织参与治理的重要渠道。

第五章　公共法律服务学的法经济学基础

从党的十八届四中全会至今，公共法律服务体系建设推进迅速，为达成“到2022年，基本形成覆盖城乡、便捷高效、均等普惠的现代公共法律服务体系”的阶段性目标，政府集中出台了一系列文件，旨在为公共法律服务体系建设的“供给侧”保驾护航。但我国公共法律服务体系建设还处于初级阶段，目前普遍存在服务资源分散、平台间分工不清的问题。资源配置是一个动态的过程，如何整合资源物尽其用、尽可能地优化资源配置机制是亟待解决的课题。法经济学研究方法聚焦法律权利、法律活动等法律资源的均衡配置，在解决现阶段公共法律服务资源分配不够合理的问题上具有天然优势。

一　公共法律服务法经济学理论基本概述

1. 法经济学基本概念

法经济学是一门将经济学的理论和方法与法学相结合的交叉学科。其不仅与传统的法律研究方法不同，也与经济学的研究目的不同，其分析方法是经济学的，而论证出发点是基于法律问题的实际需要。法经济学有广义与狭义之分。广义的法经济学指对社会中法律现象和经济现象之间关系的研究，不仅涉及微观、具体层面，也涉及宏观、抽象层面。广义的法经济学可以追溯到很远，魏建认为关于法律与经济关系的关注可以追溯到18世纪亚当·斯密、边沁、黑格尔等人。[①] 亚当·斯密在《国富论》中已论述过法律制度对价格制度的影响。马克思关于经济基础与上层建筑之间关系的讨论也属于这一范围，认为法律关系体现了社

---

① 魏建：《当代西方法经济学的分析范式研究》，博士学位论文，西北大学，2001年。

会经济关系。狭义的法经济学仅指以芝加哥学派和耶鲁学派为代表的当代法经济学，于20世纪60年代在美国诞生，是用当代西方经济学（主要是微观经济学）的理论来研究法律问题本质及研究规则制度对社会资源配置的影响。法经济学的运用在很大程度上弥补了传统法学研究的空白与理论短板。[①] 本章法经济学理论历史沿革中所指法经济学为狭义的法经济学，所涉及的法经济学分析方法多为狭义法经济学分析方法。

2. 法经济学理论的历史沿革

相较于传统的法学分支学科，对法经济学的研究时间不长。一般认为，这一理论产生于20世纪中叶的美国，但其理论学派林立、研究方法多元：有以科斯、波斯纳为代表的芝加哥学派，以卡拉布雷西为代表的耶鲁学派，以布坎南公共选择理论为代表的弗吉尼亚学派，以萨缪尔斯、施密德为代表的制度分析学派等。[②]

法经济学理论经历了以下阶段：第一阶段：从20世纪50年代末到20世纪60年代初，这是法经济学理论的萌芽阶段。具有里程碑意义的事件包括1958年《法与经济学》杂志的创立，科斯在1960年发表文章《社会成本问题》，以及卡拉布雷西在1961年发表文章《有关风险分配和侵权法的思考》。以上探索，标志着法经济学宣告诞生。第二阶段：20世纪60年代至20世纪80年代末为法经济学理论的迅速发展阶段。法经济学分析方法开始深入法律实务及法学的各个领域当中，并从理论走向实践。理论初期经济学学者对此领域的研究较多，这一阶段法学学者在法经济学舞台的贡献越来越大。其中，耶鲁大学教授卡拉布雷西和芝加哥大学教授波斯纳逐渐成为法经济学领域的代表，尤其是波斯纳（Posner）的《法律的经济分析》等一系列重要著作的发表，在学术界引起了巨大反响，成为后辈学者研究这一学科时难以逾越的“视界”。[③] 第三阶段：自20世纪90年代，法经济学理论进入高速传播与多元化发展阶段。全球化

---

① ［美］理查德·A. 波斯纳：《法律的经济分析》（上），蒋兆康译，中国大百科全书出版社1997年版，第6l25页。

② 冯玉军：《论当代美国法经济学的理论流派——以学术传统为视角》，《浙江工商大学学报》2014年第4期。

③ 史晋川、吴晓露：《法经济学：法学和经济学半个世纪的学科交叉和融合发展》，《财经研究》2016年第10期。

时代的开启促进了法经济学理论的普及，法经济学的发展格局逐渐形成，方法论也更加多元化，各国法经济学学者在吸收国际上法经济学基础理论的同时，也积极促进域外理论在各国的本土化，法经济学理论进入繁荣发展期。法经济学的概念是在20世纪80年代初引入中国的，有学者认为可将我国法经济学发展大致归纳为引入/兴起阶段（1983—2004年）和兴盛/本土化阶段（2005年至今），[①] 越来越多的国内学者开始重视从法经济学角度，寻找我国改革发展遇到问题的解决办法。20世纪八九十年代，我国主要以翻译西方文章、著作为主，而如今我们的任务在于如何建构中国的法经济学，使其与中国特色社会主义法治相结合，并结合中国的具体实践，使我国法经济学理论更蓬勃发展。

3. 法经济学分析必要与可能性

（1）运用法经济学分析的必要性

一方面，我国公共法律服务需要多维的理论支撑与分析视角。在基层公共法律服务体系建设研究中，运用法经济学分析方法具有新颖性，是经济学与法学相结合多元化的立体研究视角，不拘泥于单学科的有限分析，探索一种全新的方式来处理实际建设中存在的困难障碍。另一方面，法经济学分析方法在解决服务资源配置问题方面具有天然优势。资源配置效益问题正是公共法律服务体系均衡发展过程中面临的阻碍，由于平台尚处于建成之初，其整合功能还不明显，群众只知人民调解、法律援助等单项服务而不知公共法律服务的还很多；即使是服务资源丰富的地区，平台间分工不够清晰、服务资源较为分散等问题也使得群众面临“如何选”的难题。运用法经济学的分析方法可以从成本收益理论入手，探索公共法律服务供给体系的内在逻辑规律。

（2）运用法经济学分析的可能性

其一，公共法律服务具有法律性。从命名上看，公共法律服务显然是一种具有法律属性的公共服务，其法理学基础体现为自觉把公平正义作为价值追求。体系建设与社会公众核心利益密切相关，法律需求的背后体现出人民群众对权利保障与实现的需求。法律性是公共法律服务体系的基础特征，不仅由其提供的法律服务内容、处理法律问题、满足法律需求决

---

① 魏建、宁静波：《法经济学在中国：引入与本土化》，《中国经济问题》2019年第4期。

定，也由其是全面依法治国、建设法治国家的关键环节而决定。法经济学理论可以较好地从法律与经济的角度分析公共法律服务的法律属性和经济属性。其二，我国法经济学研究日趋成熟。本土化程度越来越高，现有研究经验丰富，可借鉴到基层公共法律服务的研究中。基于法经济学理论的本土化研究繁荣发展，可选择的法经济学基础理论与分析方法也十分多样，公共法律服务体系建设不同于一般狭义的法律问题，在选择运用法经济学分析方法时自然也不能只局限于波斯纳定理这类聚焦基础法律问题的经典分析方法。

二　公共法律服务体系建设法经济学分析的理论基础

完整的法经济学范式①包含一整套基础理论：基本假设、基本范畴、基本定理和基本方法，根据研究需要，在中国人民大学冯玉军教授总结范式基础及理论得出的法经济学范式“三段式”框架②下，结合基层公共法律服务体系发展的实际情况进行理论选择及部分变形，形成本章基础理论的新分析框架如图 5-1 所示。

（一）基本假设之理性论

基本假设是法经济学基础理论中的逻辑前提。学理上，在共同认可的逻辑前提基础上，才能使研究工作前后一贯、深入拓展，进而形成对社会科学有价值的研究体系。有限理性假设、不完全信息假设具有内在协调性，对信息时代下的公共法律服务体系发展，特别是新媒体社会下面临的新挑战具有指示意义。

---

① “范式”的概念是美国科学哲学家托马斯·库恩（Thomas Kuhn）提出并在《科学革命的结构》（*The Structure of Scientific Revolutions*）中系统阐述的，将存在于同一科学中的不同范例、理论、方法和工具加以归纳、定义并相互联系起来，是同一科学领域内获得最广泛共识的单位，是一种公认的模型或模式。

② 中国人民大学法学院冯玉军教授在《法经济学范式研究及其理论阐释》（2004）中将法经济学范式总括为理性论（理性选择行为理论）—效益论（法律成本收益理论）—均衡论（法律供求市场和均衡理论）。理性论是逻辑起点和一以贯之的理论假设；效益论是内在要求与实现途径；均衡论是评价标准和逻辑终点。

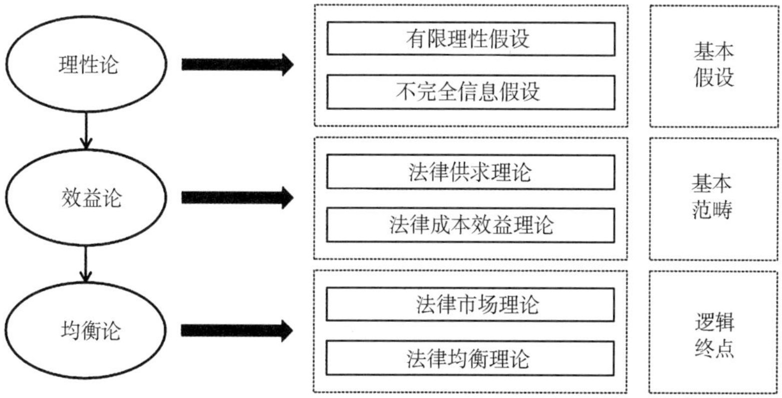

图 5-1　本章基础理论分析框架

1. 有限理性假设

在绝大多数情况下，人的理性是有限的。赫伯特·西蒙最早将有限理性概念引入经济学，他认为人们只能在决策过程中寻求满意解而难以寻求最优解。[①] 在其所著《管理行为》（*Administrative Behavior*）中，有限理性假设是指人的理性是介于非理性和完全理性之间的一种有限理性，这是由于实际决策环境是不确定和极为复杂的，但人的知识和精力却是有限的，且其价值追求和目标不是始终如一，反而时常相互冲突、抵触。

法经济学分析方法中有限理性假设是基于对理性行为假设的修正。在法经济学研究中，理性行为假设的核心内涵是：假定人们对法律是熟知的，对自己在某种法律关系中享有的权利和应承担的义务一清二楚，会通盘考虑适用法律行为所引致的法律后果，并做出恰当的有利于实现自己利益的行为选择。科斯认为，以完全理性为假设的新古典经济学是“黑板经济学”，他晚年更加坚定地反对“把人看成理性效用最大化者”的观点。[②] 因此现代法经济学学者多否定完全理性的基本假设，认为要使理论符合实际，必须以有限理性作为分析前提。有限理性在实际法律活动中其实更为常见，如人们的理性认识有限决定了人定之法也是有限的、不完美的，因此在法律运作实务中，往往通过法律援引、法律解释、设置撤销权

① 何大安：《行为经济人有限理性的实现程度》，《中国社会科学》2004 年第 4 期。

② ［英］罗纳德·科斯：《论生产的制度结构》，陈郁译，上海三联书店 1994 年版，第 352 页。

等方法弥补法律主体有限理性的缺陷。

有限理性不仅反映事务和环境复杂多变的客观现实，也反映人处理相关信息的经济特性。就外部环境而言，现实生活具有复杂性，事物总是在不断发展变化，其状态常常是不稳定的，具体事务也总是与外界包含千丝万缕的联系；就个人自身而言，由于生理或心理的种种限制，想要一直保持清醒的头脑预判所有行为及后果困难程度极高；就执行行为而言，从外界接收信息、分析信息、处理信息是需要成本的，而行为本身也存在使权利义务关系发生变化的可能性。在这些因素的综合作用力下，行为主体往往无法避免地受到复杂环境和成本的干扰，无法保证绝对的理性。

2. 不完全信息假设

宏观经济学新凯恩斯学派认为，与完全信息经济相比，不完全信息经济更具现实性，市场均衡理论须在不完全信息条件下进行修正。[①] 绝对意义上的不完全，指由于认识能力有限、外界信息纷繁，人们不可能接收到外部的全部信息；相对意义上的不完全，指市场本身不能输出足够全面的信息，如市场价格不可能完全灵敏地反映市场供求状况，市场供求状况也不可能完全灵敏地随价格指导而发生变化。

法经济学理论认为要使研究结果符合现实情况，必须以信息不对称作为分析前提。哈耶克认为，假如我们掌握现有方式的全部知识，所剩下的就只是一个逻辑问题了。法律制度作为影响和制约人类行为的内生变量，其原则规范对人们的行为产生主动调适作用，显然在不完全信息环境难以出现极高效率，因此就应通过检验和优化法律规范，矫正权利资源的不合理配置，引导人们的自利倾向朝既“利己”又“不损人”发展，使外部效应内部化，大大降低社会成本，最终达到“利人利己”的最佳境界。

在不完全信息条件下，传播或接收信息都伴随着代价。信息不对称使得社会各方主体拥有差异化的信息储备，特别是在不同专业领域，人们常常在自己的专业领域具有优势，而在他人的专业领域处于信息劣势地位。当活动主体进入不完全熟悉的市场，作为信息劣势方时常会使自己做出“不经济”的选择。如果信息优势被有意者放大利用，市场垄断与侵权行为也可能随之而生。

---

① 谢康：《西方微观信息经济学不完全信息理论》，《国外社会科学》1995 年第 2 期。

3. 启示

有限理性假设和不完全信息假设具有内在一致性，均凸显出人民群众作为个体在“数据爆炸”时代背景下的弱势地位。由于认知不全面、信息不对等，群众虽处于信息公开的大环境下，但其获取目标信息的能力却不高。从党的十八届四中全会至今，公共法律服务体系的三大平台实现了从无到有遍布全国遍布城乡的跨越，但群众知晓率却不算高，不少人对“公共法律服务”还很陌生，也不知道还可以通过中国法律服务网等途径获得免费的法律服务。因而在建成的三大平台基础上需注重对群众的引导，优化指引路径能够使公共法律服务资源用到实处，缩短群众与资源的距离、节约信息成本等过程性花费。

有限理性体现在公共法律服务体系的各环节中，从服务“需求侧”看，不仅仅是社会公众，政府机关、村（居）自治组织、公司和非公司企业以及其他群众性组织同样存在理性有限的情况，特别是政府机关承担着政策制定规则设计的重要职能，其法律服务需求应当格外重视。因此在各地公共法律服务体系建设中，政府法律顾问、村（居）法律顾问等间接服务人民群众的法律服务形式是不容忽视的内容。

不完全信息情况也不仅只存在于人民群众获得公共法律服务的路径上，而是存在于整个“供给侧”与“需求侧”互通互动的过程中，如中国法律服务网各设计板块的研究开发人员对各类主体的法律服务需求掌握也并非全面，平台成果存在信息不对等的偏差。因此在平台体系初步建成的当下，在巩固已有建设基础上不断完善供给与需求的互通互动路径，是提高整体体系质量与效益的可循之法。

（二）基本范畴之效益论

作为人类社会不可分割的重要组成部分，“交易成本”对制度安排、纠纷化解起着重要作用，是分析法律活动其内在逻辑的基本范畴。法律供求理论和法律成本效益理论是典型的经济学分析方法运用，其中供求理论是分析成本效益的基础。公共法律服务具有天然的公共性、法律性、服务性，[①] 其供求及成本效益情况很大程度上决定了体系是否具有可持续运营的价值和能力。

1. 法律供求理论

供求关系是马克思在《资本论》中阐释的基本经济学概念。新古典经济学派在此基础上发展了供求理论，使之成为西方经济学“万能”的分析工具。[②] 在“供给侧”经济学范畴中，国民经济的稳步发展也取决于经济活动中需求与供给的相对平衡。

法经济学理论中，法律供给主要指国家机关愿意提供且有能力提供的立法、司法、执法等法律资源的总括；法律需求指人们对购买现有或待开发的法律资源的主观意愿与客观能力。理论上讲，法律需求决定法律供给，当人们迫切需要通过法律手段调整其社会经济生活并积极寻求法律救济机制时，法律供给就会必然发生。

将法律运作过程置于人类知识总量递增和行为模式优化的背景之下，随着社会经济生活的不断发展，市场主体对相关的权利、义务、责任、程序等法律资源的需求就越加广泛，国家机关的法律供给水平也就随之提高。进而，法律的供求还体现出从均衡到非均衡，再从非均衡到新均衡的动态演进规律。良好的法治关系应当建立在优化的法律供给和大众法律需求的边际之上。[③] 在供不应求、供大于求、供求均衡的三种状态下，显然供求均衡是普遍追求的理想状态。

2. 法律成本效益理论

成本效益理论最早出现在19世纪法国经济学家朱乐斯·帕帕特的著作中；其后意大利经济学家帕累托对成本效益的概念进行重新界定；到1940年，美国经济学家尼古拉斯·卡尔德和约翰·希克斯在总结前人的理论基础上，提炼出成本效益分析的理论基础，即卡尔德—希克斯准则。[④] 成本效益原则被认为是所有经济学概念的源头，通过对效益与成本

---

① 司法部：《公共法律服务的科学内涵及核心要义》，http：//www. moj. gov. cn/news/content/2019-07/11/zcjd_ 3227991. html。

② 林自新：《马克思的供求理论与新古典供求理论之比较》，《生产力研究》2004年第11期。

③ 冯玉军：《法经济学范式的知识基础研究》，《中国人民大学学报》2005年第4期。

④ 董丽：《基本公共服务质量评价问题研究》，博士学位论文，吉林大学，2015年。

的对比分析以寻求更有效的资源分配方式。

法经济学理论中，广义上的法律成本是指法律系统运行的全部费用支出，具体包括在国家机关立法、司法、执法以及人民守法等各法治环节中，各方为实现权利、履行义务和承担责任所花费的人力、物力、财力和时间资源。根据经济学中的边际效用递减规律，并不是法律供给越多法律效益就越高。以立法数量与法律效益的关系为例，法律在最初实施时，由于立法和司法的针对性强，会产生规模效应，法律效益较高；久而久之有效立法占比较低，虽然法律存在，但其效益微乎其微，而产生法律规模不经济的现象。法律制度的边际成本—收益均衡模型①如图 5-2 所示。

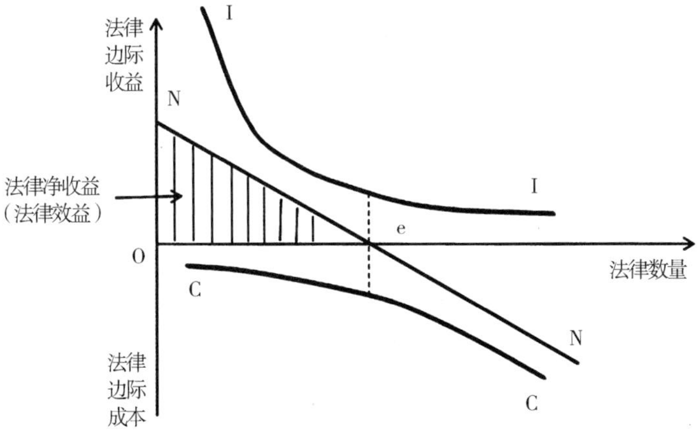

图 5-2　法律制度边际成本—收益均衡模型

根据图 5-2 法律制度边际成本收益均衡模型，法律的理想供求均衡点应位于边际法律成本等于边际法律收益的水平；当边际法律成本大于边际收益，说明法律供大于求，存在着法律成本投入过剩或法律干预过度的情形；当边际法律成本低于边际收益，说明法律的最佳效益尚未实现，法律供应不足。

3. 启示

2017 年，党的十九大报告指出，我国社会主要矛盾已经转化为人民日益增长的美好生活需要和不平衡不充分的发展之间的矛盾，新时代下人

① 冯玉军：《法经济学范式》，清华大学出版社 2009 年版。

民群众对公共服务的需求也发生转变。在全民学法守法的法治背景下，群众对法律服务的需求越来越多，需求的多元化趋势向公共法律服务供给体系提出了更高的要求。

边际效用递减规律下，有效供给显得尤为关键。应该说我国公共法律服务体系建设还处于初级阶段，2019 年 7 月司法部组织公共法律服务宣讲团进行历时 145 天的全国巡讲后，虽全国司法行政机关达成重要共识，但由于各地发展程度、规模效益存在差异，整体体系的建设水平与实际效用还有很大提升空间。

公共法律服务体系建设的成本和收益均随服务供给的增加而变化，但成本和收益变化轨迹却不尽相同，无论是平台资源还是人力资源并不是供给越多效益就越高。目前公共法律服务的供给产品较为丰富，除司法部《公共法律服务事项清单》中规定的 16 类服务事项外，各地因地制宜服务资源增势明显，但服务供给的针对性、有效性还不强。服务供给在“精”不在多，为避免成本虚耗、资源浪费，需提高公共法律服务的有效供给。

（三）逻辑终点之均衡论

均衡是法律制度所追求的价值目标，也是法律秩序建立和法治活动评价的最高原则；一切法律活动应该以均衡原则作为其最终协调机制和最高秩序依归。[①] 法律市场理论实际聚焦资源配置机制，在此结构基础上法律均衡理论进而追求资源的均衡配置，要建立有序高效的公共法律服务体系，以及理顺服务市场中服务主体与服务对象的匹配关系，优化其资源配置也是十分必要的。

1. 法律市场理论

经济分析方法应用于法律等非市场问题研究的一个重要前提，是假设它们具有与市场问题相似的属性，假设存在着一个与经济市场相似的法律市场，并用效率作为价值评判标准。在法律经济学看来，法律市场同经济市场一样，存在不同主体的竞争，存在资源分配、交换关系、交易成本，

① 冯玉军：《法经济学范式研究及其理论阐释》，《法制与社会发展》2004 年第 1 期。

存在供给与需求、成本与收益的关系，存在效率价值目标取向。[①] 经济市场解决的基本问题是：生产什么，如何生产，为谁生产。这三个基本问题均是由经济资源稀缺性而产生的。法律资源也存在稀缺性，也存在类似经济市场的基本问题。

经济学中通常把市场定义为相互作用、使交换成为可能的卖方和买方（供求双方）的集合，它是一种用以评价各种竞争性资源使用方法的有效机制。市场是一种资源配置机制，法律也是一种资源配置机制，二者具有同源性和同构性，都是由社会生产决定的资源配置机制。只不过商品市场中交换的是商品，而在法律市场上交换的却是法律权利、法律义务、法律权力和法律责任以及相关信息资源。法律市场的效率是通过资源的合理配置来实现的。

2. 法律均衡理论

均衡最先被英国新古典学派的创建者马歇尔运用到经济学领域，其主张对立的供求力量在量上处于均等状态，而决定供求的任何一种势力都不具有改变现状的动机和能力。[②] 广义的法律均衡是指法律资源在社会生活中均衡配置的持续状态和目标模式。它具有外部适应性、内部协调性、状态稳定性、力量平衡性以及结构对等性的特点。[③]

可以说，将经济学分析引入法律问题的逻辑终点就是实现资源配置优化，使其达到效益均衡的状态。均衡状态目标不仅体现在整体资源分配，也体现在个体资源分配。1960 年科斯发表了法经济学的奠基之作《社会成本问题》，书中写到一个火车与农田的经典案例，蒸汽火车在经过农田时常常溅出火星引燃农田，农民主张停止侵害并赔偿损失，铁路部门主张禁止铁轨边种植并不受惩罚。传统法律命题下，需要判定铁路部门或是农民的行为具有违法性，于是得出非黑即白的结论。从法经济哲学角度，行为主体间的权利义务在某种程度上是具有相互性的，[④] 其实各方都可以采取预防措施以减少损失，也可以通过谈判确定更优方案。因此在法无绝对

---

① 钱弘道：《法律的经济分析工具》，《法学研究》2004 年第 4 期。

② 王成礼：《法律均衡研究的进路》，《学海》2007 年第 6 期。

③ 冯玉军：《法经济学范式研究及其理论阐释》，《法制与社会发展》2004 年第 1 期。

④ 冯玉军：《权利相互性理论概说——法经济学的本体性阐释》，《法学杂志》2010 年第 9 期。

禁止规定的前提下，高度交往的社会似乎更应当鼓励个人与个人、个人与群体、群体与群体在特定条件下反复博弈。

3. 启示

法律服务市场中，公共法律服务体系赋予了当事人选择纠纷解决方式的权利，对那些能够被化解在基层的社会矛盾，公共法律服务往往能够最大限度降低纠纷解决的当事人成本费用；对需要通过司法机关或法律服务市场解决的矛盾纠纷，公共法律服务平台也常常能够起到指引作用。在现实生活中，大众所追求的均衡状态是一种“满意解”而非“最优解”，鼓励和引导当事人优先选择成本低、对抗性较弱、有利于修复关系的途径化解纠纷，鼓励和引导当事人在法律法规规定的范围内通过和解化解纠纷，这也是“枫桥经验”的启示。可见，公共法律服务体系在基层群众与多元化纠纷解决机制之间充当重要角色，现阶段公共法律服务体系建设就是要搭好这座桥梁，使基层纠纷解决机制更便捷、更惠民。

均衡理论下，均衡原则作为理论实践的最终协调机制和最高秩序依归，资源均衡配置达到动态协调是理想的追求。从公共法律服务体系资源配置的角度看，目前存在人岗不符、编制不足、供给不均等资源配置不合理的情况。在公共法律服务市场中，由于服务产品具有多样化、发展快的特点，服务供给平台实际很难根据最新发展快速反应，特别是基层的公共法律服务平台虽然数量还比较多但平台间存在职责不明、分工不清的现实问题。如何提高现有公共法律服务资源利用率、避免资源闲置造成资源浪费，以及增加服务供给与服务对象匹配度、提高资源针对性，解决无效公共法律服务资源高成本问题、实际效用不高阻碍长效运维的问题、是公共法律服务体系建设必须考虑的课题。

三　公共法律服务的供给体系与成本收益分析

（一）公共法律服务供给体系分析

供给体系是整个服务体系的重要组成部分。作为一种服务，公共法律服务既包括需求端，也包括供给侧。它通过均衡普惠的法律“供给”满足与引导人民群众法律“需求”，使法治全方位深入全国各地区和社会各层面。在适度扩大总需求的同时，需加强供给侧结构性改革，着力提高供给体系质量和效率。边际效用递减规律下，不是供给越多效益就越高，只有有效供给才能极大提高资源利用率。分析现有服务供给体系，有助于厘清公共法律服务的有效供给和无效供给，进而改进资源配置机制，使三大平台发挥实际效用。分析公共法律服务供给体系，是运用法经济学法律供求理论最直接的体现。我国整体体系建设起步较晚，在实际推行中还存在不全面、不均衡等问题，而供求均衡是平台体系长效运维的重要保障与切实追求。在结合实证样本分析前，必须先对公共法律服务供给体系的概念及分类进行梳理。

1. 供给体系的概念

供给与需求是一组相对概念。根据马克思的供给需求理论，供给体系不单指实际提供产品，还包括供给侧与需求侧之间的衔接。公共法律服务供给体系是为公共法律服务产品与公共法律服务需求者之间提供实现方式。[①] 应将供给体系分为三个部分进行建设：供给平台、供给流程和政府购买公共法律服务定价标准。[②] 这两种说法均体现出公共法律服务供给体系的过程性内容。结合公共法律服务定义，公共法律服务供给体系，是由政府机关统筹提供或社会多元主体参与提供的，为满足各类主体在社会公共生活中的法律服务需求，从供给侧到需求侧供应路径上的所有公共法律服务资源的总称。

2. 供给体系的分类

公共法律服务供给体系内容层次多、分类方式多样。从公共法律服务的供给主体进行划分有：司法行政部门、财政、人事、发改等政府职能部门；法院等司法机关；律所等市场组织；高校法律服务中心等志愿者组织；人民调委会等群众性组织；律师等具备条件的个体。从公共法律服务的供给依托平台进行划分有：中国法网、中国普法网、各地法网、“两微一端”等网络平台；公共法律服务中心/站/室、法律援助中心、政务服务大厅公共法律服务窗口、人民调解中心等实体平台；“12348”热线、

① 杨凯：《六大体系：建构公共法律服务完整框架》，《中国司法》2019 年第 8 期。

② 韩秋林：《基层公共法律服务体系构建研究》，硕士学位论文，华中师范大学，2019 年。

政务服务热线等热线平台；以及三大平台以外，散见于如普法宣传活动“面对面”的线下平台等。从公共法律服务的供给平台产品进行划分有：其一，网络、实体、热线三大平台本身；其二，微观层面具体的普法宣传册、法治文化作品、咨询软件等实物或虚拟产品；其三，随着科学技术不断发展进一步推出的法律服务机器人等辅助性创新产品；等等。

从主体的角度可将公共法律服务供给体系分为政府、市场、志愿三部分，理由如下：其一，现阶段公共法律服务体系建设应由政府主导、社会参与，从供给主体切入相对于极具变化性的平台及产品更具有稳定性。其二，社会供给不等同于志愿供给。非政府机构或个人并非只能通过公益免费的途径参与公共性质的法律服务供给，市场供给具有重要意义却在实践中常被忽略。体系建设全面铺开以来，越来越多的市场主体积极参与其中，但常常被单一地视为政府购买的政府供给，站在市场主体的角度，某些收费明显低于市场的情况下，他们在参与服务的同时放弃了自己在同等时间内创造更多财富价值的机会，即收费的法律服务也可能具有非营利性质。重视并鼓励市场供给的贡献，能吸引更多行业专家投入体系建设。

（二）公共法律服务成本收益分析

公共法律服务的成本收益是公共法律服务体系中的重要概念，由于其不仅涉及服务供给方还涉及服务需求方，于是具有了区别于供给体系分析的特殊意义。有关公共法律服务成本收益的概念和分类是进行成本收益分析的前提，需理解与把握。

1. 成本收益的概念

成本是产品在生产过程中所消耗的各项费用的总和。① 因此，它是产品价格与利润的差额，降低成本意味着利润和经济效益的提高。亚当·斯密将收益定义为“那部分不侵蚀资本的可予消费的数额”，② 把收益看作财富的增加。对应到公共法律服务，成本收益产生的空间范围是在生产服务、提供服务、接收服务和反馈服务质量的过程中。不同于公共法律服务供给体系，在成本收益的空间范围，需求方具有主体地位。公共法律服务

① 黄汉江主编：《投资大辞典》，上海社会科学院出版社1990年版，第8页。

② ［英］亚当·斯密：《国富论》，郭大力、王亚南译，商务印书馆2015年版，第16—23页。

成本，是在公共法律服务的生产、提供、接收、反馈过程中所消耗的各项费用的总和；公共法律服务收益，是在公共法律服务的生产、提供、接收、反馈过程中所增加的各项货币或非货币财富的总和。

2. 成本的分类

不同学者对成本有不同的分类方法，传统研究主要从成本的负担主体、发生、应用情况、表现形式、形态、计量等方面进行考量分类。但是，由于公共法律服务体系的主体多元、内容庞杂，很难用传统的方法将成本分类。根据供给侧到需求侧的逻辑过程，可将公共法律服务的成本分为界权成本、产品成本、运营成本三个板块进行分析。一是界权成本。界权成本是指制定公共法律服务相关政策、法律、规则的直接和间接成本。二是产品成本。产品成本涉及政府供给产品过程中产生成本和社会供给产品过程中产生成本，政府供给的产品成本又可以分为通过政府购买产生的成本和政府自主供给产生的成本两大部分。三是运营成本。运营成本囊括平台体系实际运营时涉及的服务提供方与服务接受方双方，人才成本与评鉴成本是其中的主要组成部分。公共法律服务成本涉及的内容较多，分类方式存在或繁杂或不周延的障碍，此分类方式基本包含公共法律服务生产、提供、接收、反馈过程中所产生的各项费用，因此具有一定合理性。

3. 收益的分类

结合上文对公共法律服务收益的定义，对其分类应当从服务需求方、服务供给方两个方面充分考虑。公共法律服务作为一项惠民利民的社会福利，对服务需求方的好处是显而易见的，但这并不意味着服务供给方是零收益付出。公共法律服务收益可以分成两方面阐述：一方面是政府收益。政府收益指的是政府在参与公共法律服务活动中获得的收益。另一方面是社会收益。社会收益指的是公共法律服务活动中社会整体及各社会主体获得的收益。

四　公共法律服务体系资源整合与配置优化

为使基层群众仅通过平台终端就获得便捷优质的公共法律服务，需要对现有体系中的服务资源进行整合，并对大众获取服务的指引路径进行优化。司法部将“保基本、均等化”工程作为重点任务，该任务要求“三大平台”任意终端对基本公共法律服务应当普遍具备直接提供功能或间接指引功能。[①] 如今法治观念深入人心，国民法律素养普遍提高，基层群众的法律服务需求增长速度快，整体体系的法律资源实际效用不高，阻碍服务效益的提升。只有不断改良资源配置机制，才能均衡各方参与主体的供需与效益，实现整体体系的长久稳定发展。为理解整合资源的必要性，根据司法部公布的16类公共法律服务事项，[②] 对其供给侧服务提供主体、依托平台、需求侧服务对象分析如图5-3所示。

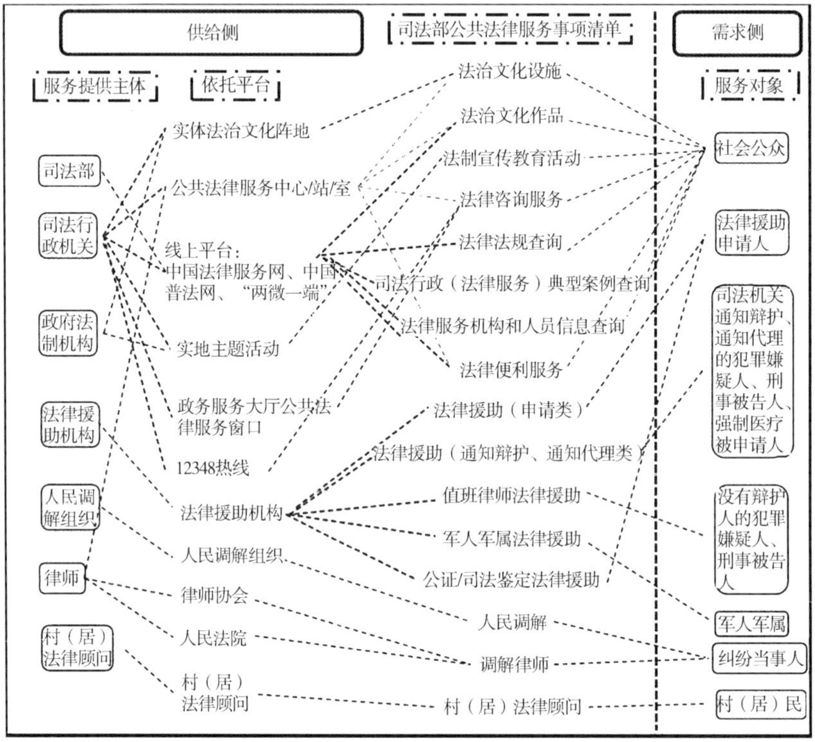

图5-3 司法部《公共法律服务事项清单》供给侧/需求侧分析[③]

除三大平台外还有许多不同类别的线上线下平台，由于路径未整合，基层群众能任意选择某一路径，但基层群众对不同平台的供给分工认识有

① 司法部：《公共法律服务网络平台、实体平台、热线平台融合发展实施方案》，2020年。

② 司法部：《公共法律服务事项清单》，2019年。

③ 图5-1中虚线系根据文件内容对应连接。

限，因而群众选择并不一定能对应群众需求，即可能产生无效供给；从另一个角度看，比如公共法律服务中心与人民调解中心均承担着调解服务供给的功能，区/街/社区都还存在不同层级的公共法律服务站点与人民调解组织，如果在每个平台都设置不同类别的专业人员成本将是巨大的，但若不对每个站点进行成本投入增加其服务质量，当群众选择任意站点时都无法获得有保障有价值的服务。公共法律服务本就是个集合概念，平台体系的设立并不是意图将资源越分越散，整合资源、分工协作才能使公共法律服务体系真正发挥实效。

（一）基层公共法律服务体系资源整合的内在要求

资源整合要求服务供给既能做到符合互联网时代需求的“入口上移”，也能做到契合各地发展实际与特色的“服务下沉”。因此现阶段需要对现有资源不断地进行巩固与梳理，明晰各板块间分工，做到体系协调有序且稳定地发展。

1. 基于现有资源顺应时代特色发展

充分利用现有资源是提高资源效益最直接的方法。不论是理论研究还是实际规划，在进行资源配置前都应当梳理当下已有的公共法律服务资源。“全覆盖”并不意味着各地配置的服务资源均得到了有效利用，而是代表着实现服务均等化的前置要件已经达成，如何精准回应基层公共法律服务诉求应该成为下一阶段实现基本公共服务均等化的关键目标。[①] 提高资源精准匹配度首先要求顺应信息时代的发展。“互联网+”时代的服务模式发生转变，“入口上移、服务下沉”符合现代居民的服务获取习惯。村（居）自治组织等基层单位在基层社会治理中发挥的作用越来越大，其服务形式也越来越多元，对互联网与信息科技的使用也越来越频繁。首先要求移动端口与基层平台互为指引、互为补充，逐步在体系运作中充当重要角色。其次要求因地制宜特色发展。我国幅员辽阔空间跨度大，不同区域的社会经济发展、风土人情各有不同，各地以统一规范的标准进行资源分配一是具有现实难度，二是无法体现区域特色。发挥基层智力与活力

① 张紧跟、胡特妮：《论基本公共服务均等化中的“村（居）法律顾问”制度——以广东为例》，《学术研究》2019 年第 10 期。

是基层治理体系的根本，“高手在民间”应当成为一种中国治理的道路和制度内核。[①] 各地应结合自身特色与实际发展阶段制定配置计划，并根据资源使用情况灵活调整，在不同环境的实践探索中一步步提高具体资源的精准匹配。

2. 梳理职能分工稳定发展

现正值公共法律服务三大平台建成初期，实际运维面临的挑战还很多，平台间存在“空白地带”与“冲突地带”，需梳理各环节职能分工，以保证体系稳定发展。其一，需解决队伍能力不够、理论研究不足的问题。一系列法律进社区、法治大讲堂等基层法治活动对提高基层群众维权意识有很大的帮助，但维权路径上的法律服务质量却不一定很高，基层队伍在整体上专业能力水平还比较低，直接向公众提供的公共法律服务质量也不够理想，难以获得社会的普遍信任；客观来讲，现阶段普遍存在研究水平跟不上发展水平的现象。在方兴未艾的公共法律服务发展浪潮中，学科体系、学术体系、话语体系的理论研究未能及时跟进，在基础性论题上研究得还不深入、不全面，无法助力于树立平台的权威性。其二，需解决职能分工冲突重复的问题。“三大平台”尚处于建成初期，客观上存在信息不对等以及平台体系服务资源庞杂且随时动态变化的情况，主观上基层单位对体系建设的理解还不够充分，因此在各地基层主体进行资源配置时难免出现资源重复配置的情况。资源重复配置自然是成本虚耗效益受损的表现形式，因此尽可能地减少重复配置比例，提高体系的整体均衡。

（二）资源整合模式探索

公共法律服务事项类别多、供给体系复杂，资源整合具有一定难度，以下进行几种整合路径的思路探讨：一是服务下沉为主以基层实体平台为中心的人民调解整合模型；二是入口上移为主以网络平台为中心的法律咨询整合模型；三较为特殊是为提高政府治理能力作用于政府内部法律服务资源整合的政府法律顾问整合模型。见图 5-4。

1. 人民调解的资源整合模型

模型设计思路如下：其一，指引路径集中且明确。在信息不对等的前

---

① 杨凯：《基层社会治理中的公共法律服务体系建构——以武汉市六个社区治理实践为实证样本》，《法治论坛》2019 年第 3 期。

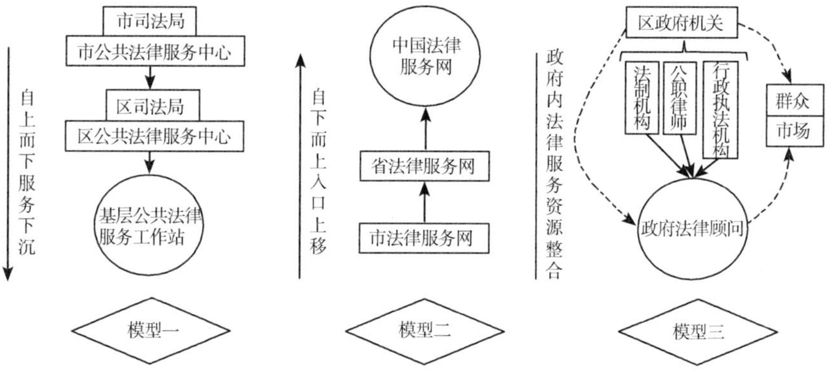

图 5-4　三类整合模型概览

提假设下，需要优化指引路径，为节约当事人成本，指引路径越窄，其选择成本就越低。其二，基层平台唯一且功能齐全。公共法律服务资源丰富但分布较散，需要一个“桥梁”作用的平台提供区域范围内所有相关法律服务的指引，提高群众对服务资源产品的认识才能使其切实享受到公共性质法律服务的“红利”。其三，由专职人员调配资源。“协理员”根据不同调解需求进行资源选择并分流，可选资源为区级范围内的所有调解资源，分流规则由区公共法律服务中心制定，“协理员”在司法局配置编制，由区公共法律服务中心统管培训。其四，其他分散资源向中心聚拢。将“12348”热线、市民之家、政务服务中心接到的调解需求均向工作站汇集，形成有法律问题就找基层公共法律服务工作站的社会风尚，对于线上调解需求与武汉法网对接，力求将矛盾化解在基层在当地。

（1）各平台服务资源进行汇总有利于明晰各主体间职能分工

广东南海不同层级、不同组织均可分工配合，实现有效资源配置。从村（居）的路途远近、法律事务需求量考虑，2017 年广东南海将全区村（居）划分成 66 个小组，组建 66 个驻村律师服务团队。[①] 最初采取一律师服务一社区模式，但时常出现律师对部分领域纠纷不擅长而导致的群众满意度不高的问题；于是一对一模式转变为团队模式，团队模式取得了很高的群众认可度。团队模式是由街道统一与团队签约，由团队组长调配专

① 曾群善：《点赞：基层治理法治化　南海推出定制化法律服务》，《南方都市报》2016 年 12 月 29 日。

业律师参与调解，提高工作效率。

（2）基层公共法律服务工作站的建设应当成为提高资源整合力度的关键

将服务力量集中于公共法律服务工作站是以最直接的方式面向群众实现服务供给，利于提高群众法治基础，也利于优化基层社会治理（见图5-5）。

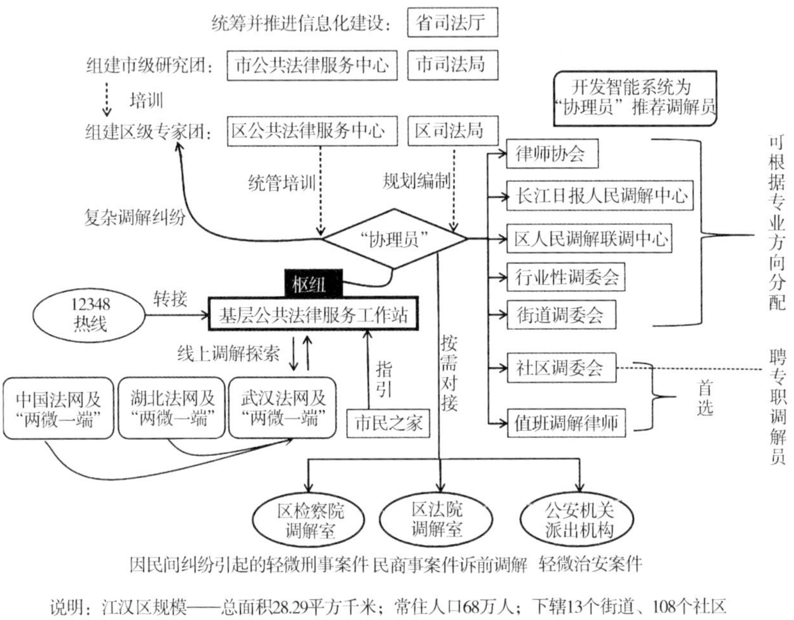

图 5-5 江汉区人民调解的资源整合模型

以江汉区常住人口、区域面积、所辖街道（社区）数量等规模数据做参考，各地区可根据自身规模规划适当数量的基层公共法律服务工作站。充分发挥基层平台整合功能、提高资源运用效益也是“枫桥经验”的启示，为群众架构起“寻法”的稳定桥梁，有益于将矛盾化解于基层。

（3）虽信息科技在体系建设中占有重要地位，但在解决具有一定紧迫性、现实性的基层社会矛盾时，人工引导（如线下人民调解）还是现阶段的主要手段

有观点认为应当着力推动公共法律服务与互联网的融合程度，提升各

板块的线上服务能力。[1] 的确线上模式可以使百姓在足不出户的情况下获得法律服务，但广大群众不一定都具备使用网络/热线平台能力与条件，并且基层社会的人际交往密切，老百姓普遍更容易接受矛盾面对面切实化解的机制。因此建设智能化平台不能一步到位，有些服务还是需要以线下为主。

2. 法律咨询的资源整合模型

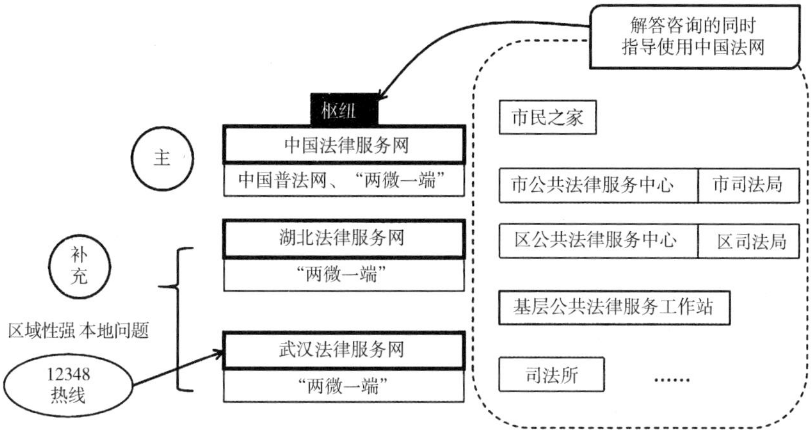

图 5-6　江汉区法律咨询的资源整合模型

模型设计思路如下：其一，提高网络平台资源利用率。中国法网及各地法网建设成本高，经过长期建设已具备提供高质量法律咨询服务的供给能力，而公众对其知晓率低、使用率低，造成极大的资源浪费。其二，中国法网的主要地位和各地法网的补充地位。中国法网整合了全国性的优质公共法律服务资源，专业程度更高、覆盖范围更广；各地法网区域性强，更能聚焦本地问题。其三，配备专门人员指导群众大数据检索。每个基层服务平台需要至少配置一名“法律明白人”，除专业能力外，此办事员还需具备使用工具的能力，不仅仅因为现实矛盾纠纷类别多，精通各专业法律知识难度极大，因此需要从大数据中快速找到解决问题答案，更是需要将大数据检索方法传授给基层群众，使群众经过指导能独立地通过中国法网等各地法网解决基本法律问题。

（1）现有网络平台体系的资源内容丰富、运行质量较高

司法行政系统在“12348”法网建设上倾注了大量心血，不仅在供给

① 李春仙：《实施“互联网+公共法律服务”的路径探析》，《人民论坛》2019 年第 26 期。

内容上不断完善，还在信息技术上刻苦攻关，形成了信息全、反馈快、质量高的公共法律服务供给。现阶段法律咨询项目一般有智能咨询和留言咨询两大类：智能咨询基于大数据及案例库，在答卷人填完问卷后立即生成法律意见，其专业程度甚至优于社区律师提供法律咨询的平均水平；留言咨询一般是在咨询人提交对问题的文字描述后，后台的服务人员在短时间内对问题进行解答。截至2020年3月13日，中国法网智能咨询已累计完成1042014次、留言咨询78710次；[①] 湖北法网智能咨询也已累计完成6883次[②]。司法行政机关对网络平台入驻机构/人员准入与考核机制也较为健全。根据中国法网驻场法律服务机构及人员情况公示，截至2019年3月，驻场律师事务所216家，律师367名；驻场人民调解委员会87家，人民调解员141名；驻场司法鉴定机构96家，司法鉴定人184名。[③] 以上机构/人员均被配置在合理岗位，各司其职保障服务质量。

（2）现阶段网络平台的资源利用率不高

虽有以上数据，然而中国法网及各地法网的社会关注度、群众使用率却并不理想，甚至有成为法律专业人士进行知识检索工具的趋势。不少群众对网络平台的实际效益还持有怀疑态度，对通过此平台获得的免费法律服务质量不信任，另外有部分群众还没接收到平台体系的相关宣传，还不知道有这样一个平台的存在，这两类原因造成大量网络平台资源的浪费。

（3）对一般法律咨询这类不具有现实紧迫性的法律服务需求，将其“入口”上移

有人建议加强“三大平台”的统筹设计，中国法律服务网指导各地强化省级法律服务网办事服务功能，避免各地重复建设；热线平台要减少在市、县两级的设置，达到集约建设、合理配置资源的效果。[④] “入口上移”是合理配置部分法律服务资源的必然趋势，考虑到热线咨询中可能存在的方言障碍问题，将热线平台集中在市级热线中心可能更具有合理性。

---

① 中国法律服务网，http：//www. 12348. gov. cn/#/homepage/lawservice。

② 湖北法律服务网，http：//hb. 12348. gov. cn/#/publics/advice/legalAdvice。

③ 司法部法律援助中心：《关于中国法律服务网驻场法律服务机构及人员名单的公告》，2019年。

④ 刘子阳：《加快推进覆盖城乡的现代公共法律服务体系建设——司法部公共法律服务宣讲团全国宣讲调研回眸》，《法制日报》2019年12月30日第8版。

3. 政府法律顾问的资源整合模型

模型设计思路如下：其一，政府法律顾问引导政府内法律服务资源的统筹与衔接。重大行政决策出台前先把“法治关”已经成为现代法治政府的共识，而政府内部同样存在着法律资源分散问题，法律顾问是政府内各方法律服务主体与人民群众、市场机构间协调交流的重要桥梁，应当在资源整合中充当主要引导角色。其二，单独或陪同参与访讼分离。政府法律顾问参与信访接待比政府直接参与更有效益，将信访和诉讼分离有助于提高纠纷化解率。其三，参与风险提示提高政府治理水平。法律具有专业性强的特点，领导干部的法治思维虽然普遍提高，但在实际运用中还是有所欠缺，引入专业人员参与能更有效地识别法律风险，提高整体治理水平。

（1）充分发挥政府法律顾问在政府内法律服务资源进行整合中的重要作用

政府法律顾问在政府机关公共法律服务的输出与输入中处于“桥梁”位置，通过政府购买的方式，第三方专业机构或人才提供优质的公共法律服务，面向人民群众构成政府供给的一部分，面向政府机关又构成影响其内部决策、辅助其预防风险的供给。政府法律顾问与政府内法律服务资源有着多层直接或间接的联系，因此其作用于资源的统筹与衔接具有优势如图 5-7 所示。

（2）政府法律顾问参与风险提示、为政府机关依法履职“保驾护航”，提高了政府内部法律资源配置效益

一方面提高政府机关自身进行法律服务供给的能力，另一方面为体系建设的顶层设计环节提供质量保障。社会综合治理是当前党与政府最关注的问题之一。要求建立完善党政机关法律顾问制度，推进共建共治共享的综合治理格局。现阶段各地政府法律顾问制度相继实现全覆盖，公共法律服务的供给水平也越来越专业，人民的法律意识不断增强，社会治理方式发生根本转变。各地《司法行政系统领导干部公共法律服务接待日工作办法》纷纷施行，政府法律顾问的“智囊团”功能越来越明显，政府法律顾问逐渐成为向政府供给法律服务最核心的主体。

（3）政府法律顾问单独或陪同参与访讼分离，充分利用第三方法律服务资源，扩大政府购买顾问服务的收益

社会治理常常缺少法治因素。一方面，政府缺乏法治思维，往往简单

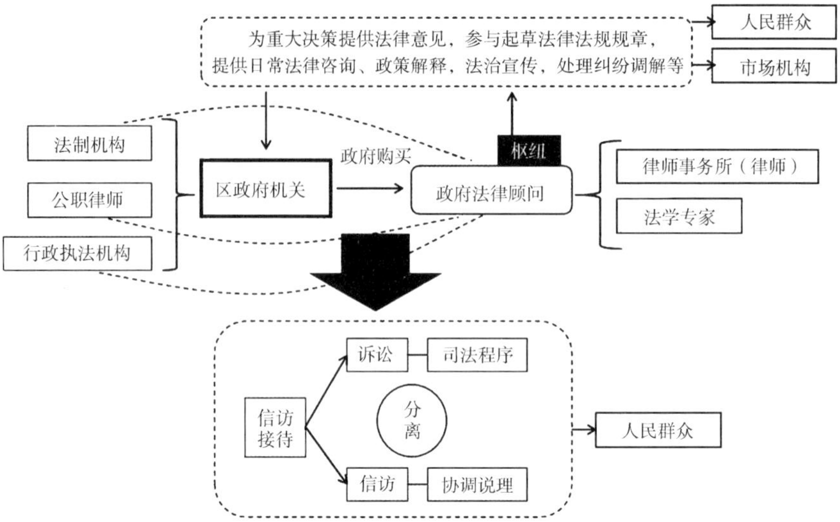

图 5-7 江汉区政府法律顾问的资源整合模型

运用行政手段来维护社会稳定，导致社会矛盾和冲突不断加剧；另一方面，群众缺乏法治意识"信访"而不"信法"，使得社会治理陷入恶性循环。[①] 律师参与信访具有主体优势，群众对作为第三方的律师往往更容易产生信任度。江汉区政府已经进行了律师全面参与访讼分离的实践，取得良好成效。对属于可以通过司法程序解决的，引导信访人员通过司法程序解决。对于不能通过司法程序解决的，就信访问题进行深入理性的政策说理分析，以达到息访的效果和目的。政府法律顾问单独或陪同参与信访接待大大节约了政府自身法律资源的支出，优化了资源配置，使得党政机关内的法律服务资源能被配置到其他更适宜的位置。

① 司马俊莲：《民族地区公共法律服务体系的建设与完善——以恩施州"律师三进"模式为例》，《中南民族大学学报》（人文社会科学版）2019 年第 2 期。

第六章　公共法律服务学的比较法学分析

在我国，公共法律服务体系建构既是满足人民群众法律需求、维护其合法权益的主要组成部分，也是政府转型、建设全面依法治国、国家治理体系和治理能力现代化的要求，我国公共法律服务体系是由政策服务体系、产品服务体系、供给服务体系、平台服务体系和考核服务体系等构成的，是司法行政机关、律师事务所、高校师生、社会志愿者、群众组织等广泛参与其中的独创性制度，目前在实践中不断摸索积累经验。在当前我国公共法律服务体系建构的基础实践探索及显现出的问题的基础上，要想推进公共法律服务体系建构的可持续发展，既要立足国情，又要合理借鉴域外公共法律服务理论与实践方面的有益经验，借鉴也是对理念的借鉴而不是生搬硬套，既要考虑社会主义与资本主义的不同，还要考虑法系与国家制度的不同。公共法律服务体系建构是一项利国利民的制度，在当前我国公共法律服务体系建构的基础上进一步完善各个体系的建设与运行，在实践中发现问题解决问题，同时合理借鉴域外的有利经验，将使我国公共法律服务体系建构更好地体现为人民服务的制度价值。

一　现代公共法律服务体系建构的比较分析概论

公共法律服务体系建构在我国和域外有不同的概念内涵与制度基础，在研究现代我国公共法律服务体系建构比较借鉴时，首先要了解清楚其在不同国家和地区的定义、内容与制度基础，才能展开之后的借鉴研究。

（一）公共法律服务概念、内涵的比较基础

公共法律服务是公共服务的重要组成部分，公共法律服务体系是政府统筹的以满足公民基本法律服务需求为目的而设立的一整套组织和制度。

公共法律服务在我国与域外有不同的产生背景与制度基础，因此在公共法律服务概念和范围上也存在差异。

1. 我国公共法律服务的概念、内涵

陈振明教授对“公共服务”的定义是：公共服务主要是指政府为了实现正义、平等等特定价值而采取公共政策整合各方资源来回应社会及群众的需求，使社会上最大多数人可以得到最广泛的福利，公共服务是政府采取公共权力为公众提供公共物品（包括物质的或非物质的）来满足社会上的公共需求偏好从而采取实践活动维护公共利益的总和。[①] 公共法律服务属于公共服务的重要组成部分，意在满足群众基本的法律服务需求，使公共法律服务成为公共性、普惠性、便民性的服务，有利于我国服务型政府的建设。2017 年司法部发布的《全国公共法律服务平台建设技术规范》对公共法律服务的基本内涵进行了界定，“公共法律服务是指由司法行政机关统筹提供，是满足社会公共需求，供全体人民平等享用的公共法律产品和服务”。2019 年 7 月 11 日，中共中央办公厅、国务院办公厅印发《关于加快推进公共法律服务体系建设的意见》（以下简称《意见》）指出公共法律服务是政府公共职能的重要组成部分，是保障和改善民生的重要举措，是全面依法治国的基础性、服务性和保障性工作。公共法律服务体系是指由政府统筹提供的以保障公民基本法律服务权益、满足公民基本法律服务需求为目的，为实现社会公平正义、保障人民法律需求而设立的一整套组织和制度，其主要特征在于公共性、法律性和服务性。《意见》指出推进公共法律服务体系建设，对于更好满足广大人民群众日益增长的美好生活需要，提高国家治理体系和治理能力现代化水平具有重要意义。到 2022 年，要基本形成覆盖城乡、便捷高效、均等普惠的现代公共法律服务体系。目前对于公共法律服务体系的内容并没有做出统一的规定，在实践中不同地区的体系建构也存在不同，但大都包含政策体系、产品体系、平台体系、供给体系、保障体系、考评体系等。

2. 域外公共法律服务的概念、内涵

美国行政学家德怀特沃尔多认为公共服务的目的是维护大多数社会成

---

① 陈振明等：《公共服务导论》，北京大学出版社 2011 年版，第 1—2 页。

员的利益，即维护公共利益，使社会成员可以在公共服务中共同受益，必须由政府来提供的服务。首次提出公共服务理论的是法国著名的公共法学家莱昂·狄骥，他对公共服务的定义是："任何一项活动，只要其有利于实现或推进社会团结和人民团结，并且这项活动没有政府干预就得不到保障，那这项必须通过政府来规范和控制的活动就是一项公共服务。"[①] 狄骥认为公共服务是政府必须承担的职责，也是政府应该的义务，但他认为，公共服务的具体内容始终是种类多样并且不断变化的，并且对公共服务种类变化及变化趋势的预测也很难实现，要根据时代和社会的发展来具体确定需要哪些公共服务。[②] 19 世纪德国的瓦格纳最早提出了基本公共服务概念，他提到基本公共服务是政府财政支出的重要部分。[③] 20 世纪中期，西方三位著名的公共经济学者：马斯格雷夫、萨缪尔森、布坎南指出基本公共服务是人民建立并且人民享有的一系列活动。公益法律服务是为那些不能自己支付费用的个人和群体提供免除费用或者减免费用的法律服务。国外特别是西方发达国家没有公共法律服务的概念和公共法律服务体系的概念，但有公益法律服务、法律援助的概念，并且国外对于法律援助制度的研究已经较为成熟，因此可以为我国公共法律服务基础理论研究和实践探索提供参考。15 世纪中期，英国的统领亨利七世是法律援助的开创人，他曾在法案中明确规定了"正义应当同样给予贫困的人"[④]，至此法律援助开始施行。19 世纪末之前，私人宗教组织、行政机关或公共援助机构对生活困难的人提供的法律援助，都被认为是律师出于职业道德义务而做出的一项慈善行为。援助的对象并非只针对经济困难的个人，而是从阶级意义上而言没有统治阶层权利的相对贫穷的社会阶层，并且以法律上明确规定为前提。贫穷阶层没有申请法律援助的权利，只能被动地接受援助。1895 年，奥地利民事诉讼法的改革首先实践了法律援助理论，之后各国开始逐步确认法律援助是人人都可以享有的一项政治权利，标志着

---

① ［法］莱昂·狄骥：《公法的变迁：法律与国家》，郑戈、冷静译，春风文艺出版社 1999 年版，第 53 页。

② 同上。

③ 蒋科：《地方政府公共法律服务体系建设问题研究》，硕士学位论文，南昌大学，2016 年。

④ 刘训强：《中国法律援助制度的研究》，硕士学位论文，安徽大学，2006 年。

法律援助开始由律师出于社会公益和职业道德的慈善行为向国家行为和行政行为转变。[①] 此后，法律援助作为保障人权的一项基本制度，被世界接受和认可。

（二）公共法律服务的制度比较基础

任何制度的产生及发展都离不开国家制度的支持，公共法律服务制度也是一样，我国现代公共法律服务体系的建构正是体现了我国社会主义制度为人民服务的宗旨，体现了依法治国的要求，体现了政府转型的要求和构建社会主义和谐社会的要求，也是国家治理体系和治理能力现代化的集中体现，总之，公共法律服务是一项利国利民的制度。

1. 我国公共法律服务体系建构的制度基础

（1）公共法律服务体系建构与中国特色社会主义制度

我国是有强大政治凝聚力的单一制的社会主义国家，单一制有利于为我国中央政府建立一个强大又合法的政治权威。党的十九届四中全会指出："中国特色社会主义制度是党和人民在长期实践探索中形成的科学制度体系。"[②] 我国政治制度具有"坚持全国一盘棋，调动各方面积极性，集中力量办大事的显著优势"[③]，现代我国公共法律服务体系建构正是体现了我国社会主义制度为人民服务的宗旨和集中力量办大事的特点与优势。

（2）公共法律服务体系建构与国家治理体系和治理能力现代化

中国特色社会主义制度是指当今中国在中国共产党领导下治理国家的制度体系。国家治理体系和治理能力是中国特色社会主义制度及其执行能力的集中体现。国家治理体系是中国特色社会主义制度的优越性得以发挥和实现的包括组织体制、政策法规体制、工作体制等的一整套体制机制；国家治理能力则是中国特色社会主义制度通过国家治理体系在管理国家各方面事务中表现出来的能力。中国特色社会主义制度是国家治理的根本依

---

① 蒋科：《地方政府公共法律服务体系建设问题研究》，硕士学位论文，南昌大学，2016年。

② 《中国共产党第十九届中央委员会第四次全体会议公报》，《人民日报》2019年11月1日第1版。

③ 同上。

据和基本内核，国家治理的一切工作和活动都要依据它来展开；同时，中国特色社会主义制度的优越性要通过国家治理体系和治理能力来实现。党的十八届三中全会首次提出“推进国家治理体系和治理能力现代化”这个重大命题，党的十八届四中全会提出要推进覆盖城乡居民的公共法律服务体系建构，加强民生领域法律服务。2015 年 2 月中央办公厅、国务院办公厅印发《关于贯彻落实党的十八届四中全会决定进一步深化司法体制和社会体制改革的实施方案》，明确要求着眼于推进国家治理体系和治理能力现代化，加快形成科学有效的社会治理体系和公共法律服务体系，提高社会治理水平。在我国，中国特色公共法律服务制度的构建，既是为了满足人民群众的法律需求，维护其合法权益，也是为了推进全面依法治国及促进国家治理体系和治理能力现代化，体现了“管理型”政府到“服务型”政府的转变，其产生与设计立足我国国情、遵循我国社会发展规律，展现了我国当前的国家治理理念。

（3）公共法律服务体系建构与全面依法治国

中共中央十八届四中全会出台的《中共中央关于全面推进依法治国若干重大问题的决定》指出：“全面推进依法治国，总目标是建设中国特色社会主义法治体系，建设社会主义法治国家。”党的十九届四中全会指出“全面依法治国，建设社会主义法治国家，切实保障社会公平正义和人民权利”是我国国家制度和国家治理体系的显著优势之一。依法治国的实质是将法律治理全方位纳入国家、社会与人民生活，公共法律服务体系的构建及其公共性、法律性的特征正是体现了依法治国的要求，满足广大人民群众特别是基层群众的法律需求，提供全方位多样化的公共法律服务，以法律解决社会问题。公共法律服务体系作为我国提出的独创型法律制度，意义重大，对全面依法治国具有重大意义。

（4）公共法律服务体系建构与构建社会主义和谐社会

公共法律服务具有预防性、普惠性、便利性的特点，随着法治社会的发展及依法治国的推进，法律将是解决纠纷与矛盾的首要或重要选择，公共法律服务既可以普法宣传，提高人民的法律意识及法律素养，预防纠纷的发生，也可以在社会矛盾产生时通过法律咨询、调解等方式解决纠纷，因而公共法律服务体系建构与发展可以将社会矛盾有效遏制或解决，有利于构建和谐社会、法治社会。

2. 域外公共法律服务体系建构的制度基础

公共法律服务虽然是我国自主创新的法律制度及国家治理制度，但域外具有相似制度。公共法律服务在欧美等西方发达国家起步较早也较为成熟，为我国提供了理论基础和实践经验，可以作为我国公共法律服务体系建构的参考。

（1）域外公共法律服务与公共管理

西方的公共管理经历了“保护模式”“干预模式”再到“市场模式”的演变。自20世纪70年代起，英美等西方资本主义国家先后经历了由“传统公共管理”向“新公共管理”的转换。新公共管理主张由市场和社会组织来承担公共服务的生产和提供，而政府则通过制定各种政策，实行监督与审查等方式来保障其运行。[①] 新公共管理理论引用市场经济理论，是实践中的创新之举。但新公共服务理论却批判新公共管理理论太过于追求经济和效率。新公共服务理论重申民主价值在公共行政中的主要位置，强调应该把民主摆在第一位，以实现公民公共利益为前提保障公民权利，实现社会公平。新公共服务理论批判新公共管理理论推崇的市场竞争模式和企业管理价值观。但新公共服务理论在效率与公平之间寻求平衡点的实践理论尚未形成，这也会导致新公共服务理论在实践中的不足。[②] 如果能将两种理论结合起来，既重视市场化的发展，又能保障公民权利，兼顾民主与效率，充分发挥政府和社会组织的积极作用，将推动国家公共管理更好地发展。

（2）域外公共法律服务与资本主义

我国的国家治理是以人民为中心，而资本主义国家的国家治理是以资本为核心，英美两国作为老牌资本主义国家，其制度体现的是政党间的博弈。尽管两党斗争不断，但总体都致力于维护美国资产阶级集团利益，拥护自由主义价值理念，反对彻底改变其经济制度，在制定纲领时也会综合考虑各方利益。再如在德国，法院会对胜诉可能性较小的案件做出不予援助的决定，以降低费用风险。可见在资本主义国家制度下实施政策时，尽管有处于维护

---

① 陆楚瑜、古一辰、董雯茜：《全球化经济背景下西方公共管理改革对中国的借鉴意义》，《中国商论》2020年第4期。

② 范绍庆：《中国特色行政学：历史审视、现实定位和建构路径》，《天津行政学院学报》2012年第1期。

公民权利的考虑，但最终主要还是为了维护资产阶级的利益。

（3）域外公共法律服务与国家结构

国家结构形式是中央和地方权力关系在国家组织结构形式和原则上的体现，国家结构形式从制度上规定了权力在各级政府间的分配和运用。目前世界上普遍存在单一制和联邦制这两种主要的国家结构形式。美国是典型的联邦制国家，实质上是联邦与州分权的政治，联邦宪法在法律上规定了联邦政府和各州政府有各自的权力划分，分别授予其各自重要的职能，其目的是使所有权力的行使都受到限制。权力的非集中化保障了美国政府制度的顺利运行，拥有平等地方权力的州之间也相互协作，使联邦制下的政府关系得以协调。国家有统一的联邦宪法和其他基本法，各联邦成员也制定了各自的宪法和自己的法律体系；中央权力来自宪法的列举和地方的委托，其余权力由各州自己保留。联邦与州拥有各自的行政、立法、司法机关，联邦地位高于各州，行使最高政治权力，但与州共享主权。德国是联邦制国家，最近一次且规模最大的联邦制改革决议于 2017 年 6 月通过，此次改革既涉及各州之间的财政平衡，又涉及联邦与州之间的权力划分。这一改革于 2020 年生效，具体实施情况还要观察。英国、日本是非中央集权性质的地方分权型的单一制国家，确立为单一制国家的同时明确规定实行地方自治。地方政府有双重身份，既是在法律规定范围内享有自主管理地方事务权力的地方自治机关，又是受中央政府统一领导的执行中央政府所委托职能的地方政权机构。中央政府严格监督地方政府。法国是单一制国家，但法国的单一制具有中央集权传统。法国的中央与地方之间都是以中央组织人员派驻地方的方式来进行中央对地方的监督。从 1982 年起，法国开始进行相当规模的地方分权改革。经过这 30 多年来的发展，法国不再是传统的中央集权的单一制国家，而成功转型为地方分权的单一制国家，中央与地方在行政上实行分权，地方对法律规定权限范围内的事务实行自我管理。但同时，毕竟法国还是一个单一制的国家，因此各个地方仍然是统一民族国家内的地方组织，中央政府给予地方自主权，但也同样监督着地方以保证国家主权的统一、中央命令的上行下效以及各地方之间的平衡发展。荷兰是实行地方分权的单一制国家，国家权力在纵向上由中央政府、省级政府和市级政府分享。荷兰《宪法》对三级政府权力的分配为省和市在各自的地域范围内享有对内部事务的管辖权；上级政府依法享有对下级政府的监督权和命令权。中央与地方的关系在不同国家有不同的产生与立法背景，地方自治与分权也因国家结构的不同而有不同体现，地方权力有大有小，但都可以在宪法规定范围内或中央政府授权范围内根据地方实际情况实施不同的治理措施。在公共法律服务方面，州或县政府可以在自己的权限范围内履行出资义务、与律师事务所签订法律服务合同等。

（三）公共法律服务的财政比较基础

公共物品是基于人们在社会生活中的公共利益及公共需求而产生的。在市场运行中，供给需求互为制约，没有供给就没有需求，没有需求也就没有供给。随着社会法治的健全与公民法治意识的强化，人们对法律的需求也应运而生，公共法律服务体系的建构正是对人民普遍的法律需求做出回应。法律和其他制度一样，有经济学属性，对经济具有重要意义。同时经济制度及财政制度又会对法律制度起到保障作用，经济效益是衡量法律制度优劣与否以及决定如何取舍法律制度的基本标准。法经济学是法学和经济学的结合，同时要用法学和经济学的知识去研究问题，研究重心是在经济学与法学两种语境下研究问题并找寻效率与公平的完美契合点。而公共法律服务也恰好体现了法学与经济学的研究价值。根据法经济学中的成本——效益的理论思考如何以最小成本实现最大收益。

1. 我国公共法律服务体系建构的财政基础

（1）公共法律服务体系建构与政府购买公共法律服务

古语有云："财者，为国之命而万世之本。国之所以存亡，事之所以成败，常必由之。"财政是以国家为主体的经济行为，承担着国家在提供公共产品及弥补市场失灵方面的支出责任。经济基础决定上层建筑，公共法律服务体系的建构取决于当前我国经济发展的水平和财政的支持力度。2014 年 12 月 15 日，财政部、民政部、国家工商总局发布《政府购买服务管理办法》指出政府购买服务是指通过发挥市场机制的作用，把本应该属于政府直接提供的公共服务事项的一部分以及政府履职所需要的服务事项，按照符合法律规定的一些方式和程序，交由具备条件的社会力量和事业单位承担，并由政府根据合同约定向其支付费用。国家购买公共法律服务是指国家提出购买服务政策，通过政府向社会力量购买服务的方式，解决公共法律服务体系建设中遇到的困难和问题。各地政府也出台了相应政策，制定公共法律服务政府购买目录并进行了购买服务的实践，其中政府购买的公共法律服务主要包括普法教育、法治宣传、律师法律顾问、一村（社区）一法律顾问、人民调解“以案代补”、法律援助办案补贴、志愿者服务项目等。政府购买公共服务是相对新颖的公共管理模式，对于提高政府效率有很大益处，目前我国的政府购买公共服务不是十全十美的，还需要不断地探索与实践。

（2）公共法律服务体系建构与财政转移支付制度

公共法律服务是公共服务的重要组成部分，《“十三五”基本公共服务均等化规划》提出2020年基本公共服务均等化的目标总体实现，截至2018年8月，我国已经有24个省份将公共法律服务体系建设纳入基本公共服务体系。各地政府经济发展的差异直接影响政府财政收入，导致各地政府提供基本公共服务的能力不同，供给水平也存在差距。财政转移支付制度是为了实现财政实力均等化，提升财力不足地区财政支付能力的一种有效手段。政府间的财政转移支付有均衡区域财力，提高相对落后地区基本公共服务供给能力的作用。但是，目前我国财政转移支付法律制度还不完善，存在立法效力层次低、规定不明确等问题，之后提升的空间还很大。

（3）公共法律服务体系建构与财政预算

根据《司法部2019年部门预算》可知，2019年司法部一般公共预算财政拨款支出年初预算数为106454.6万元，公共安全（类）2019年年初预算为64629.95万元，其中基层司法（项）2019年年初预算为887.70万元，普法宣传（项）2019年年初预算为1501.83万元，法律援助（项）2019年年初预算为863.02万元，比2018年执行数增加59.66万元，增长7.43%。法制建设（项）2019年年初预算为908.56万元。根据《武汉市司法局2020年部门预算》可知，武汉市司法局2020年一般公共预算支出预算13734.39万元，项目支出3163.04万元（除基本支出10571.35万元外）公共安全类支出10867.44万元，其中基层司法业务535万元（主要用于基层司法业务工作、公共法律服务体系建设等），普法宣传300万元（主要用于“七五”普法工作的验收，组织普法讲座、培训等），法律援助712万元（主要用于法律援助办案工作，案件补贴等），法制建设450万元（主要用于法制建设方面的工作经费）。从上述预算数据来看，对于公共法律服务的财政预算是可观的，但是由于我国地域辽阔、人口众多，加上现代社会的快速发展，人民对公共法律服务的需求越来越大，所有财政的保障力度在实际操作过程中仍显不足。

2. 域外公共法律服务体系建构的财政基础

（1）域外公共法律服务与政府购买公共服务

域外公共服务购买已经存在了很久，其根据理论在实践上开始深化是从撒切尔1979年市场化改革开始的。政府购买公共服务是以市场导向的最优配置，也能够帮助构建政府与社会组织在公共服务领域的合作平台，[①] 通过政府购买公共服务可以实现公共服务的多主体供给与多主体负责，多种主体共同致力于公共服务从而推进社会范畴内的总体利益的提升。英美采用合同制模式提供法律援助正是政府购买公共法律服务实践，通过财政拨款和公开招标的方式，将法律服务交由具有资质的法律服务机构来完成，政府、社会组织、律师及律师协会等主体共同参与公共法律服务中。

（2）域外公共法律服务与财政保障

在公共法律服务的财政保障方面，根据我国香港特别行政区《2017法律援助署年报》可知2017—2018年度，法律援助署向律师/专家/其他人士支付的费用为6.924亿元，向法援受助人支付的款项则为11.90亿元，年内各项付款服务的表现均超出所订的服务承诺。荷兰是一个高度发达的资本主义国家，人均国民收入居世界前列。截至2018年，荷兰国土总面积达41864平方千米，相当于两个北京大小，荷兰总人口1726万人，但荷兰的法律援助经费保障力度很强，2014年经费开支为每年约5亿欧元。

二　两大法系国家公共法律服务体系建构现状分析

公共法律服务制度是我国独创性的法律制度，虽然国外也有相似制度且发展较为成熟，但并未形成统一的公共法律服务法律，大多是有关专门

① 骆路金：《经济法视野下政府购买公共服务探析》，《研究生法学》2013年第1期。

制度的立法与运行。本章对两大法系国家公共法律服务体系建构的现状主要是围绕其中的具体制度展开论述，从中寻找我国可以借鉴的经验。

（一）美国公共法律服务的体系化做法

当前美国公共法律服务产品体系主要包括法律援助、公证、律师制度、公民法制教育等。

1. 美国司法部的公共法律服务职能

美国司法部设置的承担公共法律服务职能的机构及职责：一是司法援助局（Bureau of Justice Assistance，BJA），BJA 通过加强国家的刑事司法系统来帮助美国社区变得更加安全，BJA 支持执法、司法信息共享、预防犯罪、保护弱势群体和能力建设等领域的方案和举措，它的赠款、培训和技术援助以及政策制定服务为州、地方和部落政府提供了减少暴力、支持执法等所需的尖端工具和最佳做法。二是面向社区的警务服务（Community Oriented Policing Services）主要是直接向美国及其领土上的执法机构授予竞争性酌情补助金。目前已经帮助在全国建立了社区警务基础设施。全国大约 86%的人口由执法机构提供社区治安服务。三是社区关系服务(Community Relations Service)，社区关系服务是美国司法部的“美国和平缔造者”。天主教救济会帮助当地社区解决因种族、肤色和国籍不同而产生的社区冲突和紧张关系。天主教救济会还帮助社区制定战略，预防和应对基于实际或感知的种族、肤色、民族血统、性别、性别认同、性取向、宗教或残疾的暴力仇恨犯罪。民事登记系统在争端中不偏袒任何一方，也不调查、起诉、强加解决方案、指责或评估过失。通过提供调解、促进、培训和咨询服务，社区康复服务帮助社区提高独立预防和解决未来冲突的能力。四是犯罪被害者办公室（Office for Victims of Crime)，OVC 代表犯罪受害者提供领导和资金。五是少年司法与犯罪预防办公室（Office of Juvenile Justice and Delinquency Prevention，OJJDP）为预防和应对少年犯罪和受害提供国家领导、协调和资源。OJJDP 支持各州和社区努力制定与实施有效、协调的预防和干预方案，并改善少年司法系统，以便保护公共安全，追究罪犯的责任，并提供适合少年及其家庭需要的治疗和康复服务。

民间机构也对公共法律服务的发展有很大贡献，公益组织、律师协会等也行使着各自的法律服务职能。

2. 法律援助制度

（1）法律援助内容

美国的法律援助分为刑事法律援助（包揽型）与民事法律援助（资助型）两种。美国刑事法律援助主要采用三种提供模式：①政府设立的公设辩护人模式。这一模式下雇用的所有律师都是领取政府薪金，为犯罪嫌疑人和被告人提供法律援助。公设辩护人诞生于美国，公设辩护人这一模式在美国的辩护服务体系中占绝对的主导地位，其虽名为公设辩护人但公设辩护人却不是代表国家的公职人员，公设辩护人所代表的是其负责的当事人的利益。②指定私人律师模式。即法庭为那些无力聘请或没有资金聘请律师的被告人，指派私人律师为其提供法律援助，应付报酬由政府向私人律师支付，美国律师协会也会鼓励美国的私人律师每年提供一定时间长度或案件数量的免费法律服务。③合同制模式。由美国政府与通过审查要求的某律师事务所签订合同，政府提供经费，律师事务所提供服务。上述刑事法律援助的三种提供方式都发挥了各自的作用，也保障了刑事案件当事人可以在自己无力负担时享受到法律援助的权利。美国民事法律援助并不像刑事法律援助一样由政府全面负责，民事法律援助由法律援助服务公司/联邦法律援助协会（非公司法人性质的独立机构）为主要负责机构，联邦政府拨付经费给法律援助服务公司由其负责民事法律援助工作的运行。美国民事法律援助的服务方式具体而言，包括法律咨询、法律教育、和解、调解、法庭代理、法律帮助等。美国的民事法律援助实践中大部分案件都是以和解、调解方式结束的。

（2）法律援助经费

美国联邦宪法明确规定刑事法律援助是美国公民依法可以获得的权利。在联邦法院系统和绝大多数州法院系统审理刑事案件时，刑事案件犯罪嫌疑人和被告人都可以获得刑事法律援助，经费一律由政府财政保障。刑事法律援助经费来自州或县政府，当地政府如果设有公设辩护人机构则政府直接将经费拨款给公设辩护人机构；如果没有设立公设辩护人机构则政府将经费拨款给法院，由法院支付资金给指定私人律师或是签订合同的律师或律师事务所。美国公民民事法律援助的权利不像刑事法律援助一样有宪法保障，公民得不到充足政府资金保障的民事法律援助，其资金主要是法律援助公司的拨款、州政府的拨款、民间慈善组织捐款、律师等的捐赠等。

（3）法律援助机构

美国的刑事法律援助主要通过三种模式中的公设辩护人体系实施，民事法律援助则主要是法律援助服务公司来组织实施，除此之外，政府设立的法律援助机构、当地律师协会及其设立的法律援助机构，各大高校法学院师生组织的“法律诊所”等也向社会提供法律援助。任何民间的民事法律援助机构都可以向联邦法律援助协会申请项目经费。在美国，刑事法律援助体系和民事法律援助体系都没有统一的法律援助管理组织，而是由各个机构各自独立运作。

3. 公证制度

美国没有统一的公证人制度，其公证制度只存在于各州立法中。各州根据自己的情况可通过专门立法、法律惯例汇编等方式进行相关法律规定。在美国，公证人并不是专门的法律职业人员，所以对于公证人从业资格的规定比较简单，对公证人年龄的限制也非常宽泛，大部分州规定只要年满 18 周岁就可以担任。如此宽松的任职条件导致公证人在美国司法程序中作用不大。美国公证人的主要工作是一些程序性和非实质性的证明，对于案件事实起不了关键性的决定作用。

（二）英国公共法律服务的体系化做法

通常称为“英美法系”中的英国法是指英格兰和威尔士的法律。英国也没有形成统一的法律服务法律，有 2012 年《法律援助、罪犯量刑与处罚法》、2013 年《刑事法律援助（财务资源）条例》、2013 年《刑事法律援助（报酬）条例》、2013 年《民事法律援助（案情标准）条例》、2015 年《民事法律援助（案情标准和财政资源信息）（修订）条例》、2016 年《民事法律援助（案情标准）（修订）条例》、2017 年《标准犯罪合同》等。当前英国公共法律服务产品体系主要包括法律援助、律师制度等。

1. 英国司法部的公共法律服务职能

英国司法部致力于保护和推进正义，负责司法系统的法院、监狱、缓刑服务、出勤中心等，同时与其他政府部门和机构共同努力，秉承为社会每个人带来正义原则，英国司法部与许多政府机构合作，包括：法律援助机构（Legal Aid Agency），咨询、调解和仲裁处（Advisory，Conciliation and Arbitration Service），法律委员会（Law Commission），法律服务委员会（Legal Services Board），法定代表律师和公共受托人（Official Solicitor and Public Trustee），受害者专员（Victims' Commissioner）等。①法律援助机构（LAA）在英格兰和威尔士提供民事和刑事法律援助和建议，确保公众可以获得律师、大律师和非营利部门的法律援助服务，资助民事法律咨询服务，运营公设辩护服务。LAA在英格兰和威尔士的城镇和城市拥有一支约1450人的团队和办公室，总部在伦敦。公设辩护处也由法律援助机构（LAA）资助。②咨询、调解和仲裁处（ACAS）是一个行政性非部门公共机构，旨在通过改善雇用关系、与雇主和雇员合作解决问题和提高绩效来改善组织和工作生活，其为雇员和雇主提供关于工作场所权利、规则和最佳实践的免费、公正的建议，还提供培训并帮助解决争议。③法律委员会（Law Commission）是一个咨询性的非部门公共机构，负责对法律进行审查，并在需要时提出改革建议。该委员会的目的是确保法律公平、现代、简单并尽可能具有成本效益。④法律服务委员会（Legal Services Board）是一个行政性非部门公共机构，其确保法律服务部门的监管符合公共利益，并将消费者利益置于系统的核心。⑤法定代表律师和公共受托人由高级法院的法定代表律师和公共受托人共同组成，包括律师和行政人员。主要负责帮助那些因缺乏智力或年纪小而易受伤害的人利用司法系统提供服务，处理遗嘱、遗产、土地等问题。⑥受害者专员由部长任命，但独立于政府，可以自由提出建议、质疑和意见。主要是听取被害人和证人的意见并为他们提供优质服务，帮助他们应对和康复。

2. 法律援助制度

（1）法律援助内容

英国是第一个建立法律援助的国家。法律援助可以帮助支付法律咨询、家庭调解和在法院或法庭上的代理费用。申请人需要证明案件有资格获得法律援助并且付不起法律费用。在以下情况中，申请人可以获得法律援助：自己或者家人有遭受虐待或严重伤害的危险家庭暴力或者强迫婚姻；有无家可归或失去家园的风险；被指控犯罪，面临监禁或拘留；需要家庭调解等。符合案件条件和财务资源条件时，民事法律咨询处（Civil

Legal Advice）会提供免费且保密的建议，这也是在英格兰和威尔士可以获得的一部分法律援助，可以提供债务、住房、家庭虐待、特殊教育需求等方面的咨询与建议。英国法律援助根据两个主要的司法领域提供刑事法律援助和民事法律援助。①刑事法律援助主要针对警察局和刑事法庭中被调查或被指控犯罪的人，针对低等犯罪和高等犯罪两种提供不同援助：对低等犯罪在嫌疑人被指控前或指控后在地方法院或监狱给予其法律建议或提供辩护，对高等犯罪只涉及比较严重的刑事案件，由法律顾问和高等法院的代表提供援助。②民事法律援助可以划分为法律帮助（就法律问题提供意见，但不包括在法律程序中进行陈述）、受管制的法律代表（包括在精神健康及入境事务审裁处的代表）和民事代理（由律师出庭民事诉讼）三类。在英国当事人要想获得法律援助，得通过经济审查和案情审查。刑事法律援助主要是由律师及公共辩护人提供法律咨询、在刑事诉讼程序中提供咨询和辩护。民事援助由律师、法律中心及公益性质的法律机构的非律师提供。英国法律援助主要采用两种模式：①公共辩护人模式。英国 1998 年设立公设辩护人，公共辩护人是国家雇用的专职从事法律援助的律师。②合同制模式。合同制是由法律援助局与通过法律援助委员会品质认定的律师事务所签订合同，由律师事务所组织律师提供法律援助服务。只有签订合同的律师事务所或其他法律服务机构才有资格提供相关的法律援助，以保证英国法律援助的质量。法律援助委员会制定法律援助的标准和详细规定，律师事务所或其他法律服务机构提出申请并证明自己符合质量标准并通过审查，才可以签订临时法律服务合同。在英国某些案件中，申请人要想获得法律援助，则要在申请时同意胜诉后将所获赔偿金支付部分服务费用，才会批准对其进行法律援助。如果法律援助申请人的收入和个人资产额在法律规定限度内，那么他要想获得法律援助，就要向法律援助组织捐献部分金钱和资产。

（2）法律援助经费

英国法律援助资金大部分来源于政府拨款专款专用。法律援助从业人员在开展法律援助工作遇到经济问题时也有相应的救助，如在民事案件中的账户支付（有权获得分期付款以补偿在法律援助证书有效期内产生的利润和费用）和在刑事法院的临时付款和困难索赔。2013 年《刑事法律援助（报酬）条例》规定了刑事法院向律师支付费用及律师对已支付的费用索赔。

（3）法律援助机构

英国法律援助工作的提供机构是法律援助机构（LAA），主管机构是法律服务委员会（LSB），法律服务委员会是英格兰和威尔士法律服务的监管机构。它是根据2007年《法律服务法》设立的，于2009年1月1日成立，于2010年1月1日接管了大部分法定权力。

3. 律师制度

英国的法律服务市场是欧洲最大的。同时，英国也是世界上最开放的法律服务市场之一，英国前100强的律师事务所有一半是设在伦敦的跨国律师事务所。英国律师等级森严，律师划分为事务律师/初级律师（Solicitor）和出庭律师/高级律师（barrister）两类。事务律师直接为当事人承办不动产转移、遗嘱、契约签订或公司组建等一般法律业务，并提供法律咨询，起草法律文书等；他们只能在基层法院，即治安法院或郡法院出庭辩护。而出庭律师不直接与当事人接触，由事务律师代当事人申请，在刑事法院、高等法院或上诉法院出庭辩护。高级律师还可以申请成为皇家大律师，由英王授予，其地位最高，在法庭上享有某些特权。出庭律师一般是精通某一门法律或某一类案件的专家，他们主要办理包括信托、遗嘱、公司法财产等事务的衡平法方面的事务和包括契约法、侵权行为法、刑法、亲属法等方面的普通法方面的事务。近年来，英国出庭律师的专门化倾向越来越明显，出现了专利律师、税务律师、商事律师等。

（三）德国公共法律服务的体系化做法

目前德国并未形成统一的法律服务法律，也没有统一的法律援助法，其规定散见于《民事诉讼法》《律师费用法》等相关法律中。而公证制度与律师制度则有专门性的法律。当前德国公共法律服务产品体系主要包括法律援助、公证、律师制度等。

1. 德国司法和消费者保护部的公共法律服务职能

德国联邦司法和消费者保护部设立司法体制司提供社会法律服务，负责组织对律师等法律职业人员的培训，指导调解等纠纷解决程序的实施工作、给予弱势群体法律帮助等。

2. 法律援助制度

（1）法律援助内容

德国没有制定统一的法律援助法，法律援助制度规定散见于《咨询援助法》《民事诉讼法》《法庭费用法》等相关法律中。德国宪法规定，公民不会因经济条件上的贫穷而得不到法律上的平等保护。德国的法律援助体系由刑事法律援助和民事法律援助组成。刑事法律援助是按照法律规定为犯罪嫌疑人和被告人提供辩护服务。民事法律援助是为经济困难或特殊案件的当事人提供免除费用或减免费用的法律帮助以保障其权益。只要申请人收入在法律规定需要民事法律援助的范围内且案件符合条件就可以享受咨询援助服务或诉讼费用救助。法律援助由律师、法律咨询处、司法辅助官、高校法律诊所等提供。

（2）法律援助经费

德国没有全国性的法律援助监管机构，政府履行其出资人职责，具体法律援助管理工作授权由各个联邦州的州法院实施并由州财政进行资助。德国的法律援助没有像英国美国一样的合同制的规定，德国的法律援助全部由私人律师提供。当事人申请援助时要提交案件情况证明和经济状况证明，法官审查申请人情况后决定是否批准法律援助。法院一旦做出诉讼类法律援助的裁定，当事人就不需要缴纳诉讼费、律师费等费用而由财政支付。州财政会给予律师或法律顾问咨询费、和解费、结案费等相关费用。如果败诉虽然可以免除诉讼费和律师费，但需支付对方当事人的这些费用，州财政则不必再向援助律师支付这些费用。一般情况下，法院会对胜诉可能性较小的案件不予援助以降低费用风险。

（3）法律援助机构

德国的法律援助不由专门的政府部门管理，也不由非政府的组织管理，而是由法院批准是否给予法律援助。而办理法律援助案件法官的独立性也保障了德国法律援助体系的独立性。

3. 公证制度

德国公证制度自 1896 年《德国民法典》颁布起设立，1961 年颁布《联邦公证人法》，最近一次修订是 2015 年，该法与《公证书证法》《公证人协会守则》等共同构成了德国的公证法律制度体系。德国公证人的职责是证明法律事实、预防纠纷的发生和解决纠纷。德国法律规定公证人属于公务员，代表国家司法机关行使职权，其法律地位独立于纠纷双方当事人，其公证行为是非营利性的。在具体实践中，各地区之间的公证制度存在一定程度的不同，甚至出现了私人公证人（不属于国家公务员序列），但私人公证人的认证资格极为苛刻。德国公证人的行为规定与我国相似，主要从事公证文书的制作、从事证明活动。但德国公证人具有一些我国公证员不具有的为当事人提供帮助和代理的权利，德国公证人在从事公证活动时还能以法律服务工作者的身份从事一些法律服务工作，但不得与其公证人身份相矛盾。德国采取了地区联邦双重监督的方式对公证人进行监督，对公证人监督管理的主要机关是司法行政机关、公证人协会和法院。三者从不同的角度监督公证人，以保证公证行为的准确性。

4. 律师制度

德国律师制度有比较完善的成文法律法规《德国联邦律师法》《法律服务法》《德国律师执业规范》《咨询援助法》《联邦律师收费条例》等规定。法律明确规定律师的独立性，律师自身的执业活动具有准司法机构的性质，律师执业不受政府控制，但也不完全属于市场运行行为，律师从事的不是经营活动，主要是为了保障公民有获得法律专业人士的专门性服务而免受国家干涉和妨碍。德国还实行律师强制代理诉讼制度，在州法院及初级法院的一些特定案件代理必须是律师，禁止非律师从事专业的诉讼代理业务。

（四）法国公共法律服务的体系化做法

法国目前也并未形成统一的法律服务法律，有《法律援助法》等专门性的法律。当前法国公共法律服务产品体系主要包括法律援助、公证、律师制度等。

1. 法律援助制度

（1）法律援助内容

法国的法律援助制度意在维护弱势群体的合法权益得到保障以实现平等，分为法律援助、法律获得和受害者援助三个体系。[①] ①法律援助仅指对符合法律规定的案情条件和经济条件，有困难的群众全部免费或

① 刘帅克：《法国、荷兰法律援助制度改革情况及启示》，《中国司法》2014 年第 11 期。

部分免费提供的援助服务，主要是为其提供个案代理服务，不包括法律咨询等非诉讼法律服务。②法律获得主要是向公民宣传并提供法律援助有关的知识和信息、提供专业的法律咨询服务以及非诉讼法律服务等，法律获得主要由合作性质的组织——司法之家提供，司法之家由大审法庭、律师公会以及各种协会组成，主要职责是向人民提供日常生活中各个方面可能出现的问题进行专业化的法律咨询，主要以律师咨询为主，同时司法之家还提供调解、和解等服务，也会介入轻微违法行为的预防和处理等。③法国的受害者援助是指对那些身体或心理上遭受精神痛苦或经济损失，或基本权益受到严重损害的受害者进行援助，这一理念源自加拿大的修复式司法。目前，法国主要的受害者援助机构包括国家受害者援助委员会、调解协会及受害者保护法官、受害人援助办公室、受害人援助补偿机构等。对受害者的援助方式主要就是倾听其遭遇与诉求，支持其维护自身合法权益；跟进案件进程并及时告知受害者案件进展情况；帮助受害者提出物质损害及精神损害赔偿要求、帮受害者撰写文书并办理案件相关手续、陪同受害者出庭或支持起诉；为受害者提供心理辅导与心理支持等。

（2）法律援助经费

①法律援助：法国法律援助实行费用分担制度，当事人根据自身的经济情况分担法律援助的部分费用。个人支付的费用根据其收入情况和国家法律明确规定的补贴标准确定。如果申请人还有其他共同生活的成员需要负担，可以适当提高其分担法律援助费用的最高限额以减轻其生活与经济负担。法国法律援助的经费由国家财政支出，每个律师公会的律师资金结算及管理处负责管理经费及支付律师办案补助费用。每年的法律援助经费大约是3.5亿欧元。律师的办案补贴是固定的。根据财政部的规定，每30分钟的工作时间为一个参考单位，司法部和财政部根据案件的不同类型确定完成每类案件所需要的参考单位数以及每个参考单位数应当支付给律师的补贴数额以支付律师从事法律援助的办案补贴。参考单位数乘以每个参考单位数的补贴数额就是律师应得的办案补贴。每个参考单位支付的补贴数额并不是固定不变的，每年会根据国家的实际发展情况与法律援助的发展情况进行适当的调整。

②法律获得：法律获得主要由司法之家提供。而司法之家的服务都是

免费的，办理非诉讼案件时无须对公民按法律援助的经济条件进行审查。公民前往司法之家寻求咨询和法律帮助不受地域限制，公民可以自由选择前往哪个司法之家进行咨询。司法部每两年会开展一次公民对司法之家工作的满意度调查以了解司法之家法律获得的提供情况与法律服务质量。

③受害者援助：受害者援助会在相关事件发生后立即介入，对受害者的援助是不受案件类型限制的，任何案件的犯罪受害者不管是因为人为事故还是自然灾害遭受损失，都可以获得免费且保密的法律帮助、司法程序帮助、调解服务及心理开导服务等受害者需要的服务。

2. 公证制度

法国公证人的性质不是领取国家工资的国家工作人员而是公务辅助人员，法国公证人从事工作个人独自进行或者以合伙形式进行，法国公证人员的角色定位更类似于我国的律师，但法国公证人并不是完全意义上的自由职业者。法国法律规定有强制性公证条款，法国公证人的业务范围是非常广泛的，不但可以出具公证书，还可以提供法律咨询及提供相关事务谈判等服务。法国对于公证人的监管主要采取公证行业自律管理和政府监管相结合的方法。

（五）日本公共法律服务的体系化做法

日本目前也并未形成统一的法律服务法律，有《总合法律支援法》等来指导具体法律服务的运行。

1. 日本法务省的公共法律服务职能

日本法务省所管理的法人——日本司法支援中心，负责提供法律援助。

2. 法律援助制度

（1）法律援助内容

在日本，法律援助也叫法律扶助，是在第二次世界大战后确立完善起来的。日本于 1952 年成立了全国统一性的机构——“财团法人法律扶助协会”专门实施法律援助。该协会隶属于法务省，按地域在全国各地设立分支机构，即支部。并在高等法院所在地设置“地区协议会”这一机构来承担承上启下的联络作用，负责法律扶助协会及支部之间的沟通协调。2004 年 6 月 2 日，日本公布并正式实施《总合法律支援法》。根据该法规定，司法支援中心负责的法律援助业务范围主要包括：①一般法律咨询援助业务；②民事法律扶助业务；③刑事国选辩护律师支援业务；④特定援助业务；⑤犯罪被害人援助相关业务；⑥受灾者援助业务。其中日本民事法律扶助业务是指，经济上不富裕的人遇到法律纠纷时，免费进行法律咨询（“法律咨询援助”），必要时，进行律师、司法书士（日本的一种法律职业）费用等的替换业务。要想获得民事法律扶助需要满足以下条件：①收入在一定数额以下；②不能没有胜诉的希望；③符合民事法律扶助的宗旨。能够接受免费法律咨询的是满足①③条件的人。能够利用律师、司法书士费用等替换制度的，是符合①②③所有条件的人。对象不包括那些在日本没有住所，没有合法在留资格的外国人，法人工会等团体。根据总合法律支援法的修正（2018 年 1 月 24 日实施），对于因认知机能不充分而可能妨碍自己权利实现的国民（特定援助对象者）的法律支援得到了扩充。

（2）法律援助经费

日本法律扶助协会的经费在 2004 年之前的主要来源之一是日本律师联合会，因为日本普遍认为法律扶助是律师对于经济上有困难的民众提供免费法律资源的义务与责任。直到 2004 年颁布《总合法律支援法》之后日本才确定法律扶助是国家应当承担的责任，在此之后司法支援中心的运作全面由国家财政补助，除政府及地方公益或公共团体之外，其他任何人不可以向司法支援中心出资。

（3）法律援助机构

自 2006 年 10 月起，涉及日本全国范围内的法律扶助业务都由司法支援中心统一开展并负责处理。刑事法律扶助部分则由法院指定国选辩护人之后，由国选辩护律师在案件结束后的规定时间内提交报告书以获得报酬。

3. 公证制度

在日本，公证人是负责国家公务即公证事务的公务员。而且，公证人承担的公证事务与国民的权利义务有关，旨在实现预防私人纠纷，公证人制作的文件中也包括可以强制执行的公证证书。因此，公证人不仅必须具备高度的法律知识和丰富的法律实务经验，而且作为公务员必须没有党派性，中立公正。基于此，公证人原则上是长期担任法官和检察官的法律实务经验丰富的人，应征公开招募的人中，由法务大臣任命。另外，现在从事法务多年，具有法律有资格者为准的学识经验的人，并且经过检察官·公证人特别任用等审查会的选拔接受公开招募的人，也由法务大臣任命为公证人。公证人作为法务大臣任命的法律专家，以中立公正的立场承担着国家公务公证事务，以保护国民的权利和预防私人纠纷为使命。法院承担着事后救济的作用，而公证人则承担着事前预防纠纷的作用。公证事务，即公证人提供的法律服务，大致分为公证书的制作、授予认证和授予确定日期三种。

（六）荷兰公共法律服务的体系化做法

荷兰目前也并未形成统一的法律服务法律，有《法律援助法》等专门性的法律。当前荷兰公共法律服务产品体系主要包括法律援助、公证、律师制度等。荷兰虽然国土面积不大，人口不多，但其对公共法律服务的重视程度还是相当高的。

1. 法律援助制度

（1）法律援助内容

荷兰的法律援助体系由初始公共援助、一线公共援助和二线私人援助构成。[①] ①初始援助是提供自助法律服务让当事人自主选择，自助法律服务既可以降低法律援助成本也可以提供效率，通过宣传自助法律服务更多的人都可以知道初始援助并享受到法律援助服务，通过自助服务也调动了当事人自主寻求法律解决纠纷的积极性和了解初始援助相关建设状况的能力。②一线援助：荷兰设有提供一线援助的法律服务台，法律服务台是由法律援助委员会全额拨款运作的，可以免费为当事人提供法律法规、普及法律程序相关最新信息，就简单法律问题为当事人提供法律咨询。如果问题复杂法律服务台会将案件当事人移交给调解员或私人律师。如果申请人需要法律专业人士的进一步援助，法律服务台会将申请人移交给事先已向服务台做出承诺同意接收其移交案件的私人律师或调解员。荷兰《法律援助法》是倡导且支持公民寻求一线援助的，根据法律规定如果公民先去法律服务台咨询后再决定向专业律师寻求法律援助代理，则当事人可以减少其自付费用的金额。③二线援助：法律援助委员会负责审查当事人提

① 刘帅克：《法国、荷兰法律援助制度改革情况及启示》，《中国司法》2014 年第 11 期。

交的法律援助申请。如果当事人不能或不便亲自向法律援助委员会申请，则必须通过律师代为提交申请。法律援助委员会审核律师代为提交的申请后，如果认为申请符合条件将会发出准予法律援助的证明文件。私人律师要想受理法律援助案件有两种方式：一是法律服务台将案件当事人移交给私人律师，二是案件当事人自行联系律师。在案件当事人自行联系律师的情况下，接受当事人要求的律师必须将当事人转回法律服务台以便当事人在接受法律援助时可以享受到个人缴费减少 53 欧元的优惠。

（2）法律援助经费

荷兰法律援助的费用大部分都由国家支付，只有小部分根据申请人收入状况自行支付。法律援助体系中的一线援助是由法律援助委员会全额拨款运作的。

（3）法律援助机构

荷兰公共安全与司法部负责领导协调和管理全国的法律援助工作，其职责包括制定法律援助预算方案、为法律援助委员会提供资金支持、制定法律援助未来发展计划和改革措施等。法律援助委员会具体负责法律援助计划的实施、审查法律援助申请、制定法律援助收费的标准、决定律师提供法律援助的资格、为律师发放法律援助授权证书及办案补贴、资助法律服务台、向司法部提交年度工作报告等。

2. 公证制度

荷兰公证员在荷兰的法律从业者领域中的地位，与律师、法警比肩。荷兰民法公证员虽然是由委托人对其服务支付相关费用，但是荷兰的民法公证员是由王国政府任命且终身任期（直至 70 岁退休）的，这一点与法官相同。任期终身制是为了捍卫民法公证员履行自身职责时的公平公正性。荷兰民法公证员分为初级/候选公证员，辅助公证员和接受王国政府任命的民法公证员三类。具体公证员的名额取决于人口总数。民法公证员具有独立性和公正性。但是民法公证员与律师或其他法律顾问又是不同的，民法公证员不仅仅只是为一方代理。在荷兰的公证法律制度中，民法公证员需要在衡量法律交易所有当事方利益的基础上做出平衡，可以说荷兰的民法公证员是在当事方之上也不为过。荷兰民法公证员的职权范围极广且具有专属性和透明性，其职权范围严格规定在荷兰民法典中，荷兰民法公证员和德国民法公证员一样，属于世界上专属职权范围最广的公证员。

三　我国公共法律服务体系建构现状分析

我国公共法律服务已取得初步较好发展，在寻求更好发展的同时，不但要研究内地公共法律服务体系建构的发展情况，也要着眼于港、澳、台地区的公共法律服务发展，本部分对港、澳、台的研究主要围绕立法情况、法律援助制度展开。

（一）内地公共法律服务体系建构现状分析

我国公共法律服务体系建构有国家政策的大力支持，体现了国家治理体系与治理能力现代化的要求，各地也在中央文件的号召下积极展开实践，当前我国公共法律服务平台建设基本完成，各地产品体系、供给体系、评价体系等不完全相同，由于我国国情的影响，这些也不宜在全国范围内做出统一规定，而应该因地制宜展开实践探索。

1. 公共法律服务体系建构有国家政策的大力支持

自党的十八届四中全会首次提出“公共法律服务体系”以来，当前我国党和政府出台的关于公共法律服务体系构建的政策体系主要包含以下几项：《中共中央关于全面推进依法治国若干重大问题的决定》《关于深化司法体制改革的意见及贯彻实施分工方案》《关于司法体制改革若干问题的框架意见》《关于推进公共法律服务体系建设的意见》《关于加快推进公共法律服务体系建设的意见》等。随着公共法律服务体系建构的不断深入，党中央与政府应当不断加强顶层制度设计，建立相关制度与法律法规，由政策和法律引领、推动与保障公共法律服务体系建设与推进。

2. 我国公共法律服务体系建构体现了国家治理模式的转型

党的第十九届中央委员会第四次全体会议审议通过了《中共中央关于坚持和完善中国特色社会主义制度、推进国家治理体系和治理能力现代化若干重大问题的决定》。该决定指出我国的国家制度和国家治理体系具有多方面的显著优势，其中包括：坚持全面依法治国，建设社会主义法治国家，切实保障社会公平正义和人民权利的显著优势；坚持以人民为中心的发展思想……而这些显著优势正是我们坚定中国特色社会主义道路自信、理论自信、制度自信、文化自信的基本依据。公共法律服务体系的建构正是体现了我国国家治理方式的转变，公共法律服务体系建构对推进国家治理水平与治理能力的提升具有重大意义，国家治理体系和治理能力是一个国家制度设立及执行情况的集中体现。与市场经济从大力发展到越加成熟相适应，各类社会主体独立性日益增加，“全能型”政府不仅不能全面解决社会问题同时也成为限制市场与社会发展的桎梏，只有吸收社会力量及社会主体广泛参与国家与社会治理，使治理主体与治理方式从唯一到多元，才能促进国家与社会在政府主导下健康发展。公共法律服务体系建构是转变国家治理方式的重要路径与方法，公共法律服务体系建构的发展情况也能反映出我国国家治理体系与治理能力现代化的积极成果。

3. 当前我国公共法律服务的提供机构、提供主体与提供产品各地大致相同但不完全相同

公共法律服务机构包括公共法律服务部门机构和自由市场的公共法律服务机构。公共法律服务部门机构是公共法律服务政府及其有关部门。自由市场公共法律服务机构包括律师事务所、社会工作机构以及其他社会组织。提供主体主要有政府工作人员、律所律师、企业法务工作者、人民调解员等。公共法律服务产品体系是公共法律服务体系非常重要的一部分内容，公共法律服务产品应当满足人民群众对公共法律服务服务的基本需求。公共法律服务的产品体系应当能够面向不同职业、不同年龄段、不同经济收入和不同诉求的人们提供各自需要的可以解决切身问题的有效的普惠性的法律服务。当前我国公共法律服务体系提供的产品主要有法律援助、公证服务、人民调解、基层法律服务、普法宣传等。

4. 公共法律服务平台体系建设基本完成

公共法律服务平台体系包括公共法律服务实体平台、热线平台、网络平台三大平台。目前全国公共法律服务实体平台建设已完成，全国和各省级热线平台、网络平台建设已基本完成。2018 年 9 月，司法部出台指导意见，要求 2019 年年底前实现三大平台一体化，2020 年年底前实现三大平台全面融合。[①] 公共法律服务平台建设既要注重平台自身，还要注重上下级公共法律服务平台信息间的有效对接，并努力形成国家、省、市、区之间纵向一条线的平台对接流畅。除各级公共法律服务三大平台融合之

① 司法部：《关于深入推进公共法律服务平台建设的指导意见》，2018 年 9 月。

外，还应当实现与其他平台的有效对接。

5. 公共法律服务供给体系各地不完全相同

公共法律服务体系的供给主体范围广泛，除司法行政部门、政法机关等机关单位外，通过政府购买服务、法律援助等方式使得社会中的组织与个人也可参与其中，在政府主导下，统筹协调社会力量共同完善公共法律服务体系的内容与应用建构。党的十八届四中全会提出推进覆盖城乡居民的公共法律服务体系建设，即以城乡现实情况为基点，建立覆盖城乡居民并满足其法律需求的公共法律服务体系。公共法律服务体系建构的初衷是以人民利益为出发点，顺应新时代人民群众日益增长的法律需求，因此在我国经济结构呈现城乡二元化、城乡经济差距较大的现实情况下，公共法律服务体系建构需要依据城乡法律需求的不同侧重点，建立既满足城市居民的法律需求，又符合农村人口法律需求的公共法律服务体系。我国公共法律服务供给体系在供给程序上还没有形成一个常态稳定的流程。

6. 公共法律服务评价体系没有统一标准也不宜做简单的统一规定

公共法律服务评价体系主要针对公共法律服务产品和公共法律服务质量的考核评估。目前我国公共法律服务的评价体系多以机构自身评价和服务对象评价为主，此种评价机制有利有弊，自身评价难免出现走过场或弄虚作假的情况，而服务对象评价相对来说更公平些，但不可否认的是，现实情况中很多服务对象容易受外界因素的影响要么敷衍评价要么不敢认真评价，这些情况都会导致公共法律服务的实施情况得不到切实有效的反馈，更不利于查漏补缺，针对问题与不足进行改正。同时服务对象年龄、经历、自身状况的差异又会影响主观的感受，无法保证服务评价的客观性，但这一点又很难在短时间内找到合理的解决途径。公共法律服务评价体系应当积极引入第三方评价机制，将评价结果及时公开在公共法律服务平台上，增加公共法律服务评价的公开性、公正性，以评价结果作为服务质量的体现，在具体设定评价标准、评价条件、评价流程时还要结合各地的实际经济、供给情况展开，不便做简单的统一规定，同时对不同服务主体的评价标准也要做好区分，毕竟不能强求在校大学生可以提供与资深律师同等质量的服务，因此在坚持客观公正评价的原则上也要坚持区分原则，以公共法律服务质量来进行补贴的发放，同时以补贴刺激服务主体提高服务质量，还可以评价质量筛选政府购买的公共法律服务，以市场机制刺激良性竞争，提高产品质量。

7. 公共法律服务体系建构重在基层

当前我国在全国都建立有公共法律服务中心，区县所代表的基层公共法律服务中心充分体现出我国公共法律服务体系建构的现状。当前我国针对基层公共法律服务体系建设仅有宏观性、概括性的政策表述，并无明确的政策与法律法规指导，导致各地区基层公共法律服务体系建设依然处于顶层设计下的自我探索阶段，必然导致建设效果与预期效果具有一定差距。当前我国除极少数发达基层地区外大多数基层公共法律服务体系建构仅仅具有初步轮廓，内在体系与建设依然存在较大的问题。基层农村地区经济落后、财政不足、法律人员缺少，这些因素已经成为严重制约基层乡村地区公共法律服务体系建设的瓶颈。当前我国基层城区与乡村公共法律服务体系建设均遇到不同层次的问题与限制，国家治理中最先需要直面和解决的问题大多来自基层和地方，基层的治理能力是中国地方治理水平最真实的体现。基层是地方建构公共法律服务的一线，是发现问题和解决问题的关键所在。为此司法部将“基层法律服务”及“村（居）法律顾问”纳入国家公共法律服务项目，并在国家公共法律服务发展指标（2019—2022年）中对乡镇法律工作者及村（居）法律顾问人数做出规定，加强对基层地区建构公共法律服务体系政策与保障倾斜。

（二）香港公共法律服务体系建构现状分析

香港目前也并未形成统一的法律服务法律，有《法律援助法》等专门性的法律。当前香港公共法律服务产品体系主要包括法律援助、值班律师、律师制度等。下文对香港公共法律服务主要围绕法律援助制度展开论述。

1. 法律援助制度

（1）法律援助内容

香港的法律援助分为民事案件法律援助（包括普通法律援助计划和法律援助辅助计划）和刑事案件法律援助。

①民事案件法律援助

普通法律援助计划（普通计划）广泛适用于在区域法院、原讼法庭、上诉法庭及终审法院进行的民事诉讼；某些死因裁判研讯；向精神健康复核审裁处提出申请的案件。讼案类别包括：婚姻诉讼；交通意外索偿；业主与租客纠纷；工业意外赔偿；雇员赔偿；入境事务；合约纠纷；专业疏忽；海员追讨欠薪；雇员追讨欠薪及相关的雇用福利；精神健康复核审裁处案件；涉及社会公义的死因裁判研讯。自2012年11月30日起，普通计划的涵盖范围扩大至包括在销售证券衍生工具、货币期货或其他期货合约时涉及诈骗、失实陈述或欺骗情况的金钱申索。申请人要想获得法律援助必须通过“经济审查”及“案情审查”。“经济审查”是财务资源不得超过法定限额（目前限额为港币307130元）。“案情审查”是申请人需具备合理理据提出诉讼或抗辩。法律援助辅助计划旨在为“夹心阶层”人士提供法律援助，若财务资源超出普通法律援助计划的限额但又不超过某一金额，则可根据此计划提出申请。此计划适用于人身伤亡索偿，或因专业疏忽而引起的申索，很可能超过港币60000元。也涵盖根据《雇员补偿条例》提出的申索，索偿额则没有规定。申请人要想获得此项援助，也须同时通过“经济审查”及“案情审查”。“经济审查”是财务资源必须超过港币307130元但不多于港币1535650元。“案情审查”是申请人需具备合理理据提出诉讼。法律援助辅助计划在财政上自给自足，经费来自申请人在接受法律援助时所缴纳的分担费以及在诉讼中替申请人讨回的赔偿或补偿所扣取的款项。

②刑事案件法律援助

刑事案件援助范围包括在裁判法院进行的交付审判程序、在区域法院及原讼法庭审讯的案件，以及所有刑事上诉案件。除了交付审判程序，其他所有在裁判法院审理的案件全部都不属于法律援助的范围。申请人通过“经济审查”和“案情审查”就可以获得法律援助。“经济审查”的财务资源不超过财务资格限额（港币307130元）。如果超过限额，而法律援助署署长可以基于案件情况进行自由裁量，如果其认为给予超过限额的法律援助是为了维护司法公义，可以豁免财务资源的限制，而申请人要按自己的财务资源缴付较高的分担费。“案情审查”是在区域法院及原讼法庭审理的案件，给予与法律援助有利于维护司法公义。对于上诉案件，申请人只有在具备合理的上诉理据的时候才可能获得法律援助。

（2）法律援助经费

法律援助署的经费来源主要是香港特别行政区政府每年的拨款，而该署的收入主要来自受助人缴付的分担费及所讨回的诉讼费。在香港虽然有些受助人不用掏钱就可以获得法律援助，但这并不表示法律援助署提供的服务是免费的。法律援助署会按受助人的财务状况要求受助人缴付分担费。(a) 在普通法律援助计划下的民事诉讼中，如法律援助申请人的财务资源被评定为介乎港币 38391.26—307130.00 元，则缴付的分担费的金额为港币 768—76783 元不等。(b) 在普通法律援助计划下的刑事诉讼中，法律援助申请人所需缴付的分担费的计算方法同民事诉讼法律援助。如果申请人的财务限额超过港币 370130 元，法律援助署酌情给予法律援助，则须缴纳分担费的比率，为经评估的财产资源的 30%—67%。“法律援助署署长第一押记”只适用于普通法律援助计划下的法援案件。如申请人从获批法援的诉讼讨回或保留任何金钱或物业，便须以所讨回或保留的金钱或物业，清还署长已付或须代申请人支付的一切费用，但子女的赡养费及配偶按月收取的赡养费均获豁免。如申请人曾缴付分担费或能够从对诉讼人讨回诉讼费，则署长会从申请人须支付的数额中扣除这些款项。在香港，普通法律援助计划和法律援助辅助计划的当事人胜诉后，法律援助署在可以收回支出一定的费用，这样的做法增强了法律援助的经费保障。

（3）法律援助的机构

香港负责法律援助工作的机构是法律援助署，法律援助署负责接受当事人的法律援助申请，审核后决定批给还是拒绝法律援助，也负责法律援助具体案件的委派及监督，除此之外也提供诉讼服务及相关的法律支援服务。

2. 当值律师服务

当值律师服务是由香港特别行政区政府资助由香港的法律专业人士独立管理的一项服务。当值律师服务主要提供：当值律师服务项目、免费法律咨询服务项目、电话法律咨询服务项目以及酷刑申请服务项目。当值律师服务自 1978 年 11 月设立起就一直在提供法律服务，主要是为被告人提供律师代表（被告人需要通过案件审查与经济状况审查）、为市民提供免费的专业性的法律咨询项目、提供法律专业知识相关的录音带提供法律帮助、为依据酷刑公约提出申请的人提供相关专业性的法律辅助。

（三）澳门公共法律服务体系建构现状分析

澳门目前也并未形成统一的法律服务法律，有《司法援助的一般制度》

《因执行公共职务的司法援助》《申请司法援助的可支配财产的法定限额》等专门性的法律。当前澳门公共法律服务产品体系主要包括法律援助、律师制度等。下文主要论述澳门公共法律服务中的司法援助制度。

1. 司法援助内容

《澳门特别行政区基本法》第 36 条规定，澳门居民有权诉诸法院，获得律师之帮助保护其合法权益，以及获得司法救助的权利。在澳门，法律援助被称作司法援助。司法援助制度是为了确保符合法定条件者不会因经济能力不足而难以通过司法诉讼维护自身的合法权益。

澳门司法援助制度包含了一般司法援助和公职司法援助。

（1）一般司法援助

一般司法援助制度主要由第 13/2012 号法律《司法援助的一般制度》（于 2013 年 4 月 1 日起生效）规定。一般司法援助主要采取“经济能力不足”标准，即司法援助申请人及其家庭成员的可支配财产（分为收入、资产及支出三部分，可支配财产=收入+资产-支出）金额没有超过澳门币 32 万元的法定限额。澳门特别行政区一般司法援助的形式包括：免除支付预付金；免除支付诉讼相关费用；委任在法院的代理人和支付代理费用。

（2）公职司法援助

第 13/2010 号法律《因执行公共职务的司法援助》给予澳门特别行政区公共部门的工作人员，包括按私法制度聘用者，在因执行公共职务而做出的行为或发生的事实被起诉的诉讼程序中的司法援助。公职司法援助的形式有：豁免诉讼费用及预付金；支付在法院的代理费用。

2. 司法援助经费

澳门司法援助是免费的。

3. 司法援助机构

根据第 13/2012 号法律《司法援助的一般制度》规定，司法援助委员会就司法援助的批给及其他相关事宜做出决定，其组成和运作由《司法援助委员会的组成及运作》规定。司法援助委员会负责行使法律法规所规定的职权：批给及废止司法援助申请、调查核实司法援助申请人的经济能力、委任在法院的代理人，以及应行政长官要求就司法援助相关法律法规的适用发表意见，编制司法援助适用的年度报告，制定内部规范等。

(四) 台湾公共法律服务体系建构现状分析

台湾目前也并未形成统一的法律服务法律，有“法律扶助法”等专门性的规定。当前台湾公共法律服务产品体系主要包括法律援助、律师制度等。下文对台湾公共法律服务主要围绕法律扶助展开论述。

1. 法律扶助内容

2004年正式公布“法律扶助法”，规定法律扶助是指对于需要专业性的法律帮助但是负担不了诉讼费用和律师报酬的人，根据法律规定给予制度性的援助，以维护宪法明确规定的诉讼权及平等权等基本人权的实现。法扶的服务项目包括诉讼、非讼、仲裁及其他事件之代理、辩护或辅佐（各类民事、家事、刑事、行政事件及检警第一次侦讯律师陪同到场之服务）；调解、和解之代理；法律文书撰拟；法律咨询（电话、现场面谈、视频方式）；其他法律事务上必要之服务及费用；其他经基金会决议之事项。2019年度法律扶助基金会无资力认定标准自2020年1月1日起施行，法律扶助基金会无资力认定标准是指每年将依各县市公告之低收入户、中低收入户标准异动。无须申请费用，根据资力分为全部扶助和部分扶助。

2. 法律扶助经费

法律扶助基金会的经费来源主要来自政府捐助，其他民间团体或个人的捐助。法律扶助基金会于2004年4月22日正式完成法人设立登记，并于同年7月1日正式开始受理民众申请，自此开展台湾法律扶助工作的步伐。

申请法律扶助时，申请人可能负担费用的情形：①案件在扶助过程中或是案件结束后，发生需要缴纳跟诉讼相关的必要费用时；②通过申请，而于扶助过程中欲请求之金额高于500万元新台币，或请求金额可能有不合理的情形时，扶助律师需依规定回报本会，并应针对请求金额是否合理重新审查；③回馈金、撤销金或已代垫分担金：如果因为法扶的律师协助打官司，而得到超过新台币50万元的现金、动产或不动产等财产时，有可能要回馈基金会支出之律师费与诉讼相关的费用，这就叫作回馈金，审查委员会将决定是否要缴纳、要缴多少及缴纳期限。撤销金是指当本会指派律师协助申请人打官司后，发现申请人在申请时对于案情或经济状况有隐瞒或提供不实在的信息，法扶将撤销对申请人的扶助，申请人应返还为其支付的律师费及诉讼相关必要费用。已代垫分担金是指如果申请人因为经济状况稍微好一点，而审查委员决定部分扶助时，申请人要自己负担一部分的律师费与诉讼相关的必要费用。这时候，如果申请人自己负担有困难，可以向法扶申请先垫付，而经审查委员会同意帮申请人代垫，在扶助律师办完后，申请人就需要返还法扶代垫的律师费及诉讼必要费用。

3. 法律扶助机构

台湾“司法院”是台湾法律援助的主管机关，财团法人法律扶助基金会负责法律扶助的具体组织实施。法律扶助基金会目前已设立有 22 分会及原住民族法律服务中心，主要提供法律咨询及申请法律扶助律师的服务。法律扶助基金会于 2007 年 7 月起，开始推动法律扶助支持网服务，旨在结合不同类型的团体及政府单位，构筑关怀弱势的服务网络。截至 2010 年 12 月底为止共有 1315 处法律扶助支持网据点。

四 借鉴意义、完善之处及对策建议

当前我国公共法律服务体系建构有了政策支持、配套体系与各地有益的实践成果，但还存在地区发展不均衡、经费保障不足、公共法律服务质量参差不齐等问题，针对当前问题的改善，既要立足于我国国情因地制宜改革，又要合理借鉴域外的理论与实践成果，将我国公共法律服务推向更好的发展方向。

（一）域外公共法律服务体系建构对我国的借鉴意义

1. 引入市场竞争机制，提高公共法律服务质量

英美采用合同制提供法律援助，只有通过政府或法律援助机构认定并与之签约的律师事务所或其他法律服务机构才能提供相关的法律援助，以保证质量，政府或法律援助机构向该律师事务所提供经费，该律师事务所提供法律援助。律师事务所要达到政府或法律援助委员会做出的标准和规定，并且签订的合同是有时限的，合同到期后要想续约，则要通过政府或法律援助机构的审查，才可以进行下一时段的法律援助工作。通过引入市场化的竞争机制，可以调动律师事务所的竞争力与积极性，力求提供的法

律援助达到标准，才可获得相应的经费。对法律援助服务的审查机制也能保证律师事务所提供服务的质量。

2. 充分调动高校及法学生对公共法律服务的参与度

美国和德国的大学法律诊所在提供公共法律服务方面起到了很大的作用，美德两国的法律诊所大多设在大学法学系，由大学生直接或间接尽自己所能提供法律服务，可以向州政府或法院申请经费。大学诊所可以调动高校与学生的积极性，既是对学生能力的锻炼与社会经历的积累，也能提供人力资源，同时高校还可以有针对性地开展对公共法律服务人才的培养。同时大学法律诊所的禁区限制我国也可以借鉴，不同的法律学科有不同的重点，案子复杂性也截然不同，大学生虽然经过系统的法律学习，但毕竟实务经验不足，因此在提供法律援助的同时，还要考虑案件的难易程度与学生的可接受程度。我国还可以发挥法学生在普法宣传方面的价值，以课题或实践的方式进行，让法学生深入社区或学校进行普法，在校法学生参加公共法律服务也可以列入社会实践以激发学生的积极性。

3. 扩大资金来源，保障公共法律服务的财政支持

（1）公共法律服务的公共性、普惠性、便民性

要想充分体现就离不开政府对公共法律服务体系的建构在财政方面的大力支持，加大公共法律服务体系建构的财政投入有利于公共法律服务体系的建构，同时也有利于调动公共法律服务主体的积极性，激发公共法律服务质量的提高。同时要加强对公共法律服务人员的薪金与待遇、发展与晋升机制等的保障，这既是他们提供公共法律服务的应得报酬，也是对他们提供公共法律服务所获成果的肯定与支持。在增加财政支出的同时还要制定合理的付费标准，对不同学历、不同类型的情况给予区分，做到付出与收获成比例。

（2）域外公共法律服务的资金来源主要有财政拨款、社会组织捐赠、个人捐赠等，实现了从国家到集体到个人的参与

我国公共法律服务体系建构需要大量的专业人员加入其中，在政府加强公共法律服务财政资金保障特别是对欠发达地区保障的前提下应当扩大资金筹集渠道，公共法律服务是全民共建共享的制度，社会群众与其他组织均是国家治理的主体，也有义务对公共法律服务体系建设提供资金支持，因此我国也可以借鉴国家财政与社会捐助资金共同保障公共法律服务

体系建设的稳定发展。

4. 鼓励律师及律所参与到公共法律服务队伍建设

美国设置有律师招聘和管理办公室（Office of Attorney Recruitment & Management）领导司法部针对法律专业学生和律师的外联和招聘工作，目标是吸引高素质和多样化的人才。针对法律专业学生和初级律师提供司法部志愿实习机会、暑期法律实习生计划和司法部长初级律师荣誉计划；为有经验的律师也提供了广泛的机会来处理国家面临的许多重大而复杂的问题，美国的律师几乎在法律实践的每一个领域工作。美国律师负有为穷人提供公益法律服务的义务，虽然美国各州对律所提供公益法律服务都是采取鼓励而非强迫的原则，但实践中，美国大部分律师都会积极自愿地为处于社会不利地位的人提供公益法律服务，同时美国律师协会也制定了对公益法律服务做得较好的律所和律师的评选与奖励活动，司法行政机关和律师协会也都以自己的方式鼓励美国律师参与公益法律服务，体现律师的职业价值。我国也倡导律师事务所和律师为困难群众提供法律援助等公益法律服务，律师作为法律专业性人才，其提供的公共法律服务质量也可以得到相当程度的保证，这既可以体现律师的职业道德，也可以缓解公共法律服务提供主体不足带来的压力。但实际上我国目前大多是新手律师或是没什么案源的基层从业律师提供公共法律服务，这可以带动新人律师的热情、锻炼其能力，但可能会出现实务经验不足而带来的质量问题，因此在鼓励律师事务所和律师参与公共法律服务时也要做好进一步的区分。

5. 因地制宜制定政策开展公共法律服务实践

域外对于公共法律服务的支持力度很大，但每年的经费、人力也不是完全一样的，会随着社会环境的变化、实践成果的变化、人民需求的变化等一系列因素发生转变以更好地适应社会发展。我国从建立公共法律服务体系开始，各地就在不断加强对公共法律服务体系建构的顶层设计与实践探索，各地在制定相关政策文件时，既要与党中央的精神保持高度一致，也要制定符合本地实际情况的政策，以本地实际发展与实际需求为出发点，以人民为中心，在实践中不断摸索经验寻求更加成熟高效的公共法律服务成果。目前我国公共法律服务体系建构相比于最初已经有了很多经验，但也存在着问题，由于我国省份间发展情况存在较大不同，各民族间发展现状也都不尽相同，所以我国要时刻注意社会环境与公共法律服务环境的变化，有针对性地提出改革建议，因地制宜地开展公共法律服务实践。

（二）我国公共法律服务体系建构应完善之处

我国在公共法律服务体系建构过程中充分发挥了社会主义集中力量办大事的优势，目前也取得了不错的进展，但不可否认的是，我国地域辽阔、人口众多，各地各民族间经济发展、人才供给等都存在较大差异，体现在公共法律服务方面也存在地区发展不均衡、经费保障与人力保障不均衡等问题，要想推进我国公共法律服务体系建构可持续发展，就要直面这些问题。

1. 公共法律服务地区发展不均衡

我国地域辽阔，各省各民族间发展状况不一。我国东部沿海地区与城镇地区经济发达，人力资源丰富，公共法律服务体系建构起步早，知晓度高，发展状况较好；但中西部地区与乡村经济不发达，人力资源匮乏，公共法律服务资源紧缺，知晓度低，供给不足，同时受发展水平、平台建设发展等因素的影响，我国各省公共法律服务在许多方面仍存在明显差异。而公共法律服务应该是平等性、普惠性、均等化的，目前我国各省发展差距大的现状并不利于我国公共法律服务的均等化建设。

2. 公共法律服务人才资源比较欠缺

当前我国各省、市、区、县都建立有公共法律服务中心，为有效满足群众的公共法律服务需求首先就需要充足的人力资源供给，特别是在农村等基层地区公共法律服务专业人员不到位，出现人少事多的状况，这并不利于公共法律服务的提供或公共法律服务质量的提高。除了各地的现实因素，经济因素也是导致公共法律服务人才资源短缺的一大原因，公共法律服务人才的补贴奖励等无法达到专业人员或执业律师的标准，因此很多人不愿意投入公共法律服务体系建构，比起那些基本水平的补贴，法律专业人才更愿意到大城市或知名律所工作，为自己谋求更高的经济回报，人们对大城市的向往与追求又进一步加剧了西部地区、农村地区的公共法律服务人才资源短缺的境遇。目前，如何通过经济手段或鼓励政策促进法律人才前往基层、不发达地区提供公共法律服务也是我国公共法律服务体系建构的现实问题。

3. 公共法律服务经费保障不足

公共法律服务的发展很大程度上取决于经费保障的力度。根据《武汉市司法局2019年部门预算》可知，2019年一般公共预算支出预算12268.01万元。项目支出2910.03万元（除基本支出9257.98万元外），其中，基层司法业务105万元（主要用于人民调解工作，司法业务工作协调等），普法宣传300万元（主要用于“七五”普法工作的开展实施，组织普法讲座、培训等），法律援助780万元（主要用于法律援助办案工作，案件补贴等），其他司法支出614.73万元（主要用于社区矫正专职社会工作者经费；社区律师、村法律顾问以奖代补经费；人民监督员工作经费）。以上数据看似庞大，但分摊到各个公共法律服务中心甚至是提供主体上，就显得不足了。而财政保障力度不够又会影响到公共法律服务提供主体参与法律服务的积极性，也不利于公共法律服务质量的保证力度。

4. 公共法律服务质量保障不足

公共法律服务不同于专业的法律服务，其可以满足人民群众基本的法律需求，让法律服务大众化，普遍化，应该成为人人都可以享有的一项普惠性、公共性的社会服务，但应注意的是，公共法律服务不能成为敷衍走过场的法律服务，构建现代公共法律服务体系，不但要保证人民可以同等地享受到这项服务，还要保障公共法律服务的质量，这样才能确保服务型政府提供公共法律服务体系建构的目的得以实现。现阶段公共法律服务上质量不高、人民群众满意度不够都会影响到公共法律服务的质量，同时也会影响人民群众对我国公共法律服务体系建构的接受度与自信心。在保证人人都可以平等地享受公共法律服务的同时，更重要的是公共法律服务的质量不能差，全心全意为人民服务就要给人民优质的服务，而只有优质的人民满意度高的公共法律服务才能推动我国公共法律服务体系建构的可持续发展。

5. 公共法律服务统筹协调力度不够流畅

目前，我国公共法律服务体系建设在实践中探索经验，其中的政策体系、经费体系、法律服务人才体系、平台体系、政府购买体系、监督保障体系、考核评价体系等都已经基本建立但并不完善，公共法律服务各大体系之间相互融合衔接也并不流畅，还需要长期努力以完善各大体系之间的统筹协调。同时公共法律服务体系各平台之间以及公共法律服务平台与政务平台、人民调解平台等平台间的融合与对接还未完全通畅，与社会组织的衔接也并未完全畅通，对法律顾问、公职律师、调解员等的统一管理与指导也还未实现，公共法律服务的统筹协调力度还有待提升。

（三）我国公共法律服务体系建构的对策

发现我国目前公共法律服务体系建构存在的问题后，就要想办法解决问题，减少公共法律服务体系建构发展的阻碍，我们既要坚持当前各地的有益实践经验并推广，也要针对问题对症下药，发挥中国特色社会主义制度优势，加大资金保障力度，创新人才培养机制，调动政府、社会组织、高校等多方面的积极性，强化信息技术成果的应用，公共法律服务质量、效率两手抓，提供人民群众满意的公共法律服务。

1. 发挥中国特色社会主义制度优势

新时代公共法律服务体系建设是对“以人为本”的贯彻，我国是社会主义国家，我国社会主义建设的智慧来自人民，我国社会发展最终也都是为了人民有更好的生活体验与社会保障。党的十九届四中全会强调“把我国制度优势更好转化为国家治理效能”，因而坚持和发挥中国特色社会主义制度优势对公共法律服务体系的建构与发展具有十分重要的意义。其中，党的领导体系为公共法律服务体系制度提供科学引领与根本保障；法律制度为公共法律服务体系提供服务内容与程序基础；社会治理制度丰富了公共法律服务体系的内容与方式。中国特色社会主义制度适合中国国情，代表中国最广大人民群众的根本利益，调动和激发亿万人民群众创造美好生活的积极性、创造性；它科学有效地配置资源，集中力量办大事，因此，在我国公共法律服务体系建构的过程中，要坚定不移地走社会主义路线，发挥中国特色社会主义的制度优势。

2. 加大公共法律服务资金保障力度

公共法律服务体系的建构需要资金方面的大力保障，公共法律服务体系的可持续发展也要确保资金保障力度到位。针对我国现阶段的公共法律服务体系建构发展现状需要建立多重资金保障，加大政府购买力度，以政府财政为主导，同时鼓励社会力量、公益组织、律师事务所等积极参与其中。政府购买公共法律服务时要做好审查，选择优质的社会主体来提供公共法律服务并且做好质量评估，通过市场化机制择优选择为人民提供尽可能高质量的公共法律服务。政府公共法律服务财政要专款专用细分清楚，根据各地经济发展状况与公共法律服务需求合理制定财政预算、支出体系和比例分担并落实到位，财政转移支付是为了均衡财政而提出的政策，但实际运行中出现了规定不明确、执行不到位的问题，因此要加强财政转移支付的科学制定与依法落实。在吸纳社会资金时要采取合法合理手段，通过社会力量的捐赠扩大公共法律服务的资金来源，保障资金对公共法律服务体系建构的支持力度。

3. 鼓励多种社会力量参与公共法律服务

在公共法律服务体系建构过程中，要鼓励吸收多种社会力量加入公共法律服务体系建设队伍中来。司法行政部门要积极参与，各部门之间加强工作联系与衔接，律师协会、公证员协会等队伍也以自身力量在各自的专业领域提供公共法律服务，高校师生与高校法律援助中心积极参与法律援助、普法宣传、法律实践等活动，也积极鼓励退休政法人员、高校教师、法律服务志愿者参与公共法律服务，可以根据地域有针对性地开展公共法律服务。在服务主体提供服务后要确保资金与补贴的发放，在政策与资金的双重保障下，调动多种社会力量参与公共法律服务的积极性。

4. 保障法律人才专业化培养多渠道就业

各大高校法律人才的培养会影响到之后社会上法律人才的供给与质量，因此法律人才的培养与就业就格外重要，各大高校法学院的建设中，要注重对法学生专业能力及职业素养的培养，注重法学生的实务锻炼与社会实践，培养实用性专业型的法学人才，提高就业时的竞争力，法律专业的大学生在大学四年里的学习中，科目繁多导致学业压力比较大，但不能忽视对法学专业学生的实践要求，学校应当多鼓励学生利用假期实践积极参与法学实践，高校也可以与律师事务所、法院、检察院、司法局加强沟通，为学生创造尽可能多的实习机会，确保学生在步入社会前就有了参与实务的经历进而帮助他们确立择业目标与就业方向。在择业时，法律专业学生可以根据自己的法律职业资格证书是 A 证还是 C 证先找到合适的工作，也可以积极投入基层法检或基层法律服务中心工作。相关就业政策也可以提供资金等条件来吸引高校法学生就业。

5. 以人民群众为主要评价主体

公共法律服务体系建构的目的就是要满足人民的基本法律需求，人民享受此项服务也相应地成为公共法律服务评价最合适的主体，得到准确的评价才能有进步的方向，人民群众为主要评价主体可以直接反映出公共法律服务的质量，人民群众参与评价也能体现人民当家作主的要求，各级机关可以采用问卷调查、上门回访、线上评价等多种形式了解人民对公共法律服务的评价，听取服务体验者的建议，还可以采用部门相互监督、媒体监督方式获取评价，评价应当真实及时反馈，不可以弄虚作假。针对评价结果要有相应的对公共法律服务主体的奖励与惩罚机制，可以及时公开有代表性的优秀公共法律服务作为表率，督促公共法律服务质量的提高。

6. 强化信息科技成果在公共法律服务中的应用

大数据、云计算、互联网等现代科技成果让信息自由高速传递，人工智能将会让传统的法律服务行业发生翻天覆地的改变甚至重塑整个法律服务行业。我国各地区间法律服务还不均衡，有些地区对公共法律服务的知晓度不高，资源供给方面也短缺，因此需要互联网技术等信息技术成果参与公共法律服务中来，既可以提高公众知悉公共法律服务的效率，又可以创新公共法律服务提供形式，通过线上平台也可以减少人们寻求法律服务的成本；大数据的运用也可以让人民群众得知公共法律服务的动态与发展，还可以自己获取想要了解的数据等信息。加快推进公共法律服务体系建设应当抓住信息技术成果带来的机遇，在普惠性便利性上下功夫，让技术飞跃带来的智能化、便捷化操作方式给人民群众带来切实的方便与实惠。

7. 提高公共法律服务均等化建设水平

公共法律服务均等化是公正的基本要求，是减小地区间、城乡间差异的有力措施，目前资金方面、人才供给方面、平台建设方面各地都存在较大差异，在接下来的公共法律服务体系建构过程中应当着重提高公共法律服务均等化水平，在满足人民群众法律需求的基础上推进覆盖城乡的公共法律服务，此项措施需要与财政转移支付、公共法律服务资源的均等化、法律服务人才的就业等措施共同推进，实现公共法律服务的公共性、普惠性，确保公共法律服务是人人都可以享有的服务，推进我国法治国家的建设。

8. 加强公共法律服务体系建构的统筹管理

公共法律服务体系建构是一项系统性的工程，包括政策体系建设、经费体系建设、人才体系建设、平台体系建设、评价体系建设等多个方面，实现各个体系之间的统筹管理是检验公共法律服务体系建构水平的重要指标，在政策保障的前提下，各部分与各部门之间要有可以有效衔接的平台和衔接机制，确保组织领导、资源对接、经费保障各项措施落实到位，加大对政府购买公共法律服务的监督管理力度，确保各项工作落到实处，对公共法律服务多重资金的管理也应当有科学合理的规划安排。对人员的调动协调与资金补贴等也要合法展开。

第七章　公共法律服务学的应用法学基础

公共法律服务平台是为人民群众提供公共法律服务的重要桥梁，构建完整的公共法律服务平台符合司法行政机关全面开展法律服务工作的需要，体现我国基层社会治理的目标。基层公共法律服务是我国公共法律服务需求最多最广的区域，通过对大悟县及江汉区两个对比明显的基层地区公共法律服务进行调研，发现我国基层公共法律服务平台的建设存在构建体系不完整、地区发展不平衡、公共法律服务资源供需不平衡等问题，导致人民群众对公共法律服务平台知晓率低、利用程度低、使用效果不满意等结果。我国国内公共法律服务平台从 2014 年开始实行，取得了非凡的效果，如江苏公共法律服务通过科技引领三大公共法律服务平台的融合，长春市法律服务网将长春市各大资源整合起来，广东热线平台与报警机制、民生频道相连接，上海公共法律服务平台从用户体验出发，这些优秀的经验为我国公共法律服务平台建设的完善提供经验。

一　公共法律服务平台相关概述

公共法律服务体系平台是公共法律服务资源造福于广大人民群众的重要渠道，实践中对公共法律服务平台相关概念界定争议比较大，我国理论界与实务界对此没有进行统一的规定，在研究公共法律服务平台之前首先要对相关概念进行界定，进一步厘清概念，有针对性地完善公共法律服务平台的建设。公共法律服务平台的相关概述可以从我国法律文件中找到相关的规定，司法部于 2017 年开始对有关规定作出全面的部署。[①] 通过国

① 司法部：《司法部关于推进公共法律服务平台建设的意见》，2014 年。

家政策规定，落实公共法律服务体系制定相应对策，进一步将公共法律服务体系的理论改革推上高潮。[1] 2018年司法部又颁布相关文件进一步强调公共法律服务平台的建设。[2] 同时，还有对法律服务三大平台的专门规定，关于网络平台方面的具体规定；[3] 关于实体平台、热线平台方面的专门规定，对数据资源及运维管理等方面进行了详细的规定。[4] 将公共法律服务平台通过“实然”与“应然”角度进行区分，实然法律服务平台指的是我国公共法律服务实际存在的情况，应然法律服务平台指的是我国公共法律服务实体平台理想中的模式。

1. 公共法律服务平台体系实然框架

关于实然规定，我国司法部已经提出具体建设公共法律服务平台的具体事项，在实体平台方面有实体平台的名称、功能职责、服务场所、建设标准、人员配备等规定，实体平台的构建将以县（市、区）、乡镇（街道）作为重要建设地方，有条件根据需要设置其他级别实体平台。网络平台与热线平台的具体规定包括平台名称、总体架构、主要功能、建设模式等，热线以省（区、市）为单位，网络平台一般包括部、省两级。现有三大公共法律服务平台规定如下：

（1）实体平台实然框架

从实体平台的构建层级来看，我国公共法律服务实体平台以县级（市、区）、乡镇（街道）为重点，有条件设立村（居）一级。地（市）级与村（居）级一般不做特别要求。如表7-1所示。

表7-1　　我国公共法律实体平台构建要求

公共法律服务实体平台级别	公共法律服务实体平台名称	建设重要程度
地（市）级	“×市公共法律服务中心”	不统一要求
县级（市、区）	“×县（市）公共法律服务中心” “×市×区公共法律服务中心”	重点建设
乡镇（街道）级	“×乡（镇、街道） 公共法律服务工作站”	重点建设

① 王本群：《关于公共法律服务体系建设的探索与思考》，《中国司法》2017年第3期。

② 司法部：《司法部关于深入推进公共法律服务平台建设的指导意见》，2018年。

③ 司法部：《12348中国法网（中国公共法律服务网）建设指南》，2017年。

④ 司法部：《全国公共法律服务平台建设技术规范》，2017年。

续表

公共法律服务实体平台级别	公共法律服务实体平台名称	建设重要程度
村（居）级	公共法律服务工作室	鼓励有条件建设

（2）网络平台构建实然框架

我国公共法律服务网络平台是以中国法网为中枢的“一张网络、两级平台”，一张网络指的是中国法网，两级平台指的是部级平台与省级平台。两者之间的构建通过中国法律服务网作为中枢，辅之以省级的公共法律服务网站作为网站集群，将公共法律服务通过智能手机、计算机、平板电脑等移动终端传达给人民群众，目前网络平台向基层延伸的重要途径是微信平台，通过微信客户端向人民群众提供法治宣传、法律咨询、法律服务机构导航与查询等基本法律服务。如表 7-2、图 7-1 所示。

表 7-2　　我国公共法律网络平台构建要求

横向 纵向	门户网站	微信公众号	移动客户端
部级	“12348” 中国法网	掌上“12348”	“12348” 中国法网
省级	“12348” ××（省、区、市名称）法网	××（省、区、市名称）掌上“12348”	“12348” ××（省、区、市名称）法网

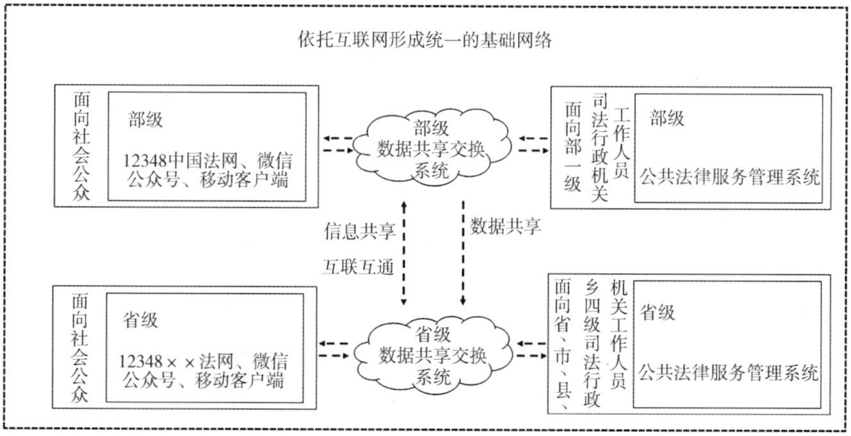

图 7-1　公共法律服务网络平台①

① 司法部：《12348 中国法网（中国公共法律服务网）建设指南》，2017 年。

（3）热线平台实然框架

我国关于热线平台构建有热线服务按照省级集中部署，或市级部署两种部署模式。省级集中部署，席位部署在各市、电话智能分发到各市席位。市级分别部署，则热线由各市自行建立。呼叫中心系统部署在电子政务外网或者电子政务专网。在集中部署的情况下，语音网关等设备集中部署于省厅（局）机房，并与电信运营商联通，所有电话呼叫由集中的设备通过网络分配到各市座席。这样所有设备与电信连接集中在省厅。分布式部署的语音网关、电信运营商连接部署在市级，各市根据情况自行建立，相关数据按照本标准规范提交到省厅数据中心。

公共法律服务专门热线电话是“12348”，是三大平台中最接近人民群众的平台，人民群众只要拨打“12348”，就可以根据自身要求选择需要的法律服务，如相关的法律援助项目、法律咨询等服务。除了服务普通的人民群众以外还可以服务司法行政部门，相关部门可以通过“12348”热线平台所提供的相关数据掌握群众的第一手需要和关注的热点，更好地服务于广大人民群众并提高工作效率，加强监督职能，从而更好地体现我党服务群众意识，树立良好的服务形象。现有公共法律服务热线平台流程如图 7-2 所示。

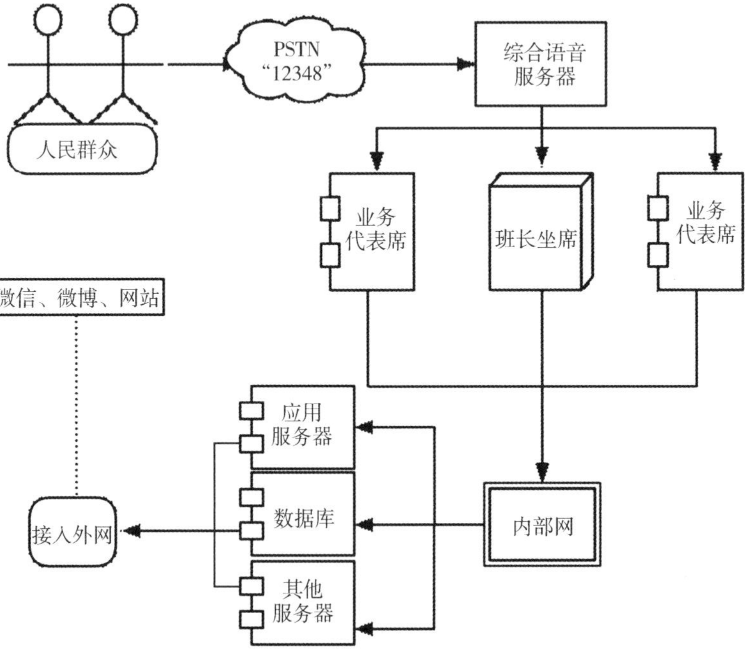

图 7-2 我国公共法律服务热线平台框架

2. 公共法律服务平台体系应然框架

随着我国经济的迅速发展，人民群众对公共法律服务的要求越来越高，现有的公共法律服务平台提供的资源远远无法满足公共法律服务需求，现有公共法律服务平台强调网络、热线、实体平台三大平台的整体推进。[①] 虽然关于公共法律服务平台大多数人直接默认为网络、热线、实体三大平台，其实公共法律服务平台的构建远远不止上述三大平台，现代公共法律服务体系平台的建设需要适应“互联网+”新时代的要求，满足基层群众对公共法律服务平台的需求，构建完善的现代公共法律服务平台。理想公共法律服务平台整体架构需要达到以下目标。

（1）明确公共法律服务平台的功能定位

我国公共法律服务平台功能定位比较混乱，功能设置是公共法律服务平台体系构建的关键，理想的公共法律功能定位可以从法律服务需求的对象出发，分为个人法律服务、从业人员法律服务、企业法律服务。然后根据这三类人群提供不同的功能设置。如个人法律服务功能可设置法律咨询、法律援助、人民调解、律师服务等功能，企业法律服务功能可设置合同审查、法务咨询、法律风险控制等与企业业务相关的服务，从业人员法律服务可设置资格认定、司法考试、司法鉴定、法律工具等专业性比较强的服务。根据公共法律服务功能定位确定公共法律服务平台的构建思路。

确定公共法律服务平台的构建思路主要包括三大平台的构建思路，目前对公共法律服务平台强调互联互通、相互融合。2017 年司法部专门对公共法律服务平台建设的技术规范进行统一规定，进一步将公共法律服务平台体系落实到具体的实践当中。[②] 因此，在设置上不能脱离其他平台的构建单独设置，三大平台理想设置情况如下。

网络平台设置目前的情况是“一张网络，两级平台”，中国法网统领各省级法网，由于我国对基层地区公共法律服务平台的研究越来越深入，已经有部分省份在地级市设置专门的法网，因此，理想的网络平台可设置三级平台，由部级网络平台对省级网络平台进行领导与监管，由省级网络

① 杨凯：《论现代公共法律服务体系的建构》，《法治论坛》2019 年第 1 期。

② 晏洛莎：《司法部正式颁布 19 项信息化实施标准》，《中国公证》2017 年第 6 期。

平台对地市级网络平台进行统领与监管，该模式设置更加有利于提高公共法律服务网络平台与其他平台的融合度。

热线平台设置一般由市级进行部署，级别设置上不需要去调整，但是与其他热线及平台服务的连接上要加强。在与其他平台的融合上，加强热线平台与实体平台的结合，热线平台统一在市级设立，但是根据具体情况可在实体平台设置相关的电话座席，更加方便人民群众；完善热线平台与网络平台的融合，将热线平台的有关情况反映到网络平台上，方便群众查询与监督。在与其他热线结合的情况上看，可将热线平台与消费者权益保护热线、税务热线、110 报警热线等结合。

实体平台设置上我国目前集中在县（区）、乡镇（街道）等基层地区，省、市、村（街道）不作为设置的重点。理想状态的实体平台建设可将省、市、村（街道）都纳入建设中，打造五位一体的公共法律服务实体平台。实体平台的服务功能可以不固定化，根据当地服务需求设置不同的窗口，精准完善公共法律服务平台体系设置。

（2）明确公共法律服务平台的建设目标

我国公共法律服务平台强调司法为民的理念，在建设网络、热线、实体三大平台的基础上强调以便民、利民、惠民为目标。① 首先，公共法律服务构建的出发点要立足于人民群众，从人民群众的需求出发，确保公共法律服务资源的供需均衡；其次，公共法律服务平台要本着便利群众的目标，对资源进行整合并合理分配，更加方便人民群众的使用；最后，公共法律服务要不断顺应时代的变化，从人民群众的根本利益出发，做出适当的调整。司法部关于公共法律服务体系分为不同时间段的目标，具体情况如表 7-3 所示。

表 7-3　　公共法律服务构建目标

年份	目标
2018	强调实现公共法律服务普及化
2019	强调实现公共法律服务一体化

① 《我国公共法律服务三大平台全面建成政务服务“网上办”“指尖办”“马上办”》，《中国司法》2019 年第 3 期。

续表

年份	目标
2020	强调实现公共法律服务精准化
2022	基本形成便捷高效、覆盖城乡、均等普惠的现代公共法律服务体系
2035	基本形成与法治政府、法治国家、法治社会基本建成目标相适应的公共法律服务体系

二　公共法律服务平台构建的理论基础

公共法律服务平台建设在我国有着深厚的理论基础，是加强和创新基层社会治理的必然要求，同时也是实现国家治理体系与治理能力现代化的保障。[①] 随着社会经济的不断发展，我国依法治国理念也不断加深，公共法律服务平台作为我国法治建设中重要环节之一，探索背后的理论基础有助于将公共法律服务平台的建设紧跟依法治国理念的方向。随着大数据、人工智能时代的到来，公共法律服务平台的现代化也要求将互联网技术与公共法律服务平台构建相结合，从而实现“互联网+公共法律服务平台”模式的形成。

（一）基层社会治理理念与公共法律服务平台构建

我国经济快速发展，基层社会的发展也在不断进步，但是基层社会发展存在不平衡、不完善、公共问题突出的现状，需要完善对基层社会的治理。基层社会治理作为提高我国治理体系与治理能力现代化的任务之一，强调自治、德治、法治相结合，虽然自治是目的，但是德治与法治是实现基层社会治理的途径。[②] 法治治理中基层地区的公共法律服务尤为缺乏但是需求量又比较大。人民群众对美好生活的向往不仅仅是物质方面，也包

① 杨凯：《基层社会治理中的公共法律服务体系建构——以武汉市六个社区治理实践为实证样本》，《法治论坛》2019 年第 3 期。

② 汪世荣：《“枫桥经验”视野下的基层社会治理制度供给研究》，《中国法学》2018 年第 6 期。

括对社会公平正义的要求，体现了对公共法律服务方面的追求。[①] 构建基层完整的公共法律服务平台体系需要将区县一级公共法律服务实体平台、乡镇（街道）实体平台、村（社区）实体平台与我国网络平台、热线平台相结合，形成完整的现代公共法律服务生态圈，从而满足我国基层人民群众对公共法律服务的要求。

我国公共法律服务平台建设差距较大，城乡之间发展不平衡，法律资源分配不均，基层地区法律服务水平低、专业法律人才稀缺、法律基础设施落后、基层地区法律服务资源与需求不匹配，公共法律服务在防范和化解社会治理风险中发挥着不可替代的作用。[②] 从我国公共法律服务的知晓率、满意度、利用率可以看出我国公共法律服务需求在基层地区的现状，在实体法律服务平台方面出现“空心化”的状态，法律服务的知晓率、利用率、满意度极低，需要满足基层群众对法律服务资源的需求。建立完善的公共法律服务平台体系，提高老百姓的法治能力与法治意识，提高我国未来法治核心竞争力。[③] 因此，为了让公共法律服务平台体系真正服务广大人民群众，让人民群众享受公共法律服务平台体系带来的好处，加快优化公共法律服务体系，使公共法律服务供给主体更加准确、高效地应对群众对法律服务资源的需求，丰富法律服务的内容，这势必有助于提升群众的法治素养，有助于基层人民群众养成通过法律维护自身合法权益的意识，从而为全面推进依法治国夯实群众基础。[④]

（二）法治现代化理论与公共法律服务平台构建

法治现代化也是国家治理体系现代化的重要环节之一，完善公共法律服务平台体系也是加强法治现代化的重要组成部分。[⑤] 法治现代化是国家治理体系和治理能力的重要依托方式、基本方式、根本要求。因此，将法

① 陈亦琳：《深化司法体制改革 促进社会公平正义》，《红旗文稿》2018 年第 11 期。

② 杨凯：《公共法律服务：防范化解社会治理风险的良药》，《人民法院报》2019 年 4 月 3 日第 2 版。

③ 杨凯：《让公共法律服务成为核心竞争力重要标志》，《人民法院报》2019 年 3 月 31 日第 2 版。

④ 高国梁：《公共法律服务体系的欠缺与优化》，《人民论坛》2019 年第 15 期。

⑤ 王建国、刘苑冬：《国家治理体系与治理能力现代化视域下的法治现代化研究》，《当代世界与社会主义》2015 年第 3 期。

治现代化理念与公共法律服务平台建设相结合也是符合社会发展趋势的一种方式[①]

1. 我国法治现代化经历阶段

我国法治现代化经历了五个阶段，第一阶段是中华人民共和国成立阶段，强调社会主义法制建设，法治现代化的成果有 1954 年《宪法》，之后法制进程一直没有进展。第二阶段是党的十一届三中全会开始了“人治”向“法制”的转变，提出法制与改革、建设相结合。第三阶段是党的十四大提出将市场经济与法治经济理念相结合，顺应了市场经济发展的新要求。第四阶段是党的十五大，依法治国成为我国治理国家的基本方略，实现我国“法制”向“法治”的转变。第五个阶段是从党的十六大至今，提出依法治国理念及社会主义法治国家的建设。

2. 法治现代化与公共法律服务平台建设的联系

中国的法治转型仍未完成，法治内部还存在很多不健全的问题。[②] 如公共法律服务平台体系不健全。公共法律服务平台的建设与国家法治现代化是相互促进、相辅相成的关系。一方面，现代公共法律服务建设的完善是法治现代化重要环节，构建公共法律服务平台对于促进法治现代化具有重要意义；另一方面法治现代化的发展可以引导公共法律服务平台的构建，法治现代化理念的发展对于构建公共法律服务平台的理论基础具有支撑作用。

（三）“互联网+”理念与公共法律服务平台构建

公共法律服务平台的发展对互联网技术要求更高、应用更广，而不是简单相加就可以，将司法圈与法律服务圈进行融合，才能成为完整的“互联网法律生态圈”[③]。我国现有的互联网技术与公共法律服务平台相结合的实践情况主要有以下几类：

1. 互联网与法律信息门户

互联网技术助力公共法律服务平台信息门户的情况包括：第一，现有

---

① 范文：《推进国家治理现代化与政治学前沿问题》，国家行政学院出版社 2015 年版，第 61 页。

② 郝铁川：《中国改革开放以来法治现代化的范式转型》，《法学》2019 年第 5 期。

③ 高泽涵、惠钢行、卢伟、梅琪：《“互联网+”基础与应用》，西安电子科技大学出版社 2018 年版。

的中国法律服务网、各省级法律服务网、市级法律服务网等网络平台的建设；第二，司法部、司法局、司法所等各级的司法行政机关的官网，还有公安、法院、检察院等内外网的建设；第三，行业提供的公共法律服务类网站，如中顾网、找法网、华律网等通过市场调整的网站。法律信息门户网站的建设有助于将我国司法行政各个业务封闭的现状打破，通过将司法资源进行整合，有助于完善公共法律服务平台体系。网络平台纵向可将部级、省级法律服务资源整合起来，横向可将实体平台、热线平台、网络平台进行整合，便利群众获取公共法律服务资源。

2. 互联网与法律工具

常见的法律工具与互联网的结合包括以下几类：一是法律法规汇编查询工具，用于查询法律条文，一般该类应用专业人士使用比较多，如北大法宝、法信、威科先行、律商网、无讼、理脉、Alpha 数据库、法律家、法律之星等；二是专业案例检索工具，对我国生效法律文书进行查询，最常见的是中国裁判文书网、聚法、Openlaw 等；三是查询与诉讼有关的信息类工具，如全国法院被执行人信息查询系统、中国执行信息公开网、全国法院失信被执行人名单信息查询系统、阿里司法拍卖、中国法院网公告查询、中国庭审公开网等。四是尽职调查类工具，用于查询与企业相关的信息，如全国企业信用信息公示系统、全国组织机构统一社会信用代码数据服务中心、启信宝、企查查、信用视界、天眼查。以上法律工具的分类属于不完全列举，可见我国互联网技术与法律工具相结合的范围之广，两者是相互成就、相互促进的关系。

3. 互联网与法律电商

该类产品主要通过市场调节服务于广大人民群众，是连接法律服务市场与当事人的桥梁。常见的法律电商主要有绿狗、壹法务、盈科律云、法天使等，法律电商存在于律师服务及法务服务的情况比较多。

4. 互联网与法律热线

互联网与法律服务热线的结合常见于我国公共法律服务网络平台与热线平台的结合，网络平台可将热线平台获取的法律资源与信息整合一起。

互联网与法律服务的结合是我国司法体系与互联网技术不断进步的表现，公共法律服务的覆盖范围也在不断扩大，法律调解、普法工作等走上了专业化、行业化的发展道路。[①] "互联网+" 技术给法律服务的发展带来了新契机，有助于提高法律服务的效率，扩宽法律服务的领域，给法律服务行业的发展带来了新的春天。[②] 与此同时，法律服务的发展也为互联网技术的发展开辟了新的领域、拓宽新的市场，两者相互促进、互相成就。

（四）司法行政机关整体业务管理体系与公共法律服务平台构建

司法行政机关业务管理体系与公共法律平台的功能建设存在很大的联系，因此，司法行政机关业务管理体系对公共法律服务平台的构建具有重要的研究价值。司法行政机关，顾名思义指的是对司法工作进行行政管理的专门机关。1985 年，党中央、国务院确定司法行政机关的指导思想，主要是为经济建设服务，为社会主义民主与法治建设服务，为国家长治久安服务和方便人民群众。司法行政机关是国家机构的重要组成部分，是人民政府的职能部门。[③]

公共法律服务实体平台主要依托司法行政机构来实现为人民群众提供公共法律服务的目标。司法行政机关的整体业务主要包括以下几项：法治宣传教育、监狱管理工作、司法协助工作、律师公证工作、法律援助的实施和管理、判决和裁定的强制执行、法律职业资格考试的组织和实施管理、司法职业培训的管理、人民调解工作指导和管理、仲裁登记管理、司法鉴定管理、刑满释放人员的安置帮教等。

三　现代公共法律服务平台体系应用情况调查

我国公共法律服务平台实施情况由来已久，本部分从实证分析的角度出发，对我国各大省份网络平台、热线平台、实体平台的整体大致运行情况进行分析，然后根据调研情况，将大悟县与江汉区两个反差明显的基层进行对比分析，为后面问题的探讨与对策研究奠定基础。

---

① 李春仙：《实施"互联网+公共法律服务"的路径探析》，《人民论坛》2019 年第 26 期。

② 张智：《"互联网+法律"改变了什么》，《人民论坛》2019 年第 3 期。

③ 李广辉、林泰松、邓剑光：《中国司法制度研究》，中国法制出版社 2018 年版，第 8 页。

(一) 我国三大公共法律服务平台运行情况分析

1. 网络平台运行情况分析

我国网络平台的建设在三大平台中至关重要，除了具有将法律服务资源进行整合的功能以外，也具有融合三大平台的重要功能。我国 2020 年要实现建成全业务、全时空的公共法律服务网络平台的构建要求。① 通过调查我国各个地区网络平台实施情况，发现我国公共法律服务网络平台运行的状况。

(1) 中国法律网构建情况

中国法网的构建是所有法网建设的中心枢纽，因此也是各网站中构建最完整的，在中国法网模块建设中最具特色的是建设了通往其他省份网站的通道，完整地体现了以中国法网为中枢，紧密联系各省市网站的特点。中国法网基本构建情况如表 7-4 所示。

表 7-4　　中国法律网模块②

功能模块	信息公开	政策发布	全国法律服务	省级法网预览
找律师、求法援、办公证、寻调解、找鉴定、要仲裁、执法服务、法制宣传、案例库、法考服务	新政执法监督平台（群众批评意见建议），群众批评（证明事项清理投诉监督），各地区各部门证明事项清单，农民工欠薪求助绿色通道，英文频道，人民群众满意度评价，立法意见咨询，司法案例查询，法律咨询服务	各类法律法规文件公示，咨询服务，服务状态	法律法规查询、全国综合信息管理系统、法律服务信用信息查询、法律服务办事指南、法律服务投诉	北京、天津、河北、山西、内蒙古、辽宁、吉林、黑龙江、上海、江苏、浙江、安徽、福建、江西、山东、河南、湖北、湖南、广东、广西、海南、重庆、四川、贵州、云南、西藏、陕西、甘肃、青海、宁夏、新疆、兵团

(2) 省级法网建设情况

省级法网主要是以中国法网为中枢，且中国法网可以直接连接到各省级法网，相互链接。各省级法网大同小异，主要分为办事服务功能、查询服务功能、咨询服务功能、评价服务功能、学习服务功能、信息公告模块、友情链接七个部分。

① 杨凯：《尽快建成“全业务”“全时空”的公共法律服务网络》，《检察日报》2019 年 5 月 16 日第 3 版。

② 中国法律服务网：http：//www. 12348. gov. cn。

第一，办事服务功能模块建设情况。办事服务是各省级法网主要功能，构成公共法律服务的重要组成部分。各省可以依据当地法律服务资源及需求现状设置公共法律服务内容，但是法律援助、人民调解、司法鉴定、公证服务、律师服务等基本上是每个省都设置的功能，其他功能根据需求增减。图 7-3 是功能模块建设各省数量分布。

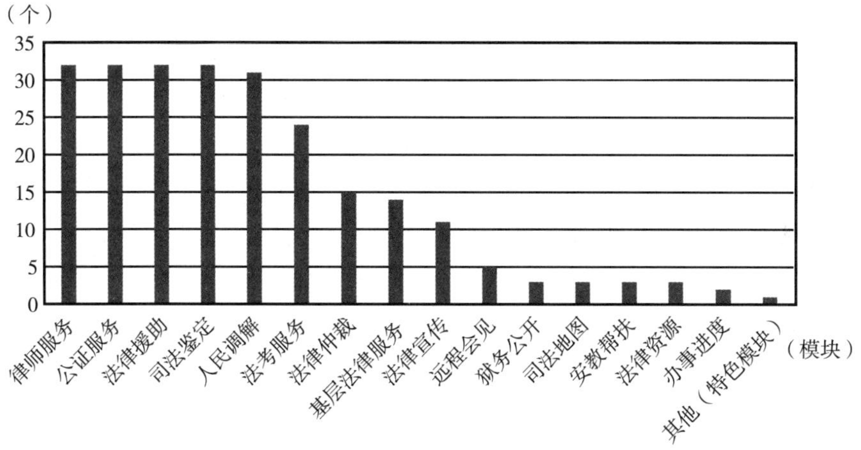

图 7-3　功能模块建设各省数量分布

法律援助、人民调解、司法鉴定、律师服务、公证服务等各省网站功能模块中均有，极少数省份没有人民调解功能。法考服务达到 24 个省份，仲裁服务 15 个省份有，基层法律服务 14 个省份有，法制宣传有 11 个省份设立，远程会见、狱务公开、司法地图、安教帮扶、法律资源、办事进度等有特色的模块少数省份有。个别省份的特色服务包括云上调解、诉讼小助手、信用查询、执法服务、志愿服务、学习法律服务、法律人才服务、智能审合同、行政审批、戒毒所公开、举报服务、办事指南服务、法律风险提示。

第二，查询服务也是各省在法网中必设的模块，在 32 个省级地区中有 28 个设置了查询服务模块。查询功能主要为了群众查询便利所设置，主要包括以下查询内容。

①人员查询：包括律师人员、司法鉴定人员、公证人员、人民调解员、法律服务工作者，不仅可以查询人数，还可以根据类型寻找需要的人员。

②机构查询：包括律师事务所、法律援助机构、公证处、人民调解组织、司法鉴定机构、仲裁机构、法律服务所、基层司法所。在法网中可直接通过点击链接查询各个机构的具体位置，便于群众寻求帮助。

③法律法规查询、司法行政案例查询。

第三，咨询服务模块。咨询服务模块针对群众的疑惑进行解答，尤其是劳动纠纷、拆迁纠纷、婚姻家庭纠纷、消费维权等纠纷，32 个省份中有 31 个省份设置了咨询服务模块。可见咨询服务模块是各个模块中最常见的模块，各省份咨询服务主要有以下途径或者模式：智能咨询、留言咨询、在线咨询、热线咨询、实体服务窗口。该模块与其他模块不同之处是部分省份直接连接热线平台与实体平台。

第四，评价服务模块。评价服务是改进政府服务的重要途径，在 32 个省份中有 28 个省份设置了评价服务模块。评价服务模块主要针对司法行政机关的做法进行评价，包括公共法律服务人员服务态度、办事效率、服务环境等方面，并且提出建议。

第五，学习服务模块。32 个省份中有 12 个省份设置了学习模块。学习服务不仅针对国家工作人员也针对一般群众，让所有群体都做法律明白人，主要通过图文说法、普法视频、普法新闻、以案释法等形式达到学法的目的。

第六，信息公开模块。信息公开模块是为了公布政策文件、监狱工作、通知公告、服务进度等。在 32 个省级地区中有 15 个地区设置了信息公开模块。

第七，友情链接模块。友情链接指的是在本级网站的最底端放入其他与本省网站相关的网站，如中国法网、地级市网站、有特色的网站等。友情链接模块是法网中比较常见的模块，在 32 个省份中有 25 个设置了该模块。

各省级网站的功能模块建设相差不大，以上是省级法网中常见法网的七个模块，各地还根据地方特色设置了如数据化分析、办事指南、审合同、特色栏、服务动态、绿色通道等模块，让群众随时随地就能享受方便、高效的公共法律服务。

2. 热线平台运行情况分析

（1）拨打方式

省级热线服务拨打省会城市（直辖市）区号+“12348”，市级的热线电话当地区号+“12348”。

（2）热线电话服务时间

各省市地区的“12348”热线服务时间有两种：一种是根据平时上班时间来确定，如北京市“12348”热线的服务时间是上午9：00—11：30、下午1：30—5：00，天津市的服务时间为每日9：00—16：30。另一种是7×24小时服务时间，如上海市、江苏省、江西省、海南省、四川省、贵州省、青海省。

（3）热线服务内容

我国各个地区的法律热线服务不外乎以下几种情况。

①民间纠纷类。常见诸如婚姻家庭纠纷、继承权纠纷、借贷纠纷、劳动争议、侵权纠纷等。

②社会保障类。如就业、就学、就医、社会保障。

③法律援助类。针对符合法律援助的咨询者，通过热线将其引导到法援机构。

④资格审批类。如行政审批办事、司法考试咨询、公证咨询。

⑤公示类。如监狱管理局狱务公开、戒毒管理局所务公开、社区矫正管理局执法公开。

⑥普法宣传类。向人民群众宣传基本的法律知识，通过答疑解惑的方式让人们接受法律教育。

针对上述问题的热线咨询，对简单且易于回答的可当场进行解答，而针对比较复杂的问题可将咨询人姓名和联系信息记录下来。在48小时内予以回复；对于不属于服务范围的问题，引导咨询人到相关负责机构进行处理。

（4）与其他热线电话的联动

“12348”热线与其他热线电话的联动情况有以下几种：“12348”法律服务热线与“12345”政府服务热线的结合，“12348”法律服务热线与“110”报警电话指挥中心的结合；“12348”法律服务热线与“12315”消费者协会热线电话的结合；这几种结合可以将人民群众的特殊需求与“12348”热线电话相结合，根据特殊情况及时做出反应，将各个专线与“12348”热线形成相互联动机制，并将特殊情况反应给相关部门进行处理。

（5）部分省市热线咨询情况

根据资料显示，截至2019年12月，“12348”热线服务从创立以来给各省市的部分服务次数如图 7-4 所示。

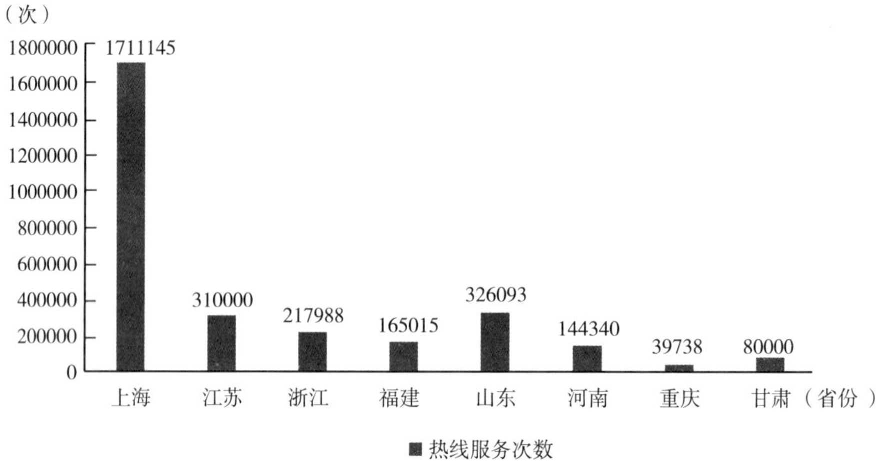

图 7-4 部分省份“12348”热线服务次数

上海市“12348”热线服务次数为 170 多万次，在上海市公共法律服务体系中占据重要的位置。我国大约 20 个省份全面实现了“12348”法律服务热线全覆盖。

3. 实体平台运行情况分析

根据中国法网及各个省份法网对实体平台的统计，可以了解全国公共法律服务实体平台构建情况如表 7-5 所示。

表 7-5 全国公共法律服务实体平台构建情况

省份	公共法律服务中心（站）（个）	基层法律服务所（个）	基层法律服务工作者（名）
北京	372	76	427
天津	17	33	372
山西	1552	409	—
吉林	—	598	1466
黑龙江	—	718	1738
上海	139	77	698
江苏	1334	1291	5778
浙江	99	473	3160
安徽	—	435	2650
福建	296	158	1071
江西	119	—	—

续表

省份	公共法律服务中心（站）（个）	基层法律服务所（个）	基层法律服务工作者（名）
山东	—	1561	8552
河南	106	622	4405
湖北	1286	460	2410
湖南	125	—	—
广东	21064	1105	395
广西	—	124	—
海南	—	13	46
重庆	11248	305	1704
四川	4678	—	—
贵州	109	374	2165
陕西	—	393	2649
甘肃	1468	355	367
青海	—	32	200
新疆	1	744	2885
兵团	—	178	484

注：部分省份数据不完整或者无此数据。

据统计，我国公共法律服务中心（县级）达到 2917 个，覆盖率达到 99.97%，公共法律服务工作站（乡镇或者街道）达到 39390 个，覆盖率达到 99.97%，[①] 热线平台及网络平台覆盖大部分地区，实现网络、热线、实体平台的互联互通。

（二）基层公共法律服务平台样本调研情况分析

基层地区公共法律服务平台存在人员不足、经费不足、发展不平衡等方面问题。基层地区法律服务需求大，但是法律资源严重匮乏。

1. 大悟县公共法律服务平台与应用情况

大悟县是孝感市的一个贫困县，但是有着悠久的红色文化历史，法律资源匮乏、分布不均，本次调研共走访大悟县司法局、大悟县法院、大悟县检察院，查询了相关资料，调查过程及结果情况如下。

① 中国政府网：《我国公共法律服务三大平台全面建成》，http：//www.gov.cn/xinwen/2019-01/16/content_ 5358228.htm，2019 年 12 月 24 日。

（1）调查的设计

①调查目的

大悟县公共法律服务存在优势与问题。

②调查对象、范围

大悟县司法局、乡镇司法所，法律服务工作者，大悟县人民法院，大悟县人民检察院。

③调查问卷设计

本次调查问卷共发放234份。基层法律服务工作者发放4份调查问卷，回收4份。大悟县人民法院、检察院及司法所共发放调查问卷30份，回收30份。其余基层群众共发放调查问卷200份，回收182份。

④调查访谈设计

分别对大悟县人民法院、大悟县人民检察院、大悟县司法局的相关工作人员进行访谈，对于各个部门涉及法律服务相关的事项进行实地考察。

⑤调查问卷数据统计

第一，公共法律服务的认知度。大悟县基本上有一半以上的群众不清楚公共法律服务。第二，公共法律服务的利用率。调研发现，平时有纠纷时群众想到的纠纷解决途径第一反应不是法律途径，而是类似“找关系”、私下解决等途径，发生纠纷时主动去公共法律服务中心寻求帮忙只占很少的比例。第三，公共法律服务的宣传度。公共法律服务宣传方面，一年一次左右，对公共法律服务宣传远远不够。

（2）调查实施状况

大悟县属于湖北省孝感市的一个县，位于湖北省东北部鄂豫边界，总面积1985.71平方千米。大悟县下辖14个镇、3个乡，是革命老区、鄂豫皖革命根据地的腹心地。大悟县司法局内设机构11个，包括办公室、政治处、法治建设推进股、法律服务股、行政复议与应诉股、行政执法协调监督股、普法与依法治理股、人民参与和促进法治股、公共法律服务股（县法律援助中心）、律师工作管理股、社区矫正管理局（副科级单位）、在全县17个乡镇派驻司法所，属于当地司法局的派出机构。

①大悟县公共法律服务实体平台构建情况

大悟县在县级地区建成公共法律服务中心1个、乡镇公共法律服务工作站 5 个、村（居）工作室 6 个，同时也实现法律顾问在微信群的覆盖。① 根据在大悟县公共法律服务中心的调查，实体平台比较完善。实体窗口主要分为四个模块。

第一是公证业务服务模块，明确了公证范围、公证应当提供的材料等。大悟县公证业务流程如图 7-5 所示。

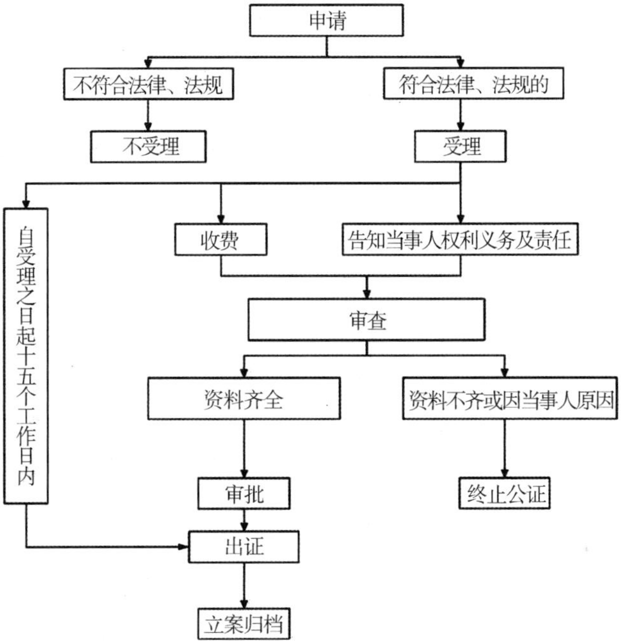

图 7-5　大悟县公证业务流程②

第二是人民调解模块，在人民调解模块上设置专门的调解工作室，用于解决一般的民事纠纷，如婚姻家庭纠纷、土地承包纠纷、债权债务纠纷、人身损害赔偿纠纷、劳动争议纠纷、生产经营纠纷等，大悟县案件的调解率相对较高。大悟县人民调解模块的流程如图 7-6 所示。

第三是法制宣传服务模块，法制宣传模块在调研的时候没有涉及太

① 参见孝感市司法局网站《大悟县公共法律服务平台建设有序推进》，http：//sfj. xiaogan. gov. cn/sfjd01/198861. jhtml。

② 大悟县司法局：《2019 年大悟县公共法律服务调研报告》，2019 年。

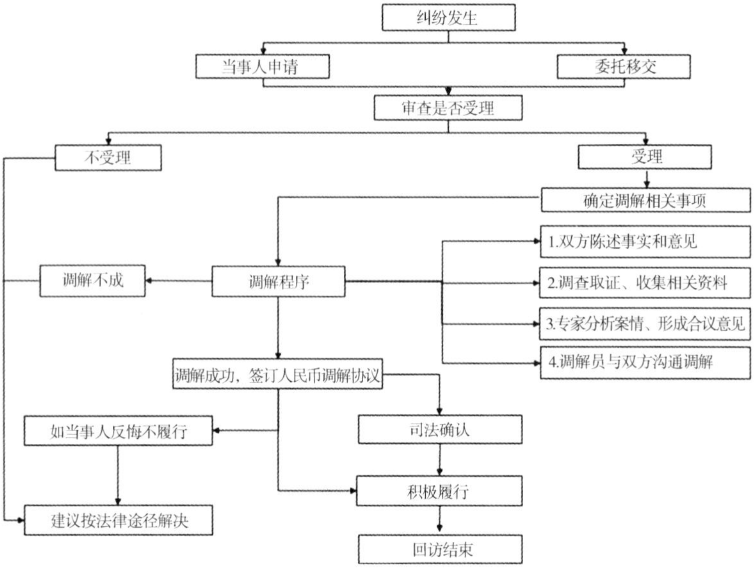

图 7-6　大悟县人民调解流程①

多，每年在“律师进村”项目中花费的金额是 30 万元。“律师进村”项目对法制宣传服务具有重大的促进作用。

第四是法律援助模块，大悟县 2018 年共办理了 400 多件法律援助的案子，法律援助的相关经费如下：法律服务中心大厅的值班律师每月 3000 元，中央对此单独财政拨款一年 20 多万元，且司法助理共配备了 20 人，每年 36 万元的专门财政立项；“律师进村”项目，30 名律师组建顾问团，在村委挂牌，定期在村委值班为村民提供法律咨询和法律援助，要求每位律师每两个月必须跟自己负责的村民电话联系一次，“律师进村”项目每年财政专项拨款 30 万元。大悟县法律援助流程如图 7-7 所示。

②大悟县公共法律服务热线平台构建情况

大悟县公共法律服务热线平台依托当地司法局、检察院的座席进行接听，当地群众可拨打“12348”进行相应的法律服务咨询，调研时发现大悟县公共法律服务中心的法律服务热线座席有专门的窗口，但是座席只有

① 大悟县司法局：《2019 年大悟县公共法律服务调研报告》，2019 年。

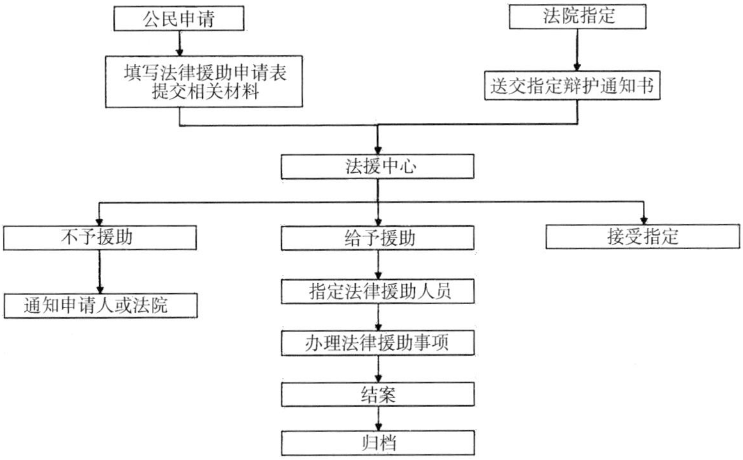

图 7-7　大悟县法律援助流程①

一个。由于热线平台一般设立在省市级平台，因此，大悟县公共法律服务咨询情况可在孝感市政府门户网、湖北省法网查询。

③大悟县公共法律服务网络平台构建情况

大悟县公共法律服务网络平台没有专门网站，查找其相关的事项可在孝感市政府门户网查询，大悟县自身公共法律服务网络平台以公众号的形式发布相关信息，网络平台普及率比较低。

④大悟县公共法律服务平台特色模块

大悟县公共法律服务体系最具特色的模块是设立了专门的调解室、心理咨询室，远程接访业务实现了“云接访”。大悟县法院的纠纷调解室设计考虑很周全，既照顾了当事人的隐私又保障了接访人员的安全，负责调解的人员也都是具有律师执业证书的律师和法院工作人员，专业化程度很高。大悟县法院的心理咨询室整体设计特别温馨，能够给咨询人员以家的感觉，房间布置营造出的温暖氛围很有助于心理矛盾的化解。大悟县人民法院心理咨询室配备具备专业资质的专业人员，对当地人民群众进行心理疏导。将心理疏导作为诉前调解的前置程序也是他们的创新之举，有助于更好地化解矛盾纠纷从而有效提高诉前调解效率。大悟县检察院还专门设

① 大悟县司法局：《2019 年大悟县公共法律服务调研报告》，2019 年。

置视频接访室、检察长接待室，特殊情况会通过“云接访”等方式来实现公共法律服务的目的。

（3）调研结论分析

大悟县公共法律服务平台建设反映了大多数县级公共法律服务体系概况，从整体的服务平台与功能建设来看符合一般公共法律服务需要，模块的建设涉及法制宣传、法律咨询、人民调解、法律援助等基本公共法律服务项目，足以应对大部分人民群众的需求。公共法律服务实体平台已建成1个县级公共法律服务中心，5个乡镇法律服务工作站，虽然其他乡镇地区还没有完成公共法律服务工作站的建立，但是已经挂牌。网络平台的建设方面比较缺乏，大悟县司法局缺乏专门的门户网站，官方微信公众号推送的关于公共法律服务方面的信息不多。热线平台虽然已经建立，但是普及率不高，在调研的时候发现基本无人知晓公共法律服务热线电话。因此，大悟县公共法律服务体系要不断完善，同时关键点在于提高公共法律服务的普及率，真正了解群众的需求。

2. 江汉区公共法律服务平台体系调研情况分析

（1）江汉区公共法律服务平台整体运行情况

湖北省武汉市江汉区，是武汉七个中心城区之一。江汉区共有12个街道，每个街道配备一个司法所。江汉区的社区分布情况如图7-8所示。

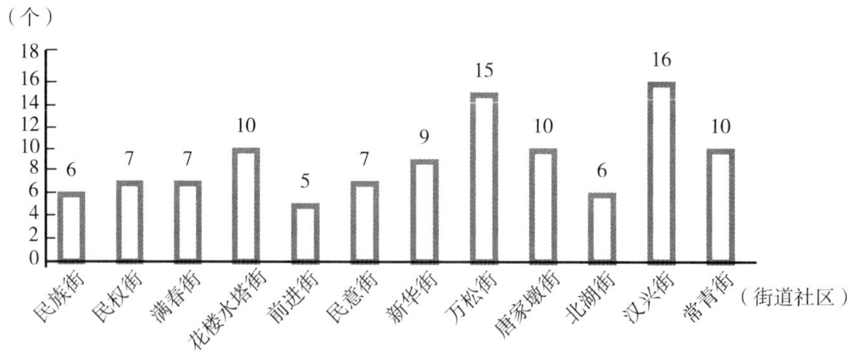

图7-8 江汉区各街道社区数量分布

汉兴街、万松街分别有16个、15个社区，是江汉区社区最多的两个街道；而花楼水塔街、唐家墩街、常青街都有10个社区，与新华街9个社区一同算社区数量中等的街道。以汉兴街为例，汉兴街管辖社区16个，司法所配备人员 5 名，所长 1 名，社会工作者 3 名，法律宣传、法律咨询、人民调解工作人员 1 名。江汉区司法所涉及公共法律服务的项目有法律援助、人民调解、法律咨询、社区矫正、法律宣传等。由于管辖 16 个社区，社区矫正工作量繁多，工作人员数量过少，当涉及群体性事件时汉兴街 5 名工作人员包括社工都要参与调解中来。①

（2）江汉区公共法律服务实体平台

江汉区公共法律服务实体平台，主要包括法律顾问、法治宣传、社区矫正、人民调解、法律援助等公共法律服务内容。

①法治宣传

法治宣传是公共法律服务体系一项重要的环节。在法治宣传方面，江汉区主要举办法治讲座、普法活动、发放宣传产品、法治宣传进校园等活动。以 2018 年为例，各个单位的法治讲座次数达到 2180 场次，将近 600 场次的普法惠民类活动，活动期间给人民群众发放普法资料及宣传产品有 85 万余份，普法人数有 72 万余人次。与前几年相比，2018 年江汉区在法治宣传方面有极大提升，如表 7-6 所示。

表 7-6　　2014—2018 年江汉区司法局法律宣传情况概览②

年份 / 宣传种类	2014	2015	2016	2017	2018
法治讲座主办次数（次）	350	112	124	380	2180
普法惠民活动（场）	168	87	60	260	600
发放宣传品（份）	16 万	3.3 万	5.6 万	26 万	85 万
普法惠及群众（万人）	64 万	/	12 万	近 37 万	72 万
中小学宣讲法治课/青少年法治宣传（场）	25	20	/	60	/

②人民调解

江汉区人民调解主要处理交通事故、劳动纠纷、物业纠纷、婚姻纠纷、邻里纠纷等。江汉区 2014—2018 年人民调解工作如表 7-7 所示。

① 江汉区司法局：《2019 年大悟县公共法律服务调研报告》，2019 年。

② 同上。

表 7-7 2014—2018 年江汉区人民调解情况①

调节情况＼年份	2014	2015	2016	2017	2018
共调处纠纷（起）	2962	3540	4438	6468	6132
涉及金额（万元）	1363.38	1487.62	613	4660.51	4622
调解成功率（百分比）	—	—	—	100%	99.99%
调处行业性矛盾纠纷（件）	251	244	296	381	710
司法确认（件）	229	187	190	—	545

③社区矫正

2018 年江汉区社区矫正服刑人员 1639 人，现在册 161 人，解除 1478 人，包括缓刑 145 人、暂予监外执行 11 人、假释 5 人，严管对象 72 人，全年重新犯罪率为零，开展审前调查 271 起。在册刑释人员 1222 人，衔接率、帮教率、信息核查率、回执发送率 100%，安置率 95%。

④江汉区法律援助

江汉区法律援助工作由江汉区司法局法律援助科统一协调，下设 12 个法律援助工作站，分别是民族街法律援助工作站、民权街法律援助工作站、满春街法律援助工作站、花楼水塔街法律援助工作站、万松街法律援助工作站、北湖街法律援助工作站、唐家墩街法律援助工作站、汉兴街法律援助工作站、前进街法律援助工作站、民意街法律援助工作站、新华街法律援助工作站、常青街法律援助工作站。江汉区法律援助中心法援科和法援中心的人员共享，目前工作人员共五人。法援科两人一名科长，一名内勤；法律援助中心三人，一名主任，两名专职律师。2018 年全区共办理法律援助案件 756 件，接受法援咨询 6680 件。社区法律顾问及社区律师累计接受各类咨询 2896 人次，举办法治讲座 728 场，调解纠纷 435 件，社区举办各类重大活动 121 次。

⑤社区法律顾问

参与江汉区社区一对一法律顾问的律所共 13 家，律师对接社会数量占江汉区社区数量的百分比如图 7-9 所示。

① 江汉区司法局：《2019 年大悟县公共法律服务调研报告》，2019 年。

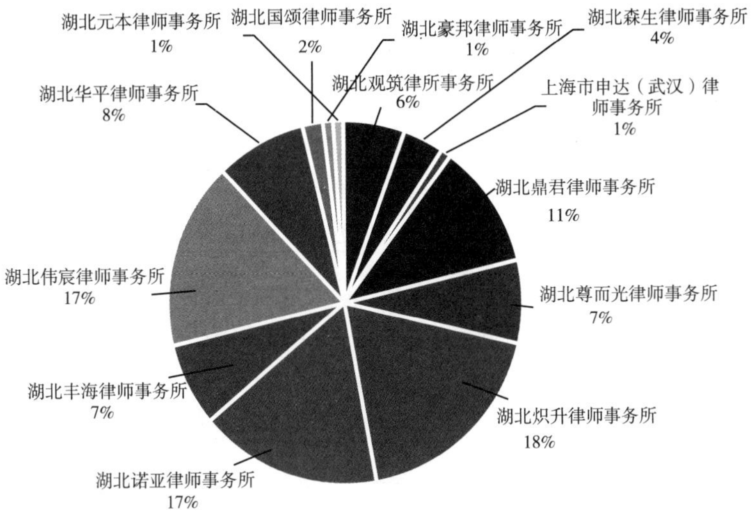

图 7-9　江汉区律所对接社区数量占江汉区社区数量的百分比①

（3）公共法律服务热线平台

江汉区公共法律服务“12348”热线平台依托武汉市司法局门户网，江汉区法律服务热线目前采取的是 7×24 小时全天候不间断服务，在江汉区司法局一楼大厅设置专门的电话座席，与实体平台相连接，热线平台服务情况转接实体服务窗口。

（4）公共法律服务网络平台

江汉区公共法律服务平台没有专门的网站，网络平台参照武汉市法律服务网络平台的构建情况。建设重点包括平台功能情况、公共法律服务产品、智能统计数据、法律服务之星、经典案例、互动交流、法务地图，网络平台设置比较先进，满足我国构建公共法律服务需求的目标。②

（5）江汉区公共法律服务平台体系调研结论分析

江汉区公共法律服务平台体系与大悟县公共法律服务平台建设相比较具有很大的优势，其公共法律服务功能分为人民调解类、法律援助类、公证类、法律咨询类、仲裁类、矫正类，与其他基层地区不同的是每个服务

① 江汉区司法局：《2019 年大悟县公共法律服务调研报告》，2019 年。

② 武汉市法律服务网：http：//12348. sfj. wh. gov. cn/whsf/。

大类项目都有一个集群解决措施。但是江汉区在平台特色模块方面基本没有涉及，不符合特殊问题特殊分析的要求。江汉区公共法律服务资源在一定程度上没有得到充分的利用。热线平台与网络平台都依托武汉市热线与网络平台的优势，在三大平台的融合上比大悟县具有更大的优势。

四 公共法律服务平台应用面临的问题

公共法律服务平台的应用最终要落实在具体的使用效率上，本部分对大悟县和江汉区公共法律服务平台应用成效进行分析，总结出基层公共法律服务平台应用在具体实践过程存在的问题。对公共法律服务的全貌运行状况存在的问题、公共法律服务具体分平台存在的问题、公共法律服务三大平台之间的联动性问题进行分析。

（一）公共法律服务平台整体运行存在的问题

公共法律服务平台的整体运行情况反映了我国公共法律服务平台的全貌，存在的问题反映了平台体系的不足。包括公共法律服务平台资源的供需体系失衡、资源整合混乱、平台宣传度不高、平台应用评价体制不完善、整体服务效果差等问题。

1. 公共法律服务平台供需体系失衡

我国公共法律服务平台的模式分为两种：一种是供给导向型，另一种是需求导向型。对于广大农村群众而言，法律服务存在资源不足且分配不均，专业法律服务人员缺乏、法律服务种类单一、法律服务效果差等严重问题，导致法律服务体系供需不平衡，影响农村地区法治建设的完善，因此严重阻碍着农村社会治理现代化的实现。[①] 在公共法律服务平台构建方面，基层地区与发达地区最大的差距是品种比较单一，提供的法律服务内容远远无法满足基层群众的需要。常见基层公共法律服务品种包括法律咨询、法律援助、人民调解、普法活动等服务，随着基层地区经济的快速发展，基层群众对公共法律服务产品的种类需求也越来越多，如合同审理、

① 杨凯：《公共法律服务的真正市场在农村》，《民主与法制时报》2019 年 11 月 14 日第 5 版。

公证服务、仲裁服务等专业度深的法律服务。公共法律服务资源在基层匮乏，且法律服务提供主体又缺乏竞争性，导致公共法律服务品种呈现出不适应基层群众需求的状态，也没有合理的递增机制，法律服务的整体状况显著落后。[①] 资源提供不足与需求量的扩大，导致基层公共法律服务供需呈现失衡状态。

2. 法律服务资源整合混乱

我国公共法律服务资源出现分配不均、总量不足、结构不协调等情况，此种情况需要对公共法律服务资源进行整合，而法律服务资源整合的关键不是法律资源总量，而是法律服务资源供给与需求分配。如江汉区属于相对比较发达的基层，虽然公共法律服务资源较为丰富，但是由于资源问题也出现供给失衡的状况。以江汉区人民调解为例，江汉区的调解资源远远无法满足人民群众对调解的需要，对于法律人才有限、法律服务机构有限、法律服务资金有限的基层地区更是可想而知。整合法律服务资源一方面可以节约资源、节省人力、合理规划财力，另一方面可以及时根据人民群众的需求调整公共法律服务平台资源，将公共法律服务平台资源的利用率最大化，缓解公共法律服务平台整合混乱的问题。

3. 公共法律服务平台应用的认知度不高

公共法律服务平台应用的认知度不高是我国各大基层普遍存在的问题，公共法律服务平台的构建始于 2014 年，到 2017 年才逐步在基层推行，且我国公共法律服务平台体系的推进是由政府组织领导的自上而下模式，导致基层群众对公共法律服务平台的了解不深。公共法律服务平台在宣传方面无法达到其推行的速度，没有从基层群众的需求出发。如江汉区虽然属于发达基层地区，但是群众对公共法律服务应用认知极低，调研时发现大部分司法所形同摆设，基本无人问津，这和我们的公共法律服务开启模式、法律宣传度不够存在很大的关系。

大悟县人民群众对公共法律服务的认识度不高，一般人遇到纠纷第一反应是“找关系”（见图 7-10），对法律援助、法律咨询等公共法律服务基本一无所知，大悟县对法治宣传方面的投入较少，法制宣传相关活动只有“律师进村”项目，大部分村民甚至对“律师进村”项目也不了解，

① 狄邦建：《农村公共法律服务体系建设的实践与思考》，《中国司法》2014 年第 10 期。

平台服务宣传度不足，导致平台基本形同虚设，无法让平台的用处发挥，同时也无法让平台真正满足群众的需要。

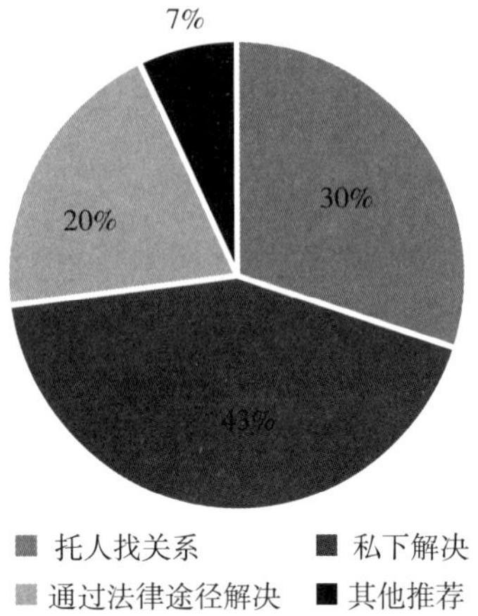

图 7-10　大悟县群众纠纷解决方式分布

4. 公共法律服务平台应用评价体制不完善

从公共法律服务体系平台的不断优化来看，评估机制显得尤为重要，无论是大悟县还是江汉区都存在缺乏评价机制的问题。大悟县公共法律服务平台中没有服务满意度或者提建议之类的评价功能。

缺乏公共法律服务平台评价机制，一方面，导致法律服务工作人员难以把握基层群众的需求，随着时间的推移，公共法律服务平台难以适应群众的需要，导致即使公共法律服务平台构建完整，但是平台的可利用性极低，浪费法律服务资源；另一方面，我国公共法律服务平台不断更新，如果缺乏评估机制，服务平台更新换代无法适应实践的发展。

5. 公共法律服务平台整体服务效果差

虽然从 2014 年开始，公共法律服务逐步建立起来，公共法律服务平台体系已经比较完善，但是由于公共法律服务专职人员的缺乏，如大悟县各个司法所仅有工作人员 1—2 名，公共法律服务运作仅靠司法所左右协调，有时由于基层工作繁忙导致什么事都要参与处理，还要忙于应付繁重的行政事务，导致法律服务效率大打折扣。在社区，从事公共法律服务的人员缺乏，从事公共法律服务的人员基本都是社区干部兼职，工作量大必然导致服务质量低，甚至有居民来预约法律服务后工作人员仅填写了预约登记表就草草了事，使公共法律服务仅仅落在纸上，没有真正服务广大人民群众的实际需求。江汉区作为武汉的重要中心城区，矛盾纠纷繁多，对公共法律服务需求较高。江汉区在调解方面人员不足、经费不足等方面的问题，导致基层法律服务综合水平不高。实践中法律服务工作者的综合素质不高，在处理问题时由于不专业、不及时，甚至一些法律服务工作者严重缺乏责任感，导致了人民群众对公共法律服务的信赖度和认可度大打折扣。

（二）公共法律服务网络平台运行存在的问题

公共法律服务网络平台在平台体系中起着重要的作用，但是公共法律服务平台建设是一项创新型、系统型、综合型的任务，实践中存在很多难题需要突破。①

1. 网络平台使用主体设置不合理

我国大部分省部级公共法律服务网络平台没有对网络平台使用主体进行区分，导致公共法律服务平台的使用主体多为司法行政人员及专业法律人才，普通群众的点击率比较少，然而普通人群才是需求量比较大的群体。网络平台主体设置不合理体现在以下几点：首先，实践中没有将普通群众、企业单位、从业人员区分开来，导致业务功能分配混乱，需求与服务不匹配，不仅导致群众无法真正享受到法律服务需求，也导致公共法律服务资源浪费；其次，部分网络平台将使用主体进行区分，但是在普通群众的功能设置上不合理，功能介绍语言过于专业化，不易贴近普通人民群众需求；最后，大部分网络平台设置对象没有将企业法律服务列入范围之内，企业法律服务作为公共法律服务中用户比较大的群体，包括各种服务套餐及风险提示，因此，服务需求比较大。总之，网络平台使用主体设置粗糙导致网络平台的使用率不高，无法真正服务广大人民群众。

2. 网络平台与其他机制联动不够

网络平台与其他机制联动不够的表现主要有：首先，现有大部分公共法律服务网络体系比较孤立，横向没有与政务门户网站、微信公众号、官

---

① 卜立：《湖南省公共法律服务网络平台建设的实践与思考》，《中国司法》2019 年第 11 期。

方微博、移动客户端等相结合，纵向没有与中国法网、其他级别的网站相联通。在横向纵向都无法与其他机制相连通的情况下，受时间与地域的限制，公共法律服务资源零散，偏远农村地区无法真正享受到网络平台提供的服务。如大悟县公共法律服务网络平台的运用，在省级网站上找不到与大悟县公共法律服务相关的任何东西，导致大悟县基层人民群众无法真正享受网络平台带来的福利。其次，网络平台与其他平台类的结合不到位，包括热线平台、实体平台的结合，省市级的网络与热线、实体结合基本上已经达到目标，但是基层的结合远远没有达到。最后，现有的网络平台没有与其他公共服务平台相结合。

3. 网络平台与“互联网+”技术结合不充分

网络平台与热线平台、实体平台最大的不同是对大数据、人工智能、云计算等互联网技术的要求比较高，将互联网高效、公开、便捷、透明的特点渗入法律服务中，不仅能够缓解信息之间的不对称问题，也能突破时间与空间的限制。[①] 我国现有的公共法律服务网络平台技术没有充分将网络平台与“互联网+”技术相结合，以相对完善的中国法网为例，表现如下：第一，中国法网没有结合大数据分析技术，将网络平台访问量、咨询情况、反馈状态、咨询问题种类等数据进行全方位的分析。第二，中国法网没有与人工智能技术相结合，打开中国法网界面图可以看出，没有类似法律机器人的人工智能产品跳出来，该技术的利用在购物类平台运用比较多，对于常规的问题无须等待，快速高效地回答。而且我国公共法律服务网络平台并没有将法律工具类产品纳入其中，法律工具类产品是互联网技术与法律服务相结合的创新成果，对于研究法律服务、使用法律服务、更好地通过法律服务维护自身的合法权益具有重要的作用。

（三）公共法律服务热线平台运行存在的问题

热线平台的作用是便利人民群众直接接触公共法律服务平台，在我国任何地方，人民群众通过拨打“12348”公共法律服务热线的方式，就可以获取相应的法律服务。[②] 我国公共法律服务热线平台方面主要存在以下

① 刘红宇：《“互联网+法律”踏歌而行》，《人民政协报》2018 年 6 月 7 日第 3 版。

② 《我国公共法律服务三大平台全面建成政务服务“网上办”“指尖办”“马上办”》，《中国司法》2019 年第 3 期。

问题。

1. 热线平台座席不匹配

公共法律服务热线平台需要通过实体平台座席量来达到解决问题的效果，调研发现，基层地区的实体平台座席不匹配表现在以下几个方面：一方面是热线平台座席数量无法达到要求，如大悟县“12348”热线座席只有一个，但是实践中基层法律服务咨询量较大、咨询时间较长，全县设置一个热线平台座席，远远无法达到基层群众的需求。另一方面是座席人员的专业度不够，法律服务热线包括婚姻家庭纠纷、债权债务纠纷、交通事故纠纷等常见的专业法律纠纷，热线服务座席人员有部分不是专业的法律服务人员，无法给出优化的建议。

2. 热线平台与其他热线结合不足

调研发现大部分热线平台设置都是孤立的，但是人民群众发生纠纷类的第一反应是拨打“110”报警电话或者其他热线电话，而不是“12348”法律服务热线电话。常见的与其他热线平台结合包括：第一种是“12348”法律服务热线与“110”报警电话相结合用以应对紧急情况，目前广东省实现了法律服务热线电话与报警机制相结合的联动机制，但是大部分地区仍然没有推行该做法；第二种是“12348”法律服务热线与“民生类”栏目相结合用于解决基层群众存在的问题，民生领域法律服务也是我国公共法律服务的重点方向，实现“打开一台电视、拨通一通电话”就能享受的法律服务；[①] 第三种是“12348”法律服务热线与“12315”消费权益保护热线相结合，扩大公共法律服务热线平台范围。除此之外，公共法律服务热线平台也可与“12345”政务服务平台相结合。我国大部分省市地区没有推行热线平台与其他热线平台相结合的方式，不利于公共法律服务热线平台服务效率的提高。

3. 热线平台数据反馈机制缺乏

热线平台的反馈数据一般在网络平台上显示出来，通过话务数据可具体查询全省各市热线座席数、通话数量、接听比例、法律服务咨询类型、群众满意度、咨询人群年龄性别分配等具体情况，实时掌握公共法律服务热线平台数据。根据对全国公共法律服务热线平台及网络平台的调研，只

① 张怡歌：《政府购买公共法律服务的异化与法治化破解》，《法学杂志》2019 年第 2 期。

有江苏省等省市将热线平台的数据反馈到网络平台上，方便群众对热线平台情况进行监督。公共法律服务热线平台反馈机制缺乏会导致以下方面的问题：首先是法律服务热线平台推广不足，县级等基层地区无法享受公共法律服务热线平台带来的实惠。其次是服务主体行为规范不足，包括对来访方式的信息、诉求、问题和处理情况不重视。最后是热线服务的功能无法明确，法律服务的对象是人民，应当明确群众的需求，进一步优化公共法律服务的内容。[①]

（四）公共法律服务实体平台存在的问题

公共法律服务实体平台在三大平台中是处理问题最复杂、最接近群众的法律服务平台，目前现有的基层法律服务平台存在以下几个方面的问题。

1. 实体平台人员配备不齐全

制约基层地区公共法律服务实体平台构建的关键是法律人才资源的不足，大部分专业法律人才在经济发展城市，农村地区严重缺乏专业法律人才，也没有相应的措施对基层进行人才的补给，以大悟县“律师进村”项目为例，虽然项目已经挂牌，但是迟迟未落实，严重缺乏律师等专门的法律服务人才。

2. 实体平台基础设施落后

我国对网络平台、热线平台的建设都有专门的文件进行规定，由于各地经济发展差异，对实体平台基础建设仅做出指导性的意见，各地公共法律服务实体平台的构建一般由省司法厅对基础设施进行统一部署，基本要求所有的实体平台外观统一、功能设施统一、服务统一，调研发现实体平台基础设施落后体现在以下几个方面：首先，办公用房的选址方面，由于公共法律服务实体平台推行时间比较晚，选在交通便利、人流量较大、显眼地区的可能性比较小，大部分法律服务中心（站）选在比较偏僻的地方，甚至没有独立的办公用房，导致服务的群众面更窄；其次，实体平台硬件配套设置方面，比较偏远的地区由于经费保障不足，硬件设施紧缺，大部分地区仅有的办公硬件就是电脑与办公用桌，没有智能显示屏供查

① 杨凯：《乡村振兴下的公共法律服务》，《民主与法制时报》2020年2月20日第7版。

询，也没有提供休息等候的地方；最后，窗口设置方面，常见实体平台设置窗口包括律师咨询窗口、法律咨询窗口、公证服务窗口、法律援助窗口、调解服务窗口等，调研发现，大部分地区没有将各类窗口分开，只设置一个综合性的窗口提供简单的法律服务咨询，严重影响公共法律服务工作效率。

3. 实体平台覆盖面不广

关于公共法律服务实体平台建设，2018 年司法部就提出要覆盖所有基层地区的目标，在村级建立公共法律服务工作室、在镇（街道）建立公共法律服务工作站、在县级建立公共法律服务中心，从而达到有人的地方就有公共法律服务实体平台的目标。① 我国基层地区大部分没有实现实体平台的全覆盖，以大悟县公共法律服务实体平台构建为例，目前在 14 个乡镇中只建立了 5 个公共法律服务工作站，有一半以上的地区没有建立公共法律服务中心，而江汉区等比较发达的区域，实体平台构建相对完善，实体平台的建设也没有完全覆盖。

（五）实体、热线、网络平台之间的联动性较差

司法部于 2019 年提出将公共法律服务三大平台进行融合的方案，主要通过网络平台进行统领，热线平台、实体平台加入融合。② 三大公共法律服务平台联动性较差的问题不仅仅存在于基层地区，而是存在于各级地区。一般实体平台设置在区（县）、乡镇等基层地区，热线平台省厅或者市统一建设，网络平台由部级、省级负责，平台之间的设置级别差异对融合工作带来了很大的困难。三大平台之间的融合困难主要体现在以下几点：第一，网络平台的统领能力不够，网络平台主要设置在省市地区，要想容纳所有基层地区的实体平台不太现实，也会给网络平台带来很大的压力。第二，实体平台之间的联动性较差，随着互联网时代的到来，无论是基层地区还是发达地区，群众都已经习惯通过网络获取信息。第三，大部分实体平台由于电话座席量设置不足，导致热线平台无法达到与实体平台

① 顾永忠：《全方位、多层级、立体式：实现公共法律服务全覆盖》，《中国司法》2017 年第 10 期。

② 《司法部关于印发〈公共法律服务网络平台、实体平台、热线平台融合发展实施方案〉的通知》，http：//www.moj.gov.cn/government_ public/content/2020-01/07/tzwj_ 3239292.html。

相融合的目标。实体平台、热线平台无法真正无缝衔接。

五　现代公共法律服务平台应用实现路径

公共法律服务平台应用系统的构建任重而道远，需要解决法律服务资源短缺问题、分配不均问题以解决供需失衡的缺陷，还需要对现有的资源加以整合，引入评价机制、提高公共法律服务认识度，提高公共法律服务整体水平。解决热线平台、网络平台、实体平台等三大平台存在的具体问题，综合我国实践经验探究完善的公共法律服务平台应用系统。

（一）公共法律服务平台总体运行机制

1. 明确公共法律服务平台主体构建

在公共法律服务平台的主体构建上不能仅仅局限于司法所、司法局、司法厅等，公安局、法院、检察院等政法机关也可以参与公共法律服务中，如将党政机关的法律顾问、社会公职律师等纳入公共法律服务架构中。同时可以将社会机构纳入公共法律服务系统中，如律师事务所可以纳入法律服务体系中的法律援助服务，社会仲裁机构、调解机制可用于解决调解类与信访类的矛盾。加强市场主体对公共法律服务平台的调节，推行政府购买公共法律服务机制，从而引入市场竞争机制，完善公共法律服务平台产品体系，让更多人能够享受精准、普惠、高效的公共法律服务，促进社会公平正义。综上所述，公共法律服务平台主体包括公检法司等司法行政机关、也包括律所、仲裁机构、公证机构等行业组织、还包括市场相关主体。

2. 整合公共法律服务资源

整合法律服务资源的方式即通过增减分配的方式对法律资源进行重新分配，我国法律服务资源匮乏且分布不均，构建公共法律服务平台的前提是整合法律服务资源。发达地区的法律服务资源总量充足，但是存在分布不均的情况，发达地区对法律服务专业要求高，可通过加强平台与互联网技术的结合，积极培养优质专业法律服务人才，找准整合资源的切入点、发力点，有针对性地对发达地区的法律服务资源进行整合；而基层偏远农村地区，实体平台等基础设施方面资源缺乏、法律服务的普及不够、专业人才不足，因此可继续增加实体平台基础设施的建设，积极普及公共法律服务、加强法律宣传，积极引进公共法律服务人才，达到真正从需求出发对法律服务资源进行合理分配。

3. 公共法律服务平台体系的评价机制

建立公共法律服务平台的评价体系，可将平台业务服务指标、平台可操作度指标、平台服务效果指标、平台服务其他评价指标纳入。平台业务指标是公共法律服务平台的基础，可以根据群众对平台业务服务指标评价具体完善某项业务的改进；平台可操作度指标是针对基层群众重要的评价指标之一，可促进公共法律服务平台操作指南的完善及改进平台服务效率；平台服务效果是公共法律服务平台体系的最终落脚点，可根据平台服务效果评价进一步优化公共法律服务平台体系；平台服务其他评价指标可将人民群众的特殊要求纳入考虑，根据地方特色设置符合基层人民群众需求的公共法律服务平台体系。公共法律服务评价机制的设置往往容易被忽视，虽然很多地方设置评价模块，但是只在网络平台的不显眼处涉及。

4. 完善公共法律服务平台功能设置

公共法律服务功能设置是法律服务平台设置的重点，决定为群众服务的内容，公共法律服务体系功能总体设置主要包括以下三个方面：一是公共法律服务信息发布功能。将有关的政策、方针或者与社会公众利益相关的公共法律服务等信息通过网站、APP、微信公众号、微博等发布与公开。二是公共法律服务体系信息交互功能：方便公共法律服务主体与群众之间实现及时、有效的交流和互动以解决问题、响应需求以及提供服务。三是公共法律服务体系办事服务功能：法治宣传服务功能、人民调解服务功能、公证服务功能、法律行业服务功能、法律援助服务功能、社区矫正服务功能，各个功能模块负责不同方面，分别为群众提供不同法律服务业务，如图 7-11 所示。

根据全国基层公共法律服务实践，结合国内外公共法律服务经验，现构想公共法律服务体系，如图 7-12 所示。

除了上述基本功能设置以外还包括其他功能设置：其一，心理疏导服务，为了防止纠纷的再度恶化，在纠纷处理前设置专门的心理疏导室，在调研的时候发现大悟县法院最具特色的是心理咨询室设置，场景布置温馨，能够给咨询人员以家的感觉，房间布置营造出的温暖氛围很有助于心

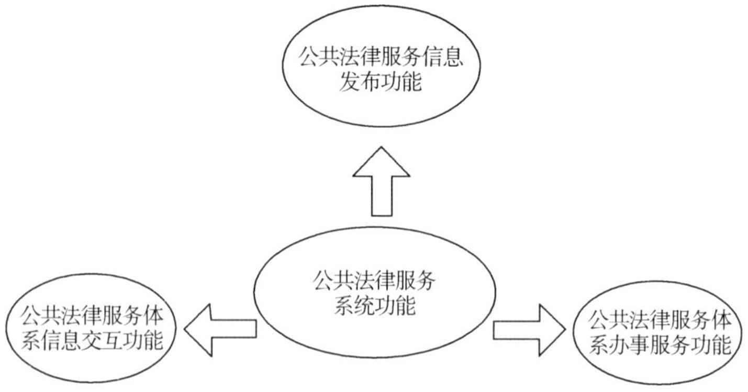

图 7-11 公共法律服务体系功能子系统

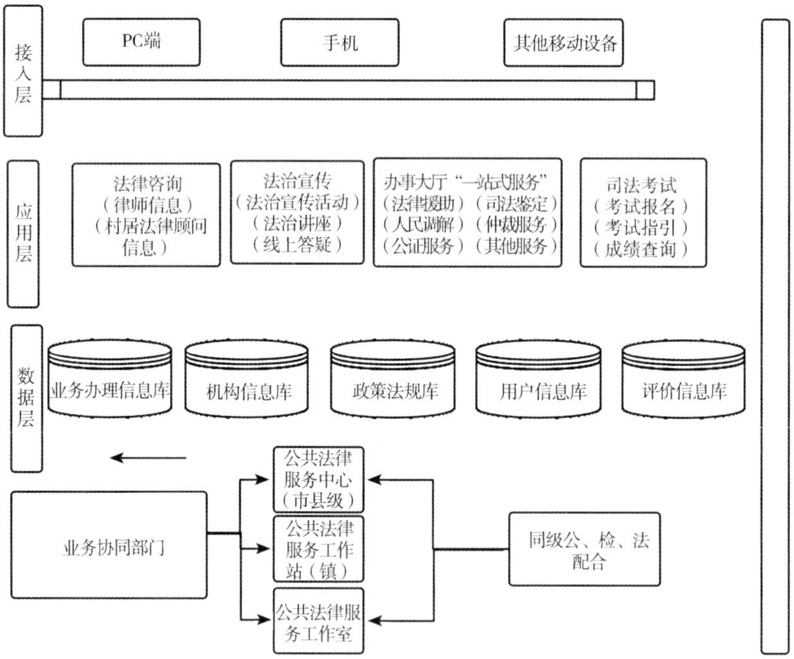

图 7-12 公共法律服务体系办事服务功能

理矛盾的化解。可在调解类的案件调解前，专门将当事人安排在布置比较温馨的心理咨询室进行疏导，有利于案件纠纷的解决。该做法可将促使人民群众从心底接受法治精神，化解和预防纠纷，公共法律服务实体平台可借鉴该种方式，有助于从根本上解决问题。① 其二，个性化追踪服务，可在网络平台栏专门设置，根据当事人日常咨询的问题、主动寻求的事项在网络平台专门记录当事人需要的服务，然后根据当事人需要的服务推荐其需要的法律服务品种供其选择。可以根据当事人对法律服务的评价、留言，对该模块的需要改进的地方及时改进。个性化服务包括服务内容的制定和服务方式的规定，用户可以在进入页面前向平台发出自身的请求，先对服务内容与服务方式进行设定，平台可以记录用户自身感兴趣的服务，然后根据记录及时向用户推荐感兴趣的内容。

（二）公共法律服务网络平台的构建

随着网络技术的不断进步，公共法律服务网络平台的构建可越来越多样化，我国目前公共法律服务网络平台需要完善的地方包括以下几个方面。

1. 合理区分网络平台服务对象

将网络平台对象进行合理区分可以便利不同人群使用，提高网络平台服务效率，使网络平台服务界面全面、清晰、合理。可将服务对象分为个人、企业、从业人员。个人法律服务方面可改进服务语言风格，服务内容也要将常见符合人民群众需求的法律服务列入其中。企业法律服务属于比较专业化的法律服务，在设置上不能过于随意，除了设置企业合同审批、文书制作、专家顾问、法务咨询以外，还可以在相应的套餐里面进行风险提示，使其合理规制各种法律风险，从而达到规范经营的目的。从业人员服务主要指的是公安局、检察院、法院、司法行政机关工作人员，律师、法务等从业人员，还可包活其他具有专业法律技能的人群。

2. 优化公共法律服务网络平台操作度

公共法律服务网络平台的落脚点在于“用”上面，网络平台与其他平台最大的不同是没有司法行政人员的指导，在使用上都是自发自愿的，专业法律人才使用起来比较方便，但是对于普通老百姓使用起来比较困难。如今普通群众对于微信、微博、法律服务 APP 等使用频率比较高，据调查，大部分地区通过建立微信群的方式开展政府方面的工作，群众将

① 熊选国：《让公共法律服务普惠百姓》，《人民日报》2017 年 12 月 1 日第 5 版。

法律服务微信群比喻成“家庭医生”，着力解决家庭类纠纷，为城乡居民提供全面、优质、高效的公共法律服务。[①] 将网络平台的法律服务转移到微信公众号、小程序或通过建微信群的方式可降低网站网络平台的操作难度。还可以通过在网络平台的公共法律服务产品设置相应的法律服务指南，便于人民群众使用，也可以进一步优化网络平台操作度。从而实现搭建网络平台和智能手机网络平台，使得群众可以在网络上或者智能手机上通过网络获取相应的服务与信息。[②]

3. 进一步加强网络平台与互联网技术的结合

第四次技术革命以互联网、大数据、物联网等为核心标志展开序章，智慧医疗、智慧养老、智慧交通等新业态均以智能化形式不断出现。[③] 大数据、云计算方面的技术运用起来可弥补公共法律服务资源整合方面的问题，实现网络平台与实体平台、热线平台的整合。人工智能技术可用于公共法律服务网络平台界面的法律服务机器人，比较常见法律服务问题可通过询问法律服务机器人的方式来进行法律咨询。智能地图技术可适用于对实体平台中公共法律服务中心、公共法律服务工作站、公共法律服务工作室地址的查询，我国大部分网络平台已经使用了该技术。全面加强网络平台与互联网技术的结合可实现网络平台的全面重新设计，有效的业务协作和整体效率的提高，有助于促进司法治理和社会治理方法的全面飞跃。网络平台方面除了与上述技术的结合，还可与我国已经存在的法律服务类产品相结合，包括案例查询工具、法律条文查询工具、尽职调查类查询工具，进一步优化公共法律服务网络平台的服务功能。

结合上述对公共法律服务网络平台的完善构想，可将公共法律服务网络平台进一步进行完善，大致完善的平台界面可参考图 7-13。

（三）公共法律服务热线平台构建

“12348”法律服务热线可以看作司法行政机关联系群众的纽带，覆盖面广，操作方便。通过“12348”法律服务热线群众可以进行法律咨

---

① 刘洪岩：《农村法律服务的信息化创新》，《人民论坛》2018 年第 20 期。

② 刘虹燕：《公共法律服务平台的设计与实现》，硕士学位论文，吉林大学，2016 年。

③ 吴之欧、李勃：《公共法律服务智能化模式研究——以“平台型构建”为核心》，《中国司法》2018 年第 12 期。

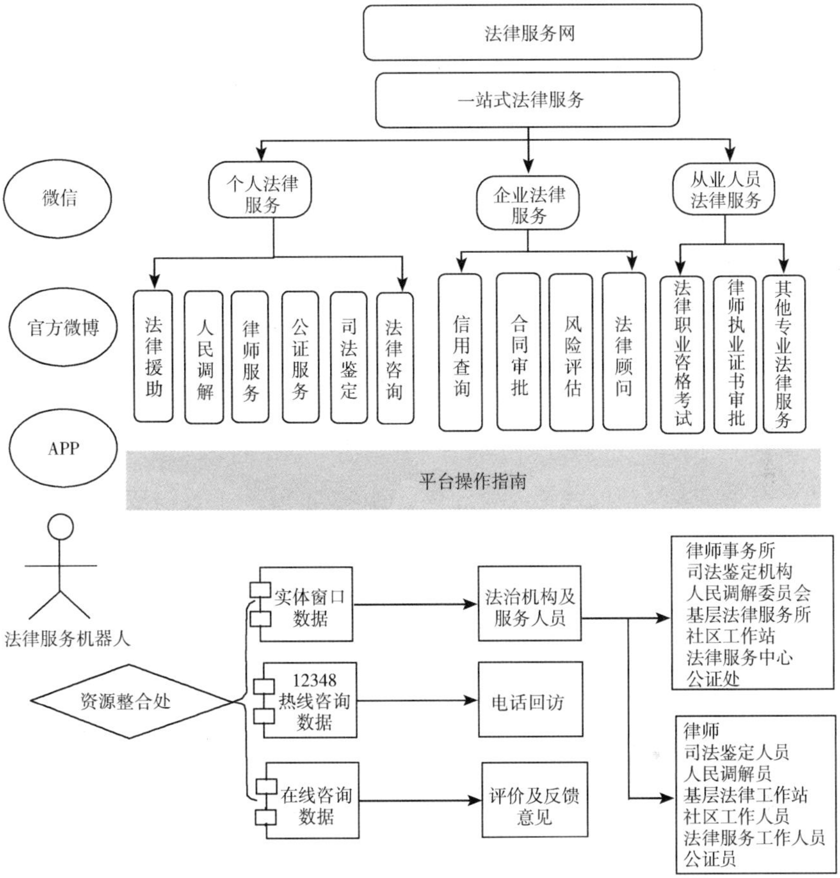

图 7-13　公共法律服务网络平台

询，实现足不出户就能享受公共法律服务资源。也可以通过法律服务热线进行法律查询，寻找纠纷解决的最优办法，减轻烦琐的服务流程，尽量实现少跑一趟。

1. 完善热线平台座席设置

热线平台的服务需要依托平台座席来实现，热线平台座席主要分布在实体平台，发达地区的热线平台座席数量比较符合要求，但是偏远农村地区的热线平台数量与服务主体远远无法达到法律服务的需求。因此需要根据基层服务需求尽可能设置数量足够的热线平台座席，首先可以防止“12348”法律服务热线存在占线的现象，避免过多人排队等候的情况，也可以解决更多群众的法律服务问题，提高公共法律服务效率。其次，热线平台面对的人民群众比较复杂、问题多样，需要及时对当事人咨询的法律服务问题进行解答，因此，应加强座席人员专业培养，引进优秀法律服务人才，从而提升热线平台公共法律服务质量。最后，热线平台的发展要适应社会新的发展模式，最大限度满足人民群众法律服务需求。① 可参照中国移动、中国联通等模式，对于比较简单、明确的法律服务咨询可通过语音提示设置自动回复功能，通过短信或者语音方式自动将群众所需要的服务反馈给当事人。

2. 建立热线平台反馈数据

三大平台服务落脚点是从基层群众的需求出发，平台反馈数据是体现群众需求最真实的数据。热线平台不似其他平台，可利用的数据并不多，实践中对当事人反馈的数据没有进行重视，热线平台的反馈数据便于我们掌握人民群众法律服务需求，改进工作方式，提高工作效率。通过热线平台反馈的座席数量、通话数量、接听比例可反映公共法律服务热线平台构建情况，通过构建情况可以了解热线平台需要改进的问题；通过法律服务咨询类型，便于热线平台工作人员可将服务群众常见的问题进行归纳整理，提高热线工作服务进度与效率；通过群众满意评价及访问的人员情况分布，可了解热线服务平台人员服务状况、解决问题的进度等情况。热线平台反馈数据需要依托公共法律服务网络平台，实时掌握公共法律服务热线平台情况，完整地体现了公共法律服务热线平台与网络平台相融合。

3. 加强热线平台与其他热线的结合

公共法律服务热线平台最重要的是提高热线电话量、拓宽热线平台服务范围，而通过提高公共法律服务热线知晓率，创新热线平台服务方式可以达到完善热线平台的目的。平台与其他热线相结合创新方式如下：其一，目前最常见的是将“12348”热线平台与 110 报警机制的结合，2017 年广州开始实行，该机制对于应对法律服务方面的紧急情况具有重要作用。其二，“12348”热线平台与“12345”政务平台的结合，调研发现有部分热线平台可在政府门户网站找到，通过政务热线平台与法律服务热线

① 谢圣仁：《构建公共法律服务体系的基本思路架构和实践探析》，《中国司法》2017 年第 8 期。

平台相结合达到监督法律服务热线的效果。其三，“12348”法律服务热线与“12315”消费者举报专线电话、税务服务电话等贴近日常生活需要的热线相结合，可以拓宽公共法律服务热线服务数量，以服务更多人群。其四，“12348”法律服务热线与民生类节目相结合，通过电视频道、微信公众号等方式达到法律服务宣传的效果。

（四）公共法律服务实体平台的建设

实体平台建构目前最大的问题是还没有完全建成，人员配备、基础设施比较缺乏，覆盖面不广等问题导致实体平台服务度不高、平台知晓率较低。不仅如此，基层公共法律服务实体的供给能力不足、服务水平不高等问题，是我国共法律服务基层实体平台的缺陷。[①] 实体平台的建设主要是完善基层地区的实体平台建设，包括区县级的公共法律服务中心、镇级的公共法律服务站、村级的公共法律服务工作室。构建中国特色公共法律服务体系的直接目的，是推动实现公共服务的优质、便捷、高效、普遍供给。[②] 由于我国地域广阔、人口较多、各个地区情况比较复杂，所以，公共法律服务实体平台的构建不是简单地千篇一律，而是要根据当地具体实践：

1. 完善实体平台基础设施

完善实体平台基础设施可从实体平台的办公选址、基础设置的扩大、操作方式便民化入手。首先，在公共法律服务实体平台办公场所的选址方面，需要采取“窗口化、一站式”的统一方式，办公场所需要设在交通比较便利、靠近其他政府机构的地区；其次，除了开放式窗口外，还需要配备接待室、调解室、心理咨询室等专用的办公室以方便群众深度了解公共法律服务，除了配备电脑等基础设置外还需要投放电子显示屏方便群众查询相关事宜，可在公共法律服务实体平台安排等候区，并在该区域发放部分法治宣传材料；最后，以上设施的改善目的是方便人民群众，因此，可以跟随经费的变化，在省级司法部门对当地公共法律服务实体平台整体构建基础上而不断完善。

---

① 羊发研：《积极构建农村公共法律服务体系》，《人民日报》2015年8月6日第7版。

② 陈云良、寻健：《构建公共服务法律体系的理论逻辑及现实展开》，《法学研究》2019年第3期。

2. 加强对实体平台法律服务人才的储备

法律服务与其他政务类服务不同的是专业化程度比较强，而实体平台构建最大的特点是在贴近基层人民群众的地区，对专业法律服务人才的要求显而易见，提供公共法律服务质量亟待专业法律服务人才的帮助。实体平台人才储备可通过以下几种途径：首先，加强对实体平台法律服务人才的引进，地方政策方面可调整人才引进机制，提高人才福利待遇，完善人才增长递补机制；其次，针对资源相对落后偏远农村地区，无法引进足够的专业人才情形下，可加强对现有公共法律服务实体平台工作人员的职业培训；最后，法律人才引进还可以参照“大学生村官”引进方式，鼓励专业人才下乡提供法律服务。

3. 创新实体平台窗口设置

基层地区的实体平台服务窗口设置差不多，不考虑当地实际状况，设置实体平台窗口需要因地制宜。公共法律服务实体平台窗口建设除了人民调解、法律援助、法律咨询、社区矫正、法律宣传外，还需要增设意见反馈窗口，方便基层群众反馈对实体平台的相关意见及不满，从而达到改进工作的目的。与此同时还可以根据当地特色增设其他窗口，如少数民族与汉族聚居的地区可设置双语服务窗口。也需要设置实体窗口提供接待群众来访、热线、法律咨询等服务。

（五）三大平台之间的相互融合

公共法律服务平台是公共法律服务体系中的一项整体工程，其作用是将公共法律服务体系的服务资源与群众联系起来，起到搭建桥梁的作用。当然公共法律服务平台并不是将热线平台、网络平台、实体平台的简单相加，而是以现有基层群众法律服务需求为基础，将三大平台进行系统融合，统一和协调公共法律服务标准，采取一网通办快捷办理的方式。[①] 我国司法行政不断推进公共法律服务平台的建设，不断加强法律服务资源的整合，我国公共法律服务网络平台已经基本建成，覆盖全国各省区域，而

---

① 人民网：《各地积极探索推进公共法律服务平台建设》，http：//legal.people.com.cn/n1/2018/0801/c42510-30183057.html。

实体平台与热线平台的构建还有待改进。[①] 三大平台构建的关键是实现三大公共法律服务平台的统一，包括网络平台对实体平台、热线平台的资源整合，热线平台对实体平台、网络平台的配合，实体平台对热线平台、网络平台法律服务的实现，从而达到公共法律服务为人民群众服务的要求。

---

① 新华网：《司法部：我国初步形成覆盖城乡的公共法律服务网络》，http：//www. xinhuanet. com/2019-02/20/c_ 1124139178. htm。

参考文献

一　著作类

（一）中文著作

陈昌盛、蔡跃洲：《中国政府公共服务：体制变迁与地区综合评估》，中国社会科学出版社2007年版。

陈振明等：《公共服务导论》，北京大学出版2011年版。

陈治：《我国实施民生财政的法律保障机制研究》，法律出版社2014年版。

楚明锟：《公共管理学》，河南大学出版社2013年版。

范文：《推进国家治理现代化与政治学前沿问题》，国家行政学院出版社2015年版。

冯华艳：《政府购买公共服务研究》，中国政法大学出版社2015年版。

冯玉军：《法经济学范式》，清华大学出版社2009年版。

冯玉军：《法律与经济推理：寻求中国问题的解决》，经济科学出版社2008年版。

冯玉军主编：《新编法经济学原理、图解、案例》，法律出版社2018年版。

付子堂主编：《法理学进阶》，法律出版社2016年版。

高泽涵等：《“互联网+”基础与应用》，西安电子科技大学出版社2018年版。

黄恒学、张勇：《政府基本公共服务标准化研究》，人民出版社2011年版。

黄文艺：《中国法律发展的法哲学反思》，法律出版社 2010 年版。

李广辉、林泰松、邓剑光：《中国司法制度研究》，中国法制出版社 2018 年版。

李龙：《李龙文集》，武汉大学出版社 2006 年版。

李龙：《良法论》，武汉大学出版社 2016 年版。

李龙：《依法治国方略实施问题研究》，武汉大学出版社 2002 年版。

李龙：《中国法理学发展史》，武汉大学出版社 2019 年版。

凌斌：《法治的代价：法律经济学原理批判》，法律出版社 2012 年版。

刘波、彭瑾、李娜：《公共服务外包——政府购买服务的理论与实践》，清华大学出版社 2016 年版。

刘大洪：《法经济学视野中的经济法研究》，中国法制出版社 2008 年版。

刘星：《法律是什么：20 世纪英美法理学批判阅读》，中国法律出版社 2015 年版。

刘志昌：《国家治理与公共服务现代化》，浙江人民出版社 2015 年版。

陆益龙：《转型中国的纠纷与秩序：法社会学的经验研究》，中国人民大学出版社 2015 年版。

吕侠：《中国政府购买公共服务研究》，湖南师范大学出版社 2015 年版。

吕忠梅、刘大洪：《经济法的法学与法经济学分析》，中国检察出版社 1998 年版。

沈荣华、曹胜：《政府治理现代化》，浙江大学出版社 2015 年版。

施昌奎：《北京公共服务：布局 · 标准 · 路径》，知识产权出版社 2013 年版。

时树菁：《中国基层治理问题研究》，中国社会科学出版社 2015 年版。

苏国勋：《理性化及其限制——韦伯思想引论》，上海人民出版社 1988 年版。

苏力：《法治及本土资源》，中国政法大学出版社 1996 年版。

孙林：《法律经济学》，中国政法大学出版社 1993 年版。

王丛虎：《政府购买公共服务理论研究——一个合同式治理的逻辑》，经济科学出版社 2015 年版。

王莹：《乡村旅游公共服务市场化供给研究》，浙江工商大学出版社 2016 年版。

文正邦主编：《宪法与行政法论坛》，中国检察出版社 2004 年版。

吴爱明、沈荣华、王立平：《服务型政府职能体系》，人民出版社 2009 年版。

谢志强：《社会治理研究》，人民出版社 2019 年版。

信春鹰：《中国的法律制度及其改革》，法律出版社 1999 年版。

许同禄、刘旺洪：《公共法律服务体系建设的理论与实践》，江苏人民出版社 2014 年版。

闫帅：《回应性政治发展——中国从发展型政府到服务型政府的转型观察》，中国社会科学出版社 2015 年版。

杨光斌主编：《政治学导论》（第四版），中国人民大学出版社 2011 年版。

杨凯：《审判过程的艺术》，法律出版社 2016 年版。

杨凯：《提升司法公信力的进路与方法》，中国民主法制出版社 2018 年版。

杨雪冬：《国家治理的逻辑》，社会科学文献出版社 2017 年版。

殷树凤：《马克思主义国家、社会、个人关系理论视角下的中国社会治理研究》，合肥工业大学出版社 2017 年版。

张汝立：《外国政府购买社会公共服务研究》，社会科学文献出版社 2014 年版。

张文显：《法理学》，高等教育出版社 2011 年版。

张文显：《法哲学范畴研究》（修订版），中国政法大学出版社 2001 年版。

李猛编：《韦伯：法律与价值》，上海人民出版社 2001 年版。

中国政法大学法治政府研究院：《中国法治政府评估报告（2016）》，社会科学文献出版社 2016 年版。

周林生：《社会治理创新概论》，广东人民出版社 2015 年版。

卓泽渊：《法政治学》，法律出版社 2005 年版。

（二）译著

［美］H. 乔治·弗雷德里克森：《新公共行政》，丁煌译，中国人民大学出版社 2011 年版。

［美］H. 乔治·弗雷德里克森：《公共行政的精神》，张成福译，中国人民大学出版社 2003 年版。

［美］道格拉斯·诺思：《制度、制度变迁与经济绩效》，格致出版社 2008 年版。

［美］哈罗德·D. 拉斯韦尔、迈尔斯·S. 麦克道格尔：《自由社会之法学理论：法律、科学和政策的研究》，王超等译，法律出版社 2013 年版。

［美］加布里埃尔·A. 阿尔蒙德、G. 宾厄姆·鲍威尔：《比较政治学——体系、过程和政策》，东方出版社 2007 年版。

［英］杰弗里·霍奇森：《资本主义的本质：制度、演化和未来》，张林译，格致出版社 2019 年版。

［美］理查德·A. 波斯纳：《法律的经济分析》，蒋兆康译，中国大百科全书出版社 2003 年版。

［美］理查德·A. 波斯纳：《超越法律》，苏力译，中国政法大学出版社 2001 年版。

［美］理查德·A. 波斯纳：《正义/司法的经济学》，苏力译，中国政法大学出版社 2002 年版。

［英］罗纳德·科斯：《论生产的制度结构》，陈郁译，上海三联书店 1994 年版。

［美］迈克尔·E. 泰格：《法律与资本主义的兴起》，纪琨译，学林出版社 1996 年版。

［美］庞德：《通过法律的社会控制》，沈宗灵译，商务印书馆 1984 年版。

［美］唐·R. 汉森、玛丽安娜·M. 莫文：《成本会计》，曹玉珊译，东北财经大学出版社 2014 年版。

［英］亚当·斯密：《国富论》，王亚南译，译林出版社 2011 年版。

［美］尤伊克·西尔贝：《法律的公共空间——日常生活中的故事》，陆益龙译，商务印书馆2005年版。

［美］约翰·罗尔斯：《正义论》，何怀宏等译，中国社会科学出版社2001年版。

二　期刊报纸类

（一）中文期刊

白智立：《国家治理现代化改革的世界意义与中国意涵——基于中日比较的视角》，《湖湘论坛》2019年第4期。

包运成：《"大数据"对律师法律服务的影响和应对》，《理论月刊》2018年第4期。

卜立：《湖南省公共法律服务网络平台建设的实践与思考》，《中国司法》2019年第11期。

曹吉锋：《公共法律服务内涵研究》，《黑龙江省政法管理干部学院学报》2016年第3期。

曹颖杰：《新型城镇化建设中公共法律服务体系的构建》，《商业经济研究》2015年第28期。

陈朝兵：《农村公共法律服务：内涵、特征与分类框架》，《学习与实践》2015年第4期。

陈光中、魏晓娜：《论我国司法体制的现代化改革》，《中国法学》2015年第1期。

陈金钊：《"用法治化解社会主要矛盾"的话语系统融贯》，《吉林大学社会科学学报》2019年第5期。

陈磊：《域外公证监督制度之比较考察及对我国的借鉴》，《中共南昌市委党校学报》2015年第1期。

陈荣卓、唐鸣：《城乡基层法律服务所改革：区域选择与实践比较》，《江汉论坛》2010年第2期。

陈荣卓、唐鸣：《农村基本法律服务的公共产品属性与政府责任》，《中南民族大学学报》（人文社会科学版）2010年第1期。

陈荣卓、唐鸣：《农村社区法律服务的资源整合与体系建构》，《当代世界与社会主义》2009 年第 4 期。

陈瑞华:《司法行政机关的职能定位》,《东方法学》2018 年第 1 期。

陈卫东:《公民参与司法:理论、实践及改革——以刑事司法为中心的考察》,《法学研究》2015 年第 2 期。

陈卫东:《十八大以来司法体制改革的回顾与展望》,《法学》2017 年第 10 期。

陈亦琳:《深化司法体制改革 促进社会公平正义》,《红旗文稿》2018 年第 11 期。

陈云良、寻健:《构建公共服务法律体系的理论逻辑及现实展开》,《法学研究》2019 年第 3 期。

程滔、杨永志:《法律援助模式多元化探究》,《中国司法》2019 年第 11 期。

程同顺、李畅:《现代日本国家治理的成功经验》,《国外理论动态》2018 年第 6 期。

德特勒夫·萨克、郑启南:《德国国家治理模式的变迁——从合作联邦制的协商到单一灵活的等级制》,《德国研究》2017 年第 3 期。

狄邦建:《农村公共法律服务体系建设的实践与思考》,《中国司法》2014 年第 10 期。

杜飞进:《中国现代化的一个全新维度——论国家治理体系和治理能力现代化》,《社会科学研究》2014 年第 5 期。

范绍庆:《中国特色行政学:历史审视、现实定位和建构路径》,《天津行政学院学报》2012 年第 1 期。

方道茂:《内地与香港法律援助制度的比较》,《中国司法》2005 年第 6 期。

方世荣:《论我国法治社会建设的整体布局及战略举措》,《法商研究》2017 年第 2 期。

房保国:《香港法律援助的新发展及启示》,《中国司法》2010 年第 6 期。

冯玉军:《法经济学范式的知识基础研究》,《中国人民大学学报》2005 年第 4 期。

冯玉军:《法经济学范式研究及其理论阐释》,《法制与社会发展》

2004年第1期。

冯玉军:《论当代美国法经济学的理论流派——以学术传统为视角》,《浙江工商大学学报》2014年第4期。

冯玉军:《权利相互性理论概说——法经济学的本体性阐释》,《法学杂志》2010年第9期。

冯兆蕙:《〈完善法律援助制度研究〉评介》,《河北法学》2019年第3期。

高国梁:《公共法律服务体系的欠缺与优化》,《人民论坛》2019年第15期。

高贞等:《英国法律援助制度及借鉴意义》,《中国司法》2012年第2期。

公丕祥、夏锦文:《历史与现实:中国法制现代化及其意义》,《法学家》1997年第4期。

顾金孚:《农村公共文化服务市场化的途径与模式研究》,《学术论坛》2009年第5期。

顾培东:《中国法治的自主型进路》,《法学研究》2010年第1期。

顾潇军:《构建覆盖城乡公共法律服务体系的实践与思考》,《中国司法》2012年第12期。

顾永忠:《全方位、多层级、立体式:实现公共法律服务全覆盖》,《中国司法》2017年第10期。

郭道晖:《尊重公民的司法参与权》,《国家检察官学院学报》2009年第6期。

郭名宏:《公共法律服务体系有效推进的价值、困境与超越》,《社会科学家》2016年第8期。

郭星华:《全息:传统纠纷解决机制的现代启示》,《江苏社会科学》2014年第4期。

韩伟:《让农村法律服务体系更完善》,《人民论坛》2018年第29期。

郝铁川:《中国改革开放以来法治现代化的范式转型》,《法学》2019年第5期。

何大安:《行为经济人有限理性的实现程度》,《中国社会科学》2004

年第4期。

何平：《我国精准扶贫战略实施的法治保障研究》，《法学杂志》2017年第1期。

何显明：《政府转型与现代国家治理体系的建构——60年来政府体制演变的内在逻辑》，《浙江社会科学》2013年第6期。

黄文艺：《法治中国的内涵分析》，《社会科学战线》2015年第1期。

江国华：《司法规律层次论》，《中国法学》2016年第1期。

蒋立山：《迈向“和谐社会”的秩序路线图——从库兹涅茨曲线看中国转型时期社会秩序的可能演变》，《法学家》2006年第2期。

蒋立山：《社会治理现代化的法治路径——从党的十九大报告到十九届四中全会决定》，《法律科学》2020年第2期。

蒋银华：《政府角色型塑与公共法律服务体系构建——从“统治行政”到“服务行政”》，《法学评论》2016年第3期。

孔德勤：《英国法律援助制度比较及启示》，《中国司法》2012年第1期。

《昆明市“1+2+3”构建全方位公共就业服务体系》，《中国就业》2019年第11期。

李春仙：《实施“互联网+公共法律服务”的路径探析》，《人民论坛》2019年第26期。

李德：《从“碎片化”到“整体性”：创新我国基层社会治理运行机制研究》，《吉林大学社会科学学报》2016年第5期。

李洪雷：《迈向合作规制：英国法律服务规制体制改革及其启示》，《华东政法大学学报》2014年第2期。

李彦：《山东省公共法律服务体系建设研究现状》，《智库时代》2018年第44期。

林自新：《马克思的供求理论与新古典供求理论之比较》，《生产力研究》2004年第11期。

凌宏：《“互联网+”视域下公共法律体系建设》，《改革与开放》2018年第21期。

刘炳君：《当代中国公共法律服务体系建设论纲》，《法学论坛》2016年第1期。

刘洪岩：《农村法律服务的信息化创新》，《人民论坛》2018 年第 20 期。

刘帅克：《法国、荷兰法律援助制度改革情况及启示》，《中国司法》2014 年第 11 期。

刘旭涛：《行政改革新理念：公共服务市场化》，《中国改革》1999 年第 3 期。

刘杨：《正当性与合法性概念辨析》，《法制与社会发展》2008 年第 3 期。

陆楚瑜、古一辰、董雯茜：《全球化经济背景下西方公共管理改革对中国的借鉴意义》，《中国商论》2020 年第 4 期。

陆娟梅：《公共法律服务体系建设探析》，《中国司法》2015 年第 3 期。

马怀德：《法治政府建设的基本要求》，《中国司法》2018 年第 5 期。

马燕、贾秋美：《机构改革视野下公共法律服务职能辨析》，《中国司法》2018 年第 11 期。

莫荻：《法律援助的鼻祖——英国法律援助制度》，《世界文化》2013 年第 1 期。

潘小娟：《法国国家治理改革及其启示》，《中共中央党校（国家行政学院）学报》2019 年第 1 期。

彭锡华、贾林娟、操旭辉：《诊所式法律教育评述》，《中南民族学院学报》（人文社会科学版）2001 年第 5 期。

齐树洁、许林波：《域外调解制度发展趋势述评》，《人民司法（应用）》2018 年第 1 期。

钱弘道：《法律的经济分析工具》，《法学研究》2004 年第 4 期。

饶常林、常健：《试论城乡社区基本公共服务均等化的法律构建》，《首都师范大学学报》（社会科学版）2016 年第 5 期。

盛程杰：《公共法律服务的理论基础》，《华中师范大学研究生学报》2018 年第 2 期。

史晋川、吴晓露：《法经济学：法学和经济学半个世纪的学科交叉和融合发展》，《财经研究》2016 年第 10 期。

司马俊莲：《民族地区公共法律服务体系的建设与完善——以恩施州

"律师三进"模式为例》，《中南民族大学学报》（人文社会科学版）2019年第2期。

宋金文：《日本的地方分权与国家治理方式转型研究》，《社会政策研究》2018年第3期。

孙建：《美国法律援助制度考察》，《中国司法》2007年第7期。

田远：《日本财政在国家治理中的经验与启示》，《经济研究参考》2017年第46期。

汪世荣：《"枫桥经验"视野下的基层社会治理制度供给研究》，《中国法学》2018年第6期。

汪习根：《马克思主义人权理论中国化及其发展》，《法制与社会发展》2019年第2期。

王本群：《关于公共法律服务体系建设的探索与思考》，《中国司法》2017年第3期。

王成礼：《法律均衡研究的进路》，《学海》2007年第6期。

王德祥、李昕：《德国合作型财政联邦制和分税制模式及启示》，《江西财经大学学报》2017年第6期。

王舸：《国外司法部公共法律服务职能简介》，《中国司法》2018年第10期。

王舸：《国外司法部公共法律服务职能简介》，《中国司法》2018年第10期。

王舸：《日本法律援助制度综述》，《中国司法》2010年第9期。

王贺洋：《"互联网+公共法律服务"体系建设与完善》，《人民论坛》2018年第20期。

王建国、刘苑冬：《国家治理体系与治理能力现代化视域下的法治现代化研究》，《当代世界与社会主义》2015年第3期。

王敬波：《我国法治政府建设地区差异的定量分析》，《法学研究》2017年第5期。

王军益：《美国法律援助制度简况及启示》，《中国司法》2011年第2期。

王岚：《公共法律服务何以更给力》，《人民论坛》2018年第29期。

王立民：《近代中国法制现代化进程再认识》，《社会科学》2019年第6期。

王琳、漆国生：《提升地方政府公共服务能力思考》，《理论探索》2008年第4期。

王书剑：《法律出版结合人工智能的探索与实践》，《科技与出版》2019年第5期。

魏建、宁静波：《法经济学在中国：引入与本土化》，《中国经济问题》2019年第4期。

魏兆池：《我国法律援助制度之完善》，《黑龙江省政法管理干部学院学报》2019年第1期。

魏治勋：《“善治”视野中的国家治理能力及其现代化》，《法学论坛》2014年第2期。

《我国公共法律服务三大平台全面建成政务服务“网上办”“指尖办”“马上办”》，《中国司法》2019年第3期。

吴端：《新公共管理对中国行政管理改革的借鉴意义》，《企业改革与管理》2020年第1期。

吴宏耀、赵常成：《法律援助的管理体制》，《国家检察官学院学报》2018年第4期。

吴平芳、吴卓群：《当前我国“一村（社区）一法律顾问”公共法律服务体系存在的问题与对策》，《新余学院学报》2019年第1期。

吴泽霞等：《公共就业服务机构的服务质量评价——以广州市为例》，《劳动保障世界》2019年第33期。

吴之欧、李勃：《公共法律服务智能化模式研究——以“平台型构建”为核心》，《中国司法》2018年第12期。

谢康：《西方微观信息经济学不完全信息理论》，《国外社会科学》1995年第2期。

谢庆奎：《服务型政府建设的基本途径：政府创新》，《北京大学学报》（哲学社会科学版）2005年第1期。

谢圣仁：《构建公共法律服务体系的基本思路架构和实践探析》，《中国司法》2017年第8期。

熊选国：《大力推进公共法律服务体系建设》，《时事报告（党委中心组学习）》2018年第5期。

熊选国等：《英国德国法律服务制度考察报告》，《中国司法》2017年第10期。

徐汉明：《论司法权和司法行政事务管理权的分离》，《中国法学》2015年第4期。

徐尚昆：《推进公共法律服务体系建设的理论探讨》，《中国特色社会主义研究》2014年第5期。

许耀桐、刘祺：《当代中国国家治理体系》，《理论探索》2014年第1期。

宣晓伟：《德国的中央与地方关系：参与联邦制和协商民主模式——"现代化转型视角下的中央与地方关系研究"之十二》，《中国发展观察》2015年第7期。

薛澜、张帆、武沐瑶：《国家治理体系与治理能力研究：回顾与前瞻》，《公共管理学报》2015年第3期。

晏洛莎：《司法部正式颁布19项信息化实施标准》，《中国公证》2017年第6期。

燕继荣：《现代国家治理与制度建设》，《中国行政管理》2014年第5期。

杨虎涛：《法律制度主义：一种新的资本主义本质观?》，《政治经济学评论》2019年第4期。

杨君：《我国单一制国家结构形式生成逻辑的三维审视》，《现代交际》2018年第19期。

杨凯：《公共法律服务的理论与实践》，《华中师范大学研究生学报》2018年第2期。

杨凯：《基层社会治理中的公共法律服务体系建构——以武汉市六个社区治理实践为实证样本》，《法治论坛》2019年第3期。

杨凯：《加快推进现代公共法律服务体系建设》，《中国党政干部论坛》2019年第8期。

杨凯：《六大体系：建构公共法律服务完整框架》，《中国司法》2019年第8期。

杨凯：《论现代公共法律服务体系的建构》，《法治论坛》2019年第1期。

杨凯：《让公共法律服务成为核心竞争力重要标志》，《新华文摘》2019年第13期。

杨凯：《审判管理理论体系的法理构架与体制机制创新》，《中国法学》2014年第3期。

杨兴林：《单一制国家结构视角下的大国治理》，《学习论坛》2018年第12期。

杨杨：《地方政府公共服务能力的优化路径浅析——基于新公共管理的视野》，《西南石油大学学报》（社会科学版）2016年第5期。

俞世裕：《全面推进覆盖城乡居民基本公共法律服务体系建设的实践探索》，《中国司法》2015年第4期。

郁建兴：《治理与国家建构的张力》，《马克思主义与现实》2008年第1期。

张建伟：《“变法”模式与政治稳定性——中国经验及其法律经济学含义》，《中国社会科学》2003年第1期。

张紧跟、胡特妮：《论基本公共服务均等化中的“村（居）法律顾问”制度——以广东为例》，《学术研究》2019年第10期。

张军：《以公共法律服务为总抓手　统筹推进司法行政改革》，《社会治理》2017年第8期。

张立荣、曾维和：《当代西方“整体政府”公共服务模式及其借鉴》，《中国行政管理》2008年第7期。

张明军、刘晓亮：《2016年中国社会群体性事件分析报告》，《中国社会公共安全研究报告》2017年第1期。

张文显：《法治与国家治理现代化》，《中国法学》2014年第4期。

张文显：《新时代中国法治改革的理论与实践》，《法治现代化研究》2018年第6期。

张文显等：《推进自治法治德治融合建设，创新基层社会治理》，《治理研究》2018年第6期。

张怡歌：《政府购买公共法律服务的异化与法治化破解》，《法学杂志》2019年第2期。

张哲、姚淑媛：《健全完善我国法律援助质量保障制度体系研究》，《理论导刊》2016年第11期。

张智：《“互联网+法律”改变了什么》，《人民论坛》2019 年第 3 期。

赵力：《论荷兰的地方自治制度及其启示》，《杭州电子科技大学学报》（社会科学版）2018 年第 1 期。

浙江省杭州市司法局课题组：《政府购买公共法律服务的理论与实践——以杭州市为例》，《中国司法》2014 年第 12 期。

朱昆：《英国法律援助制度概述》，《哈尔滨学院学报》2010 年第 4 期。

竺乾威：《从新公共管理到整体性治理》，《中国行政管理》2008 年第 10 期。

卓泽渊：《国家治理现代化的法治解读》，《现代法学》2020 年第 1 期。

Zhao Hongfang：《香港法律援助制度》，《中国法律》2015 年第 4 期。

（二）外文期刊

Casey Chiappetta, “Reducing Domestic Violence and Improving Outcomes for Children: Funding Civil Legal Aid to Maximize Impact”, *Family Court Review*, Vol. 57, No. 4, 2019.

Frye Timothy and Anddrei Shleifer, “The Invisible Hand and the Grabbing Hand”, *American Economic Review*, Vol. 87, No. 2, 1997.

Hodgson Geoffrey M., “On the Institutional Foundations of Law: The Insufficiency of Custom and Private Ordering”, *Journal of Economic Issues*, Vol. 43, No. 1, 2009.

Jacqueline G. Lee, Bethany L. Backes, “Civil Legal Aid and Domestic Violence: a Review of the Literature and Promising Directions”, *Journal of Family Violence*, Vol. 33, No. 6, 2018.

James Thornton, “The Way in Which Fee Reductions Influence Legal Aid Criminal Defence Lawyer Work: Insights from a Qualitative Study”, *Journal of Law and Society*, Vol. 46, No. 4, 2019.

Joe, Latimer, “Legal aid and the survival of the capitalist state”, *Socialist Lawyer*, Vol. 78, 2018.

Karen A. Lash, “Executive Branch Support for Civil Legal Aid”,

Daedalus, Vol. 148, No. 1, 2018.

Kristel Jüriloo, "Free Legal Aid-a Human Right", *Nordic Journal of Human Rights*, Vol. 33, No. 3, 2015.

Kusharova Margarita P., "Organizational-Legal Issues of Activities of a Legal Clinic", *Vestnik Omskoj Ûridiceskoj Akademii*, Vol. 15, No. 1, 2018.

Mary O'Neill, Parisa Bagheri, Alexis Sarnicola, "Forgotten Children of Immigration and Family Law: How The Absence of Legal Aid Affects Children in the United States", *Family Court Review*, Vol. 53, No. 4, 2015.

McRae Leon, "Severe personality disorder, treatment engagement and the Legal Aid, Sentencing and Punishment of Offenders Act 2012: What You Need to Know", *The Journal of Forensic Psychiatry & Psychology*, Vol. 27, No. 4, 2016.

Michael Fordham, James Maurici, Paul Luckhurst, "The 2013 Legal Aid Proposals", *Judicial Review*, Vol. 18, No. 3, 2013.

Morris Debra, Barr Warren, "The Impact of Cuts in Legal Aid Funding on Charities", *The Journal of Social Welfare & Family Law*, Vol. 35, No. 1, 2013.

Patrick Dunleavy, Helen Margetts, "New Public Management is Dead: Long Live Digital Era Governance", *Journal of Public Administration Research and Theory*, Vol. 6, 2006.

Paulette Morris, "Mediation, the Legal Aid, Sentencing and Punishment of Offenders Act of 2012 and the Mediation Information Assessment Meeting", *Journal of Social Welfare and Family Law*, Vol. 35, No. 4, 2013.

Richardson, Speed, "Restrictions on Legal Aid in Family Law Cases in England and Wales: Creating a Necessary Barrier to Public Funding or Simply Increasing the Burden on the Family Courts?" *Journal of Social Welfare and Family Law*, Vol. 41, No. 2, 2019.

Roger Smith, "Criminal Legal Aid: Some Global Perspectives", *Criminal Justice Matters*, Vol. 92, No. 1, 2013.

Roscoe Pound, "Law in Books and Law in Action", *American Law Review*, Vol. 44, No. 12, 1910.

"The United Nations Principles and Guidelines on Access to Legal Aid in

Criminal Justice Systems", *New Criminal Law Review*, Vol. 17, No. 2, 2014.

Wong, Cain, "The impact of Cuts in Legal Aid Funding of Private Family Law Cases", *Journal of Social Welfare and Family Law*, Vol. 41, No. 1, 2019.

(三) 报纸类

傅政华:《加快建设人民满意的公共法律服务体系》,《学习时报》2019 年 4 月 15 日。

侯学宾:《推进新时代公共法律服务体系建设》,《中国社会科学报》2019 年 9 月 10 日。

李倩:《2020 年总体形成覆盖城乡的公共法律服务体系》,《沧州日报》2018 年 12 月 29 日。

刘红宇:《"互联网+法律"踏歌而行》,《人民政协报》2018 年 6 月 7 日。

刘子阳:《加快推进覆盖城乡的现代公共法律服务体系建设——司法部公共法律服务宣讲团全国宣讲调研回眸》,《法制日报》2019 年 12 月 30 日。

王岚:《把握好公共法律服务的"三个维度"》,《吉林日报》2018 年 12 月 28 日。

熊选国:《让公共法律服务普惠百姓》,《人民日报》2017 年 12 月 1 日。

羊发研:《积极构建农村公共法律服务体系》,《人民日报》2015 年 8 月 6 日。

杨凯:《公共法律服务:防范化解社会治理风险的良药》,《人民法院报》2019 年 4 月 3 日。

杨凯:《公共法律服务的真正市场在农村》,《民主与法制时报》2019 年 11 月 14 日。

杨凯:《建构政法机关一体化协同创新的现代公共法律服务体系》,《民主与法制时报》2020 年 3 月 14 日。

杨凯:《尽快建成"全业务""全时空"的公共法律服务网络》,《检察日报》2019 年 5 月 16 日。

杨凯:《让公共法律服务成为核心竞争力重要标志》,《人民法院报》

2019年3月31日。

杨凯：《完善村居法律顾问制度 助力基层社会治理现代化转型》，《人民政协报》2020年1月14日。

杨凯：《乡村振兴下的公共法律服务》，《民主与法制时报》2020年2月20日。

俞可平：《从统治到治理》，《学习时报》（思想理论版）2001年1月22日。

三 学位论文类

单嘉博：《“互联网+”理念下的服务型政府电子政务建设研究》，硕士学位论文，广西师范学院，2016年。

邓少君：《风险社会视域下基层矛盾治理研究——基于广东省的实践样态》，博士学位论文，武汉大学，2016年。

董丽：《基本公共服务质量评价问题研究》，博士学位论文，吉林大学，2015年。

韩秋林：《基层公共法律服务体系构建研究——以武汉市江汉区改革实践为样本》，硕士学位论文，华中师范大学，2019年。

黄颖婷：《英美地方政府治理比较研究》，硕士学位论文，南京航空航天大学，2017年。

霍晓英：《地方政府公共服务能力研究》，博士学位论文，中央民族大学，2007年。

蒋科：《地方政府公共法律服务体系建设问题研究》，硕士学位论文，南昌大学，2016年。

刘虹燕：《公共法律服务平台的设计与实现》，硕士学位论文，吉林大学，2016年。

王富军：《农村公共文化服务体系建设研究》，硕士学位论文，福建师范大学，2012年。

魏建：《当代西方法经济学的分析范式》，博士学位论文，西北大学，2001年。

章银银：《公共法律服务体系及其构建研究》，硕士学位论文，南京大学，2014 年。

四 中文网络类

《2010 年全国法院司法统计公报》，http：//gongbao. court. gov. cn/Details/3a82b22d6c8acbf96732d4e61e2a3c. html，2020 年 2 月 13 日。

《2018 年全国法院司法统计公报》，http：//gongbao. court. gov. cn/Details/c70030ba6761ec165c3c2f0bd2a12b. html，2020 年 2 月 13 日。

《数说 2018 年司法部法律服务成绩单》，http：//www. xinhuanet. com/politics/2019-01/18/c_ 1124006113. htm，2019 年 3 月 11 日。

《中国统计年鉴 2018》，http：//www. stats. gov. cn/tjsj/ndsj/2018/indexch. htm，2019 年 3 月 7 日。

奥一网：《点赞：基层治理法治化南海推出定制化法律服务》，http：//www. oeeee. com/html/201612/29/442807. html，2020 年 3 月 27 日。

东南网：《福建拟对法治宣传教育立法加强社会诚信建设》，http：//sft. fujian. gov. cn/ztzl/2013njyq/xxgcddsbdjs/ywbd/201703/t20170331 _ 4472594. htm，2019 年 3 月 3 日。

《全国政协委员、司法部副部长刘振宇：愿受援人更多更满意》，http：//www. moj. gov. cn/Department/content/2019 - 03/07/612 _ 229851. html，2019 年 3 月 7 日。

《我国公共法律服务实体平台、电话热线平台、网络平台已全面建成——法律服务，更及时更便利》（法治进行时栏目），http：//www. moj. gov. cn/organization/content/2019-01/17/573_ 226984. html，2019 年 3 月 3 日。

人民网：《各地积极探索推进公共法律服务平台建设》，http：//legal. people. com. cn/n1/2018/0801/c42510-30183057. html，2019 年 10 月 15 日。

商务部：《商务部召开例行新闻发布会（2019 年 1 月 31 日）》，http：//www. mofcom. gov. cn/xwfbh//20190131. shtml，2019 年 2 月 8 日。

司法部网站：《司法部：筑牢基层法治建设根基》，http：//www. gov. cn/xinwen/2018-09/17/content_ 5322652. htm，2019 年 3 月 3 日。

司法部网站：《我国初步形成覆盖城乡的公共法律服务网络》，http：//www. moj. gov. cn/subject/content/2019－02/21/744_ 228745. html，2019 年 10 月 15 日。

司法部网站：《我国公共法律服务三大平台全面建成》，http：//www. gov. cn/xinwen/2019－01/16/content_ 5358228. htm，2019 年 3 月 27 日。

《四川：启动岁末年初为农民工讨薪法律援助专项活动》，http：//www. gov. cn/xinwen/2018－11/26/content_ 5343327. htm，2019 年 3 月 3 日。

武汉市法律服务网，http：//12348. sfj. wh. gov. cn/whsf/，2020 年 3 月 25 日。

孝感政府门户网站：《大悟县公共法律服务平台建设有序推进》，http：//sfj. xiaogan. gov. cn/sfjd01/198861. jhtml，2019 年 10 月 4 日。

新华社：《青海：公共法律服务机器人上线》，http：//www.gov.cn/xinwen/2018-07/24/content_ 5308820. htm，2019 年 3 月 3 日。

新华社：《人民日报评论员：在更高起点推进政法领域改革——三论学习贯彻习近平总书记中央政法工作会议重要讲话》，http：//www. gov. cn/xinwen/2019－01/18/content_ 5359143. htm，2019 年 3 月 27 日。

新华社：《政府工作报告——2018 年 3 月 5 日在第十三届全国人民代表大会第一次会议上》，http：//www. gov. cn/premier/2018－03/22/content_ 5276608. htm，2019 年 3 月 6 日。

中国法律服务网，http：//www. 12348. gov. cn，2020 年 2 月 15 日。

中国青年网：《习近平在中央全面依法治国委员会第一次会议上的讲话》，http：//news. youth. cn/tbxw/201808/t20180826_ 11708928. htm，2019 年 12 月 8 日。

中国政府网：《我国公共法律服务三大平台全面建成》，http：//www. gov. cn/xinwen/2019－01/16/content_ 5358228. htm，2019 年 12 月 24 日。

（中国）澳门法务局：https：//www. dsaj. gov. mo/Service/pubService_ tc. aspx。

德国联邦司法部：https：//www. bmjv. de/DE/Startseite/Startseite _ node. html。

法国司法部：http：//www. justice. gouv. fr/。

美国司法部：U. S. Department of Justice ：https：//www. justice. gov/。

日本法务省：http：//www. moj. go. jp/。

（中国）台湾法律扶助基金会：https：//www. laf. org. tw/。

（中国）香港律政司：https：//www. doj. gov. hk/eng/index. html。

英国司法部：Ministry of Justice-GOV. UK：https：//www. gov. uk/government/organisations/ministry-of-justice。

寻路（代后记）

登泰山之旅是一段铭刻在记忆的难忘经历。那天傍晚开始登山，原以为中途可以乘坐缆车，不承想缆车夜间并不营业。山高路远，距离登顶还有 2/3 的路程，而半山的宾馆也都被预订一空。夜间寒风阵阵，饥肠辘辘，困乏与疲倦袭来，犹疑、彷徨、踟蹰、失落、怨恼，伴随着内心深处对战胜困难、实现目标的渴望与企盼，让站立在中天门下的我突然感到前所未有的复杂心情。

人们都说三十而立，四十而不惑，这段经历发生在我刚过了五十岁生辰之际，或许有种宿命的意义。这难道不是我这些年人生经历之后，到了这个特殊时点的真切感受吗？

从基层法庭的书记员、审判员到中级人民法院的管理岗位，再从实务部门转型到高校成为学者，一路的艰苦跋涉，其间的踌躇满志与坎坷辛酸，正如从红门一级级登攀到中天门。希冀能乘坐缆车，让后来的道路进入快车道，实现人生真正的超越与飞升，却不承想，这个愿望在人生的后半程并不是唾手可得。理想经历了近三十年的打磨，逐渐变得镜花水月一般朦胧梦幻。心中的意念却始终没有止息，奋斗的脚步多年来并没有停止，一支跃动的笔从法院写到高校，写不尽对法院和应用法学领域的思索与关切。

缆车没有，只能用脚步丈量每一寸时光。勤勤恳恳耕耘，一点一滴积累，这是岁月不变的法则。没有任何捷径可以让我这个法门前的凡夫俗子得到超脱。唯有依靠自己的努力，一步一个脚印，努力登攀。

向着山顶出发，是经历了一番思想斗争的。既然没有他途，前行的道路只有唯一，也是必然。这就注定了我要依靠自己的双脚，走出一条属于自己的路。

登攀继续。脚下石头台阶，有的平坦宽敞，有的陡峭狭窄。有的石头已经被足迹磨得光滑，很难立足；有的尚未被很多人踏足，却空间狭小，充满不确定性。夜间登山的人并不少，走在山路上，众人摩肩接踵，有的相互鼓励，有的默不作声，只顾自己攀爬。我看着脚下的一段段步梯由长变短，走到一个平台，歇歇脚，再看看风景。待休息充分，再继续开始新一段征程。

征服山峰的过程，其实就是战胜自己的过程。身心在这个过程中都经受了极大的考验，尤其是意志力，决定着能否继续向上。每当困倦袭来，想想山顶云雾缭绕的仙境般胜地，就燃起新的希望。

在学术的修行，何尝不是一场登攀？这过程其实高度相似！

众人皆走的路，人声鼎沸，路已不再新鲜，也充满了缺少摩擦力而潜在的跌落危险。少有人走的路，虽然充满未知，也充满了机会与可能。学科建立正如在群山环绕中，找到这样一条羊肠小径，曲径通幽，导向最终殊途同归的目的地。

我寻找“公共法律服务学”的经历恰是如此。在做课题之际发现了这个法学界并不得到广泛关注的领域，经过三年的扎实钻研，不断开拓，从无人之境走出了一条属于自己的路。这是一条由实践探索导向理论建构的道路，也是一条凝聚了我多年来耕耘的应用法学、法律实务和诉讼法领域的复合型发展道路。

公共法律服务不仅包含着习近平总书记和党中央的殷殷嘱托，更是中国特色社会治理的创新之举，对于国家治理体系和治理能力现代化、以人民为中心的发展理念，都在法学层面进行了最佳诠释。

国家治理现代化的首要标准就是公权力运行的制度化和规范化。法院主导的民事诉讼司法制度和司法行政机关主导的公共法律服务体系制度同属于国家治理体系的司法制度范畴，都有自成体系的完备制度规范和程序运行机制，但目前都各自面临着社会经济发展和市域社会治理现代化所带来的现实难题。

面对日益凸显和亟须解决的大量的基层社会矛盾纠纷化解难题，法院民事诉讼体制机制因超负荷运转而苦不堪言，民商事诉讼案件呈现持续激增态势，民事法官队伍不堪重负，案件质量效率下降；司法行政机关的公共法律服务体系全面构建完成但却遭遇体制边缘化和基层社会冷漠化的冷遇，新建成的公共法律服务实体平台门前冷清，网络平台形同虚设，热线平台没有有效程序后台支持。两套同属于政法体制的社会纠纷解决机制，在基层社会矛盾纠纷破解难题的社会实践中呈现出冰火两重天的尴尬境遇。基层党政干部有个比较生动的评价："基层广场剧中一场需要合演的大戏已经开场，一套班子入戏太深，一套班子难以入戏"。

法院民事诉讼制度作为一种诉讼纠纷解决机制，虽然在社会治理制度体系中占据较大的比例，但也难以独自应对社会转型时期日益凸显的大量基层社会矛盾纠纷。而且，仅凭法院的诉讼纠纷解决机制也无法解决目前市域社会治理中所有的基层社会矛盾纠纷。各级法院也积极探索主导多元化替代性纠纷调解机制和广泛开展诉源治理，但"单兵突进"难题依旧是难题。施行了近五年时间的解决"立案难"诉讼制度改革，实际上并没有实现民事诉讼立案制度改革的制度化和规范化。解决"立案难"问题与基层社会矛盾纠纷破解难题直接相关，但是，诉讼登记立案制度改革举措，在解决"立案难"的同时又衍生出"送达难、审理难、执行难、涉诉信访难"等诸多难题，基层社会矛盾纠纷化解难题依旧困扰着现行民事诉讼制度。于民事诉讼当事人而言，"审理周期长、诉讼成本高"仍然是较为普遍的社会公众反映；于法院和法官而言，"案多人少难""裁判标准统一难""大量重复劳动难""应对涉诉信访和缠访缠诉难"也是民事审判工作需要长期面对的困境。

司法行政机关公共法律服务体系所面临的难题却是正好与法院相反的悖反难题，参与基层社会矛盾纠纷破解效率不高，人民调解和行政调解没有实质上与司法调解在程序上实现程序一体化，"东方经验"的效率也没有初创时的辉煌，很多司法行政治理工作与基层党政主导的综治工作同质化与混同，在地方党政综治工作和法院诉讼程序的双重挤压中，难以找到破解基层社会矛盾纠纷化解难题的突破口，因而只得想尽办法在全国四级司法行政机关的公共法律服务体系建设工作中呼吁提升"知晓率、首选率和满意率"。

民事诉讼制度和公共法律服务体系共同面临的基层社会矛盾纠纷化解难题和隐忧，以及两种相同政法机关属性的纠纷解决机制在市域社会治理现代化进程中所面临的现实困境，难道不也是我们的国家和社会到了"船到中流浪更急、人到半山路更陡"的真实写照吗？这与登泰山到中天门，又难道不是同样的境况吗？

在基层社会中，传统的乡规民约、道德规范无法有效应对社会发展带来的利益冲击，而我国数千年来缺少法治传统也使法治观念无法深入基层社会，因而由于缺少行之有效的治理方式，基层社会治理一直是国家治理的难题。公共法律服务体系在内容方面创新性地将德治融入法治中，将现代化、能够定纷止争及稳定秩序的法治与沉淀中华智慧的德治相结合，帮助基层社会在转型时期防范风险、化解纠纷，为基层社会经济发展及社会发展保驾护航。在形式方面：一是通过法律人才保障、财政保障、与社会力量合作等方式整合法律服务资源，扩大法律服务供给主体，保障各地区稳定的法律服务产品供给；二是与时俱进地结合互联网技术在各地区建设公共法律服务体系平台，确保公共法律服务体系能够高效、精准地满足各类群众的多样化法律服务需求。稳定与发展是基层社会治理的目标。公共法律服务体系通过发挥法治与国家治理的定纷止争、防范风险、确保稳定、服务社会的各项功能保障基层社会的安全与秩序，促进基层社会的各项发展，是破解基层社会治理难题的“良方”。

加快推进公共法律服务体系建设主要是致力于“全民守法”法治原则的价值实现。“全民守法”是推进全面依法治国、建设社会主义法治国家的基础。“全民守法，就是要引导群众学会和习惯在理性和法治轨道内平衡利益、化解矛盾、处理纠纷，共同推进法治社会建设。”“全民守法”要求任何组织或者个人都必须在宪法和法律的范围内活动，任何组织或者个人都不得具有超越宪法和法律之上的特权。自从十一届三中全会以来，我国公民的法治意识和法律思想有了很大的提高，对于非法律职业化的公民而言，其运用法治思维和法治方式解决矛盾、纠纷的意识和能力相对于法律职业化的公民仍有不足。推进公共法律服务体系建设则是为了促进“全民守法”，协助公民知法、守法、用法，提高公民运用法治思维和法治方式解决矛盾、纠纷的意识和能力，通过平和、理性、法治的方式解决社会矛盾纠纷，促进社会的和谐发展。

基层社会治理的重点在于协同创新，将政法机关、基层党组织、行业协会、社会团体、教育机构和志愿服务队伍等多方合力汇聚在一起，运用灵活多样的方式，将法律规范与乡规民约、地方习惯结合在一起，有效解决根植于当地文化与伦理基础上的法律纠纷。我国国家治理体系的突出特点是党领导下的政法系统统一领导，并遵循适用《中国共产党政法工作条例》。市域治理现代化转型实践的过程证明，目前法院的民事诉讼制度不可能单凭一家之力解决基层社会矛盾纠纷化解难题。学者实证研究的首要建议，就是以妥善解决、合理解决为目标，全面动员并充分利用各种纠纷解决机制，而非一再强调正规司法与诉讼。对于现代公共法律服务体系建设而言，一种制度的确立基本上是知识的、经济的政治的过程。由于整个政法机关都具有公共服务职能，因此，法院的诉讼服务事实上也是一种公共法律服务，而民事诉讼制度体系和民诉法理论理应回应这一中国特色的制度实践，将公共法律服务与民事诉讼制度合二为一，融为一体。

这种学理的畅想，与我多年的经历和实践经验有关，更是建立在对国家和社会发展规律的深刻思考与实证观察基础上的大胆构想。

与登顶泰山相似，我的学科寻路之旅，注定不是一帆风顺，国家治理体系和治理能力现代化的发展之路，也注定不是轻而易举。但是，尽管寻路之徒迷茫，找到方向的阶段胜利却极其鼓舞人心！锁定目标，集中突破，取得建设性成绩，通过开创性的理论研究有力指导实践，再根据实践的创新举措促进理论的丰富与完善。这条良性循环道路，正如登泰山，意志、思索与行动并举，在知行合一的道路上攀爬。

走走停停的途中，经过一片山泉。定睛看，是一条山涧的小瀑布，泉水淙淙，在停歇的途中，伴随着明月与繁星，滋养着我的心田。经过2019年一整年的跋涉，我通过参与司法部公共法律服务宣讲团走过了32个省份、100多个地市，在调研中不断更新自己的认知，提炼总结，加以整理和完善，先后在《新华文摘》《人民法院报》《检察日报》《人民政协报》《民主与法制时报》等刊物发表了系列研究成果，2020年又完成了《公共法律服务元年新观察》《公共法律服务体系建构及其评价标准研究》等专著，带领团队攻坚克难，取得了阶段性的成就。

在即将完成司法部课题结项之际，带着三年来的思考和钻研，总结这一路的辉煌与寂寞，我把心血倾注在这本《公共法律服务学导论》上。这个成果，虽然并不意味着我的研究登上了泰山之巅，却有着“过龙门”的意味。即将走到南天门的时候，有一道关口，标志着每个登山者体验的蜕变。那道关口名曰“龙门”。经过了这道门，山顶也就不再遥远了。我并不期待这一场登攀之路的终结，因为我知道，一切才刚刚开始，关于治理法治化和制度建设的司法实践，在我们这片广袤的中华大地才正徐徐拉开帷幕。新的领域和新的实践广阔天地正召唤着我们每一个华夏儿女，用才智与汗水为国家富强和民族振兴投入更多能量，贡献更多智慧。这注定是充满希望的阳光大道。

到达南天门，再走到住所“云巢”之时，距离在山脚下起步，足足过去了九个小时。这个过程中享受到的风景、体验的情感波澜，让我终生难忘。然而旅途总是短暂的，每个旅人都将走向归程。几年来，每当我在学术领域彷徨和徘徊时，都会想起这段登山之旅，想到那付出辛勤汗水，通过努力最终到达山顶，感受到的释然、洒脱与成就感。也因为有同行者的陪伴，我知道，在这条漫漫征途上，自己并不孤单。

学科体系建构是学术话语体系的开端。对于公共法律服务学这个新兴学科而言，还有许多问题亟待研究和解决。但是正因为有问题，才更需要我们投入更多人力、物力、财力，进行更深入的探索。独行快，众行远。这门新兴学科呼唤更多同人加入，让我们共同为营造全民共享、高效便捷、普惠均等、智能精准的公共法律服务体系建言献策，贡献学术智慧。

感谢中国社会科学出版社的梁剑琴编辑在编审过程中给予我的研究鞭策和学术校准，让我三年的心血能够付诸文墨而扬帆学海。也感谢一路走来支持我的领导、师长、同人和朋友们。最后，以一首写于公共法律服务全国宣讲途中的《七律·踏歌行》纪念这段艰难跋涉的学术登攀之旅，以抒心志：

七律·踏歌行

远眺山高路漫长，征途入梦伴高歌。
青松蔽月清风来，月朗星疏山泉冽。
卅载深思凝聚汇，寻路泰山踏坎坷。
学科体系彷徨处，风雨归来终获得。